한국어로 내려온
New Bible

새로운
성 경

제91권

6부 | 총10부

하얀마음

하나님 말씀 중에서

1. 사랑의 하나님

- 세상을 창조하신 하나님은 모두를 사랑하신다. 인간만 특별히 더 사랑하지 않고, 우주 만물을 다 똑같이 사랑하신다. 그러니 하나님이 창조하신 천지 만물과 화친하고, 미물까지도 소중히 대하라.

- 하나님은 특정 종파나 민족만을 더 사랑하지 않으신다. 자기 자신만 구원받겠다는 욕심을 버리고, 자기 종파만 구원받는다는 편협한 교리에서 벗어나야 한다. 종파를 초월해서, 모두를 사랑하라.

- 원수까지 사랑하라 했으니, 이 세상에 사랑하지 못할 자가 누가 있겠는가? 종파가 다르다고 해서 부모 형제와 원수처럼 지내는 자는 인간의 근본을 모르는 자다. 가장 가까운 가족부터 사랑할 때 남도 진심으로 사랑할 수 있다.

- 한 사람을 원수같이 생각하던 마음에서 사랑하는 마음으로 돌리면, 자기 자신의 마음이 가장 기쁘고 행복하다. 하나님께서는 인간의 마음속에 무거움이 없이 기쁘고 행복한 삶을 살기를 바라신다.

- 이웃을 "내 몸처럼" 사랑하라 했으니, 마지막 한 장 남은 천국의 티켓도 이웃에게 양보하라. 자기 중심적인 신앙에서 벗어나서 남을 위해 살아야 한다.

- 독초도, 약초도, 이단도 사탄도 천사도 다 필요하기에 존재한다. 독초일지라도 극소량을 사용해서 생명을 살릴 수 있고, 약초라 하더라도 남용하면 생명을 잃을 수 있다.

- 세상 모든 것을 명약으로 활용하는 것은 인간의 지혜에 달렸다. 어떤 것이든 어떤 사람이든 적재적소에 꼭 필요한 명약으로 승화시키라.

- 사탄도 이단도 천사도 모두 하나님의 주관하에 존재한다. 진정한 하나님의 백성은 사탄과 마귀까지도 감화시켜서 천사로 거듭나게 한다.

2. 기도

- 하나님은 인간의 생각까지 모두를 다 알고 계신다. 우리의 소원도 이미 알고 계시기에, 소원의 기도를 할 필요가 없다. 우리가 받을 자격이 되면 내려 주신다.

- 죄를 짓고 아무리 회개를 해도 용서받지 못한다. 도둑질한 자는 용서해 달라고 기도하고, 도둑맞은 자는 도둑을 잡게 해 달라고 기도하면, 공의의 하나님은 누구의 편에 서시겠는가?

- 자기가 잘못한 것은 그 사람에게 직접 갚고 용서를 구하라. 그가 용서하면 하나님도 용서하신다. 땅에서 매면 하늘에서도 매이고, 땅에서 풀리면 하늘에서도 풀리는 이치다.

- "회당에서 기도하지 말고 골방에서 기도하라" 했다. 눈에 보이는 골방이 아니라, 골방과 같이 고요한 마음이다. 잡념을 버리고 하나님을 향해 마음을 집중하며, 사랑하고 용서하는 아름다운 생각만 나오도록 하라.

- "두드리면 열릴 것이다." 하는 것은 육의 소원을 위해 두드리라는 것이 아니라, 진리의 깨달음을 얻기 위해 두드리라는 것이다.

- 기도하는 방법: 생활 속에서 수시로 기도하는 삶을 살아야 한다.

- "저의 죄를 용서하여 주옵소서." 하는 회개의 기도를 하라.
- 범사에 "하나님! 감사합니다." 하라. 현재 가진 것에 감사하며, 과욕하지 말라. 자기 노력 이상의 것을 더 갖고자 기도하는 것은 도둑놈심보다. 공의의 하나님은 각자 노력한 만큼 주신다.
- "하나님 뜻대로 살아가겠나이다." 하며 마음의 각오를 다지라.

- 기도는 하나님의 말씀을 받아서 "행하는 것"이다. 하나님이 계심을 굳건히 믿고, 하늘을 향하여 한 점 부끄럼 없이 사는 삶 자체가 가장 위대한 기도이며, 삶이 곧 예배다.

3. 지도자

- 똑같이 사랑한다는 말을 해도, 순수하게 하는 말은 천사의 말이지만, 사기 쳐서 재산을 가로채려고 하는 말은 사탄의 말이다.

- 종교 지도자가 아무리 훌륭한 설교를 해도, 신도의 재물을 거둬서 더 큰 교회를 짓고 자기의 부귀영화를 바라며 설교하면 사탄의 가르침이 된다.

- "저희 교회는 만원사례요, 믿음은 다 같으니 이웃의 개척 교회에 가서 예배를 드리시오." 하며, 이웃 교회의 부흥을 먼저 생각하여 제 신도를 보내는 종교 지도자가 있다면 그를 따르라. 그가 하나님의 사랑을 실천하는 자다.

- "부자가 천국에 들어가는 것은 낙타가 바늘구멍을 통과하는 것보다 더 힘들다" 하였거늘, 지금의 교회에서는 부자가 되기만을 기도하고 소원하니, 이는 곧 천국을 포기하고 지옥 행 열차의 티켓을 사는 것과 같다.

- 예수는 빈손이었다. 종교 지도자가 예수보다 더 호화롭고 편안하게 살아간다면 잘못된 것이다. 부귀영화와 명예를 바라는 자는 절대로 갈 수 없는 좁고 협착한 길이 종교 지도자의 길이다.

- 종교 지도자는 유리로 비춰 봐 한 점의 부끄러움이 없이 살아야 한다. 의식주도 직접 일해서 해결하고, 예수의 가르침과 행함을 그대로 따라야 한다.

- 종말은 없다. 지금의 잘못 가는 종교 집단에게만 종말이 있다. 보이지 않는 하나님은 보이는 육의 종말은 관여하지 않으신다. 환경 파괴로 인간이 스스로 멸망을 자초하는 것이다. 종파끼리 싸우기 전에, 무너진 인성을 바로잡고 지구의 몸살을 해결하는 데 뜻을 모으는 게 급선무다.

4. 성전이란

- 이 세상 자체가 하나님께서 만드신 성전이다. 자연보다 더 아름다운 성전이 있는가? 보이는 건물이 성전이 아니라, 성스러운 마음가짐이 성전이다.

- 반석 위에 교회를 지으라 했다. 지상의 단단한 돌은 인간이 쪼갤 수 있으나, 마음속의 굳은 결의는 세상 무엇으로도 쪼갤 수 없다. 바르고 굳건한 믿음으로 성경의 가르침을 실천하는 것이 마음의 반석 위에 교회를 짓는 것이다.

- 손으로 지은 건물의 교회에 모여서 복음을 전하는 것이 아니라, 교회를 개인과 가정에 심어 주어야 한다. 무너지고 부서지는 건물을 짓지 말고, 마음속에 영원히 불변하는 참진리의 교회를 지으라.

5. 십계명

- 십계명은 인간이 죽어서 반드시 통과해야만 하는 열 개의 관문이다.

- 부모를 공경하지 아니한 자는 "네 부모를 공경하라." 하는 제5계명의 관문이 열리지 않으니 구원받을 수 없다.
- 살인, 간음, 거짓, 우상 등의 나머지 계명도 마찬가지다.

- 십계명은 하나님의 친필이다. 모기소리만 한 하나님의 음성이라도 들어 보겠다고 여기저기 찾아 헤매지 말고, 십계명부터 암송하고 지키라.

- 십계명은 영혼을 구원하는 양식이며, 십계명을 지키는 것이 구원을 받는 길이다. 인간이기에 지키고자 노력하고 또 노력한다면 지킬 수 있다.

- 십계명을 지키고 천사처럼 아름답게 살아가는 그 마음 하나면 세상에 이루어지지 않는 것이 없다.

6. 보물

- 하나님은 재물이 아니라 우리의 마음을 받으신다. 사랑을 실천하며 천사처럼 변하는 마음이 하나님께 바치는 보물이다.

- 보이지 않는 하나님께 재물을 바치려 하지 말고, 너희를 길러 준 부모에게 용돈 드리고, 찾아뵙고, 효성을 다하라. 그것이 하나님께 효도하는 것이다.

- 하늘에는 선과 악의 창고가 있다. 자기 창고에 선이 많으면 천국으로 구원을 받고, 악이 많으면 심판받아 지옥으로 간다. 그것이 바로 "선한 일을 행한 자는 생명의 부활로, 악한 일을 행한 자는 심판의 부활로" 나오는 것이다.

- "선악과를 따먹지 말라"는 것은 양심을 지키라는 것이다. 선과 악을 구분할 수 있는 양심을 최초에 인간에게 주셨다. 선한 열매는 취하고, 악한 열매는 버리며, 양심에 비추어 부끄럼 없는 삶을 살아가라.

- 가장 작은 거짓말을 하지 않고, 가장 작은 죄를 짓지 않으며, 가장 작은 선행을 하고, 가장 작은 악행을 멀리하는 것이 율법의 일점 일획도 빠뜨리지 말고 다 지키는 삶을 사는 것이다.

7. 우상

- 박물관에 있는 불상은 하나의 예술품이다. 그 조각품에 대고 제 소원을 빌 때 우상숭배가 된다. 십자가라 하여도 그 앞에서 소원을 빈다면 우상숭배하는 것이며, 하나님께 소원을 빈다면 하나님을 우상으로 전락시키는 것이다.

- 지금 기복신앙에 젖어 있는 모든 사람이 우상 앞에 절을 하고 있다. 조각품을 우상이라며 파괴하지 말고, 네 마음속에 있는 욕심의 우상을 무너트리라.

- 생수를 약초가 먹으면 약을 만들고 독사가 먹으면 독을 만든다. 같은 성경을 봐도 선한 지도자는 신도를 천사로 만드는 데 활용한다. 그러나 욕심이 가득한 지도자는 재물을 거두어들여 제가 부귀영화를 누리는 데 악용한다. 그가 바로 성경을 우상숭배의 도구로 전락시키는 거짓 선지자다.

- 성경을 한 획도 빼거나 더하지 말라는 것은, 그 가르침을 빠트리지 말고 온전히 지키라는 것이다. 성경 속에서 자기에게 유리한 구절만 보는 것은, 자기에게 불리한 구절들을 빼 버리는 것이다. 믿음이 제일이요, 행함은 구원과는 관계없다는 것은 자신에게 유리한 쪽으로 성경을 악용하는 것이다.

- 진정한 종교 지도자는 종파에 관계없이 어떤 종파든 어떤 책이든 접하고 보고 깨우쳐 견문을 넓히도록 인도한다. 참진리를 모르고 자신이 없는 자가 남을 이단이라며 배척하고, 신도들의 눈과 귀를 가린다.

8. 예수

- 예수의 재림은 없다. 예수가 다시 온다 해도, 과연 누가 그를 예수라고 믿겠는가? 예수와 같은 삶의 행함이 곧 예수의 재림이다. 각자 모두가 "재림 예수"가 되는, 차원 높은 믿음으로 가야 한다.

- 예수는 "주여 주여 하지 말고, 아버지의 뜻대로 행하라"고 했다. 예수가 전한 하나님의 뜻이 곧 "길이요, 진리요, 생명"이며, 그 가르침이 예수의 보혈처럼 소중한 것이다. 예수를 믿는 것은, 예수의 가르침을 믿고 따르는 것이다.

- 예수는 낮은 자로서 만백성을 섬기고자 했다. 만나는 모든 사람을 다 하나님이라 생각하라. 돈을 벌수록 겸손하고, 높은 지위를 얻을수록 낮아지라.

▪ 예수는 종파를 만들지 않았다. 인간이 만든 종교와 인간의 교리를 따르지 말고, 예수를 통해 전한 하나님의 참진리를 연구하고 따르라.

▪ 예수가 2천 년 전에 만백성을 위해 죽었으니, 지금 이 땅에는 예수의 가르침대로 사는 천사만 존재해야 한다. 예수가 죽어 가면서 바란 것은 만백성이 천사가 되어 예수의 자리를 채워 주는 것이지, 지금과 같이 재물을 바치면서 중언부언 제 소원만을 비는 백성들을 바란 것이 아니다.

9. 구원

▪ 천사가 사는 천국에는 천사만 갈 수 있으니, 천사 같은 마음을 길러야 한다.

- "천국 열쇠를 네게 주리니 땅에서 무엇이든지 매면 하늘에서도 매일 것이라" 했다. 땅에서 천사같이 사는 자가 하늘에서도 천사가 되어 천국에 들어간다. 모든 사람에게 천사같다는 말을 듣는 삶을 살아야 한다.

▪ 천사의 곱고 아름다운 마음은 부모를 공경하고 어른을 어른으로 대접하는 데에서 출발한다. 효도하는 자는 형제와 화목하게 지내기에 가정이 화목해지고, 이웃과 화목해지고, 국가가 화목해지고, 온 인류가 화목해진다.

- 그러므로 지상의 아름다운 소왕국은 가정에서부터 이루어야 한다.

▪ 선택된 14만 명만 구원받는 것이 아니라, 천사처럼 변하고자 하는 14만 명을 기초로 온 인류가 천사처럼 거듭나는 영적인 개혁이 시작되는 것이다.

▪ 천 년에 걸쳐서 하늘에서 이루어진 것같이 이 세상을 낙원으로 만들어, 만백성이 지상의 천국에서 살다가 죽어서 그대로 하늘의 천국으로 들어가는, 영원한 지상 낙원을 건설하는 것이 하나님의 계획이다.

- **이것이 구약과 신약에 이어 "새로운 성경"으로 역사하시는 하나님의 창조의 완성이다.**

▪ 지금의 믿음으로 구원받을 수 있다면 그 길을 가라. 그러나 자신이 없다면 하나님께서 직접 내리신 160권의 "새로운 성경"을 읽고 구원의 길을 보라!

하나님 머리말씀

이 새로운 성경을 읽는 너희 모두는
이 율법에 따라 행하면 영원히 구원받을 것이니라.

너희 인간이 수년, 수십 년, 평생
성서를 공부하고 기도하는 것은
하늘나라 나의 곁으로 오고 싶은 소망일진대,

몇천 년 전의 너희 인성과 생각이
지금의 너희와는 판이하게 다르니,

꺾여 가고 병들어 가는 너희를 고칠 수 있는 길은,
오늘 내가 선지자에게 내리는 새로운 성경과 같이
너희가 변화되는 것뿐이니라.

나의 예수가 태어난 것처럼
내가 아들 선지자를 선택하여
나의 새로운 성경을 온 세계에 전하고자 하니,

묵은 것은 버리고 새로운 것은 취하여,
너희 모두는
'여호와 하나님! 저의 죄를 용서하여 주옵소서.'
하는 기도문으로 기도하고, 죄를 뉘우치라.

이 새로운 성경은
수천 년간 내려온 성서를 요약한 것이니,
너희는 이 책을 정독하여 쉽게 깨달음을 얻고,
이대로 실천하여 하늘에 오르라.

대역자 머리말

■ 하나님의 율법을 지키는 선지자로 선택을 받도다.

저는 남들처럼 그저 열심히 살아온 평범한 사람이었습니다. 그러나 50대 중반에 사업에 실패하여 많은 부채에 시달렸으며, 건강도 악화되어 눈이 잘 안 보이고, 걷기도 어렵고, 두통이 심해서 잠을 이룰 수 없는 고통의 나날을 보냈습니다. 그때 제가 선택할 수 있는 것은 육의 삶을 끝내는 길뿐이었습니다.

죽기 직전에 그동안에 죄를 지은 이들에게 용서를 빌고 인생을 끝내기로 작정하였습니다. 어려서부터 지은 죄를 빌고 빌다 보니 끝이 없었고, 죽음으로도 그 많은 죄를 용서받을 길이 없다는 생각에 하염없이 눈물이 흘렀습니다. 그 순간 '재래식 화장실의 구더기는 죄를 짓지 않는데, 나는 인간으로서 구더기만도 못한 삶을 살았구나.' 하는 생각이 들면서 괴로움에 몸부림칠 때, 갑자기 하나님의 음성이 들렸습니다.

"나는 여호와 하나님이니라. 너는 십계명을 암송하고 내가 내려 주는 메시지를 받아 책으로 만들어 만백성을 구하라." 하시며, 제 눈을 손으로 문지르게 하시고, 아픈 머리와 다리를 손으로 두드리게 하셨습니다. 그러고 나니 눈도 잘 보이고 걸을 수 있었으며 머리의 통증도 말끔히 낫게 되었습니다. 그때부터 십계명을 암송하고 나면 들려주시는 말씀을 기록하였고, 1999년 8월부터 2004년 7월까지 권당 288쪽, 총 160권을 받아서 "새로운 성경"이라는 책으로 펴내게 되었습니다.

그러한 저에게 죽기보다도 힘든 길이 시작되었습니다. 모든 교인들이 저에게 사탄이요, 이단이요, 악마요, 마지막 시대에 온 거짓 선지자라 하면서 공격하였고, 저를 짐승을 보듯이 대하는가 하면, 편협한 종교 지도자들의 선동으로 신도들이 이 책을 직접 읽어보고 평가할 기회마저 막아 버렸습니다. 그래서 하나님의 말씀을 세상에 내는 데 많은 어려움을 겪으며, 피를 토하는 심정으로 책을 전하고 있습니다.

그러나 아무리 인간의 힘으로 막으려 해도, 하나님의 뜻이 세상에 전해지는 위대한 역사는 계속될 것입니다. 책으로 전해지는 "하나님의 말씀"은 세상 끝날까지 항상 우리와 함께하실 것입니다. 사람은 죽어도, 책에 기록된 말씀은 영원히 남으니까요.

■ 따뜻한 실천

하나님께서는 어려운 사람들에게 삶의 터전을 마련해 주고, 미래를 열어 주는 것을 기뻐하십니다. 어려운 이웃이 스스로 자립할 수 있도록 이끌어 주는 것이 진정으로 이웃을 돕는 것이라고 말씀하셨습니다. 그래서 일자리가 없는 제자들에게 작은 사업장을 만들어 주는 "달란트 사업"을 하고 있습니다. 식당, 반찬 가게 등을 차려 주고, 기존의 어려운 사업장이 자립할 수 있도록 돕고 있습니다(커피숍, 미용실, 의상실 등).

하나님께서는 교회에 나와서 모든 시간과 재물을 쏟기를 원하지 않으시고, 그 시간과 재물을 교육에 투자하여 스스로 미래를 열어 가기를 원하십니다. 그래서 제때 공부하지 못한 제자들에게 학업을 이어 가도록 하였습니다. 중화요리 주방장을 하며 초등학교 검정고시부터 공부하여 2012년에 방통대를 졸업한 36세 남성, 만학도들의 2년제 중학교에 입학해서 2007년에 명지대학을 졸업한 38세 여성, 중학교 검정고시를 시작으로 숭의여자대학을 졸업한 47세 여성 등이 있습니다. 그밖에도 많은 제자들에게 나이를 초월하여 배우고 깨우쳐서 사회 속의 당당한 일원이 되도록 인도하고 있습니다.

학자금 대출로 힘겨워하는 젊은이들을 위해 "따뜻한 바람 장학회"를 발족하여(2016년 12월) 대출받은 학자금 전액을 매월 갚아 주고 있습니다. 또한, 다문화 가정을 위해 "다문화 가족 랜드"를 조성하여, 각종 시설을 무료로 활용하도록 하고 있습니다.

이러한 따뜻한 실천이 아직은 미약합니다. 그러나 책의 수입이 늘고, 저와 뜻을 같이하는 분들이 늘어나면 계속 확대할 것입니다. 지도자로서 신도의 재물을 헌금으로 거둬들여 착복하는 것이 아니라, 하나님께서 기뻐하시는 일에 사용하도록 중매 역할만 하며 살아가고자 합니다. 이런 제가 과연 사탄이고 이단인가요? 하나님께서 기뻐하시는 일이라면, 저에게 사탄이라 하든 거짓 선지자라 하든 굽히지 않고 실천해 나갈 것입니다.

끝으로, 일상의 삶 속에서 "지금 내가 하는 행동이 과연 하나님께서 기뻐하실까, 슬퍼하실까?" 생각하고, 매사에 하나님께서 기뻐하시는 길을 택하기 바랍니다. 교회에 모여서 집단적으로 예배 드리는 것이 아니라, 개인이나 가정 단위로 새로운 성경을 읽어 스스로 깨우치고 그대로 행하면 충분합니다. 그것이 마음속에 성전을 짓고, 신령과 진정으로 예배 드리는 길입니다. 그러면 천국의 문에 들어서게 됩니다.

2017. 2. 1.

하나님 말씀 대역자 김용철

차 례

십계명

이 책은 십계명을 암송하고 나면 내려 주시는 "하나님의 음성"을 듣고 그대로 받아쓴 기록입니다. 하나님께서 십계명을 모세에게 내려 주셨지만, 그것은 만백성에게 내려 주신 것입니다. 마찬가지로 이 책의 모든 말씀도 저에게 내려 주셨지만, 만백성 각자에게 들려주시는 말씀입니다. 여러분도 이 책을 접할 때마다 십계명을 암송하고 나서 정독해 주시기 바랍니다.

제일은, 너는 나 외에는 다른 신들을 네게 있게 말지니라.
제이는, 너를 위하여 새긴 우상을 만들지 말고, 또 위로 하늘에 있는 것이나, 아래로 땅에 있는 것이나, 땅 아래 물 속에 있는 것의 아무 형상이든지 만들지 말며, 그것들에게 절하지 말며, 그것들을 섬기지 말라.
제삼은, 너는 너의 하나님 여호와의 이름을 망령되이 일컫지 말라.
제사는, 안식일을 기억하여 거룩히 지키라.
제오는, 네 부모를 공경하라.
제육은, 살인하지 말지니라.
제칠은, 간음하지 말지니라.
제팔은, 도적질하지 말지니라.
제구는, 네 이웃에 대하여 거짓 증거하지 말지니라.
제십은, 네 이웃의 집을 탐내지 말지니라.

나 여호와가 존재함을 믿는 그 자체가 구원의 길에 들어서는 기본이요, 근본이며, 나의 새로운 성경을 가슴에 안고 정독하는 자, 반석 위에 서서 하늘에 오르는 찬란한 빛을 보게 되는 영광을 얻게 됨이니라. 진정 나를 따르고 믿는 자는 감히 사탄이나 마귀도 근접하지 못하느니라.

〈하나님 말씀〉

2003년 7월

6,613 번째 하나님 말씀

2003년 7월 5일 0시 15분

1 사랑하는 나의 아들아!
2 "네, 아버님! 말씀하옵소서."
3 너의 제자들과 나의 법전을 읽은 백성
너희는 알아야 할 것이니라.
4 지금 나의 아들이 160권의 법전을 기
록하여 세상에 전하며 나의 아들이 역
사하며 그가 지탱하는 것은 과연 어떠
한 힘에서 지탱하고 나간다 생각하는
가?
5 그는 바로 나의 뜻을 알고 있으며 나
를 볼 수 있으며 내 명을 들을 수 있기
때문이니, 그가 그리하여 오늘의 어렵
고 힘든 그 모두를 지탱하며 살아가고
있음이니라.
6 그리하여 나의 아들이 지금의 모든 종
교 집단이요, 그들과 타협하지 아니함
이니라.
7 나의 아들이 정녕 종교 집단 그들과
타협하는 길을 간다면 나의 법전은 하
루아침에 그들이 이건 정녕 나 여호
와가 내린 성령이요, 새로운 시대에
역사한다 하며 저희 스스로 이를 들
고 동서남북으로 뛸 것이니라.
8 나의 아들이 나의 법전에 기록하기를,
삼위일체는 맞는 말이요, 너희가 재물
을 거둬들이는 것은 잘하는 것이며,
하늘의 창고에 재물을 쌓아 놓음으로
써 구원을 받는다, 그러니 너희는 많
은 재물을 바쳐야 한다 그와 같이 나
의 아들이 나의 법전에 기록하여 이
160권을 세상에 낸다면,
9 여기에 나의 진리의 뜻까지 포함하여
이는 정녕 나 여호와가 내린 글이며,
이는 나 여호와로부터 명을 받은 나의
아들이라 하여 너희가 법전을 가지고
동네방네 이 세상을 다 뒤덮어 전하고
자 뛰어다닐 것이니라.
10 그 모두를 알면서도 나의 아들이 이를
타협하지 아니하며, 너희의 원뿌리까
지 뽑아 버리기 원하는 나의 아들이
지금 전하는 그 법전이기에,
11 너희가 이는 사탄이요, 이단이요, 사
악한 자라 하여 세상에 나가는 것을
막고 있음이니,
12 세상에 가만히 앉아 있어도 이 법전이
하얀 눈이 덮듯이 덮을 수 있는 그 길
을 접어 두며 어렵고 힘든 길을 선택
하는 나의 아들이 왜 이와 같은 역경
의 고통스러운 길을 가는지 너희는
아는가?
13 나의 아들은 나의 음성을 들으며 나를
보며 내가 명함을 알기 때문이니라.
14 그리고 나의 법전이 나 여호와의 진리
요, 내가 원하는 것이 이 법전에 기록
된 내용임을 알기 때문에,
15 나의 아들이 너희와 타협하지 아니하
며, 오로지 나의 뜻만을 기록하여 전
하는 그 어렵고 힘든 길을 가고 있음
을 너희는 알아야 할 것이니,
16 나의 아들을 따르는 제자들이요, 나의
법전을 읽은 백성 너희는 이와 같은

뜻을 깨우쳐야 할 것이니 그리 알라.
17 나의 법전의 대명을 너희는 영원히
이 세상에 완수할 수 있을 것이며 역
사한다는 것을 잊어서는 아니 될 것이
니라.
18 나의 아들이 너희와 타협하며 너희
비위를 맞추며 나의 법전을 기록하여
그가 임의대로 기록한다면, 이는 대명
을 이룰 수 없으며 영원히 존속할 수
없는 것이며 나의 성령의 뜻이 아니
될 것이니,
19 이는 곧 무너질 것이며 사탄의 이용
가치로 전락한다는 것을 알아야 할
것이니라.
20 그러나 나의 아들은 나의 음성을 직접
들으며 나를 볼 수 있으며 내가 명하
는 것을 알며 내가 역사하는 것을 알
기에, 그는 타협하지 아니하며 어렵고
협착하고 힘든 길을 가고 있는 것을
알라.
21 모든 것은 다 내 뜻에 의해 이루어지
며 내가 역사한다는 것을 알아야 할
것이니라.
22 그리하여 나의 아들을 따르는 제자들
이요, 나의 법전을 읽고 깨우친 백성
너희가 미미하며 가진 것 없으며 내놓
을 것이 없다 하여도 너희는 두려워
하지 말며, 법전을 읽고 정독하며 나
의 아들의 강론을 들으며 그와 더불어
너희가 하늘에 오르는 길에서 흔들림
없이 그리 가도록 하라.
23 모든 것은 다 사용처가 있으며 쓸 자
리가 있으며 제가 지켜야 할 자리가
있기 때문에 이 세상에 존재함이니라.
24 너희가 옷을 만들 때 작은 바늘이 필
요하기 때문에 그와 같이 바늘이 존재
하며 그는 역사하여 아름다운 옷을 만
들지 아니하는가?
25 거기에 그 바늘은 절대적으로 쓰임과
마찬가지이니라.
26 이 모든 것은 다 사용처가 있으며 제
자리가 있으며 하여야 할 임무가 있음
이니, 너희가 선택된 것은 당연함을
알아야 할 것이니라.
27 모두가 다 필요한 것이라 내가 나의
아들을 통하여 말하듯이, 아름다운 옷
을 만들 때 바늘이라는 것이 절대적으
로 필요하며, 그 옷을 마무리를 지어
가듯이 그와 같이 다 필요한 것이니라.
28 그리하여 이 세상에는 독소를 가지고
있는 약초가 있으며 독소를 가지고 있
는 동물이 존재하는 것이니,
29 너희는 다 쓰일 곳이 있으며, 너희가
가야 할 곳이 있으며 행하여야 할 것
이 있어서 너희가 이 세상에 존재하
며 나로부터 초청받으며 나로부터 부
름을 받은 백성이라는 것을 절대 잊지
말라.
30 사랑하는 나의 백성, 나의 아들딸 너
희는 다 쓰일 곳이 있으며 역사할 것
이 있으며 네 자리가 있다는 것을 알
라.
31 나에게 초청된 백성 너희가 얼마나
중요한 것이며, 너희가 제각기 그 특
성으로써 하나의 자리를 메워야 할
그와 같은 명을 받고 불린 자들이요,
나에게 초청받은 자들이라는 걸 잊지
말라.
32 아무리 너희가 나약하다 해도, 너희가
미진하다 해도 너희는 두려워하지 말

아야 할 것이니라.
33 다만, 모든 백성이 너희를 뭐라 말하
든, 악한 자라 말하든, 부족한 자라 말
하든, 너희를 핍박하든 말든 너희는
그것에 관여하지 말며 그것을 생각지
말며,
34 너희가 갈 길만을 묵묵히 달려가도록
그리하라.
35 그리하여 너희가 나에게 와 심판대에
섰을 때 오늘의 너희 삶이 얼마나 위
대하고 아름다운가를 그들은 알게 될
것이니 그리 알라, 사랑하는 나의 아
들아!

6,614 번째 하나님 말씀

2003년 7월 5일 0시 24분

1 사랑하는 나의 아들아!
2 "네, 아버님! 말씀하옵소서."
3 나의 법전을 만백성에게 전하여 지옥
불이요, 파멸의 길을 향하여 달려가는
그 백성을 너희가 구원해야 하는 것
을 잊어서는 아니 될 것이니라.
4 이제 지옥 불로 가는 그 백성을 구하
는 것은 너희밖에 없으며, 너희가 곧
나의 법전을 만백성에게 전하는 그 대
명을 맡은 자이니,
5 너희가 한 권 한 권의 법전을 세상에
전하는 것만이 나의 백성을 구한다는
것을 잊지 말라.
6 나의 법전이 세상에 나가 만백성을 구
하는 것을 너희는 알지 못하며 그를
볼 수 없음이니라.
7 지금 나의 법전이 살아서 움직이며 지
금 세상에 나간 나의 법전이 나의 피
조물 만백성을 구원의 길로 인도한다
는 것을 너희는 볼 수 없으며 그를 알
수 없기에,
8 너희는 그저 사장되어 있으며 움직이
지 않는다고 그리 생각하여 실망하며
두려워 생각할 것이니라.
9 그리 생각하지 말라.
10 나의 법전이 세상에 나가 만백성을 구
하며 그들이 살아서 움직이는 것을,
그들이 흘러가는 것을 나 여호와는 모
두를 보고 있음이니 그리 알라.
11 너희 눈으로써 눈에 보이지 않는 것으
로써 평가하지 말라.
12 눈에 보이는 것으로써 너희가 볼 수
있는 곳에서 변화되는 그와 같은 역사
함보다도, 너희 눈에는 보이지 아니하
며 가시적인 면에서 들어오지 아니한
다 하여도,
13 그들이 변하는 역사는 내가 보는 그
변화되는 역사가 더 위대함이며 그게
더 소중함을 너희는 알아야 할 것이
니라.
14 너희 눈으로 봐서 변화되는 그 역사보
다도 나 여호와가 바라봐서 큰 것이
더 큰 역사며 그 역사하는 것이 중요
함을 너희는 알아야 할 것이니, 두려
워하지 말며 염려하지 말라.
15 너희가 지금까지 나의 법전을 만들어
세상에 전했음이니, 그 법전들이 모두
살아서 움직이고 있으며, 그들이 나의
뜻을 만백성에게 깨우쳐 전하는 그 역
사는 밤과 낮을 가리지 아니하고 이루
어지고 있음이니,
16 가시적인 효과에 연연하여 너희가 마
음 아파하지 말며 불안해하지 말며 좌

절하지 말아야 할 것이니 그리 알라.
17 나의 백성이 나의 계명을 지키며 나
의 법전을 읽고 깨우쳐 나에게 돌아오
는 것을 원하고 바라는 것이 나 여호
와의 소망이며 나의 뜻이니라.
18 그러니 너희가 그 작은 손으로써 어
렵게 전한 그 법전들은 지금 죽은 것
이 아니라 살아서 다 움직이고 있으며
나의 뜻을 전하고 있음이니라.
19 그러니 나에게 오는 길을 인도하기 위
해 그들이 있다는 것을 알아야 할 것
이니라.
20 지금 모든 종교 집단이요, 지도자들이
나의 피조물 만백성을 인도한다 하나
그들은 인도하는 것이 아니니라.
21 모든 종교 집단, 그 지도자들이 나의
백성이 나에게 오고자 하는 그들을 제
일 앞에 서서 맨 앞에 서서 소리 지르
며 인도하며 나에게 오르는 길로 인도
하는 것이 아니라,
22 지옥 불로 나의 피조물 만백성을 지금
인도하고 저희가 끌고 가고 있는 그
와 같은 형국임을 알라.
23 그들이 그와 같이 잘못된 길을 가고
있는 이 시대에 나의 법전이 세상에
나가 그들을 깨우치며 그들이 하늘에
오르는 길로 그 마음이 변하여 역사함
을 이루고 있다는 것을 나는 알고 있
음이니 그리 알라.
24 나의 뜻에 따라 만백성을 구원의 길
로 인도한다는 종교 지도자들이 모든
백성의 맨 앞에서 '나를 따르라!' 소리
지르며 지옥 불로 인도하는 작태를 벌
이고 있다는 것을 너희는 알아야 할
것이니라.
25 그리하여 그 모두를 막는 것이 지금
나의 법전들이 살아서 말없이 물밑에
서 움직이며 지금 역사하고 있음을 너
희는 알아야 할 것이니,
26 너희가 나의 법전을 만드는 데 최선을
다하며, 나의 법전을 전하는 데 최선
을 다하여, 2부요, 3부요, 10부까지 너
희가 그 대장정의 역사를 이루는 데
최선을 다하라.
27 그를 위하여 너희가 시련과 고통이
있다 하여도 주저하지 말며 용기 잃지
말라.
28 너희는 알아야 할 것이니라.
29 지금 나의 법전이 세상에 나가 전해지
는 것은 나 여호와의 진리며 나의 뜻
이 전해짐을 알아야 할 것이니라.
30 그러니 너희는 그 위대한 사업을 하고
있음이니라.
31 지금 모든 종교 집단이요, 지도자들이
얼마나 잘못 가르치며 잘못 가고 있는
가?
32 종교 집단이요, 지도자요, 거기서 배
우며 구원을 받았다는 백성이 뭐라
말하는지 알고 있지 않으냐?
33 악마도 능력이 나 여호와와 똑같은 것
이라 그리함이니라.
34 그리하여 '하늘에 오르는 길'이요, '하
나님! 말씀하옵소서'라는 나의 새로
운 성경이 나가도 그 내용에 기록되어
있는 것을 보면서 그들은 깨우쳐 저희
가 변화되는 삶을 살아 나에게 구원을
받으려 하는 것이 아니요,
35 악마의 능력도 나 여호와와 똑같이 기
적을 이루며 똑같은 역사를 하며 나와
똑같다 그리 말함이니,

36 그들이 두 신을 섬기고자 하며 그들은
악마의 자식으로 되어 있음을 너희는
알아야 할 것이니라.
37 그와 같은 자들을 다스리고 깨우치며
그들의 입을 함봉하게 하는 것이 나의
법전이 지금 살아서 움직이며 그 수술
을 시작해 가고 있다는 것을 알라.
38 그러니 너희 눈으로 보이지 않는다
하여 불안해하며 용기를 잃지 말라.
39 내가 보는 나의 법전은 지금 살아서
움직이고 있으며, 이 세상에 천둥소리
보다 무섭게 나의 백성을 일깨워 주
며 그들을 잠에서 깨우는 역사를 쉬지
아니하고 이루고 있다는 것을 알라.
40 사랑하는 나의 아들딸 너희의 그 노
고를 아나니, 이미 너희가 씨앗을 뿌
리기 시작하였으며, 이제 2부, 3부요,
계속 나의 160권의 대장정의 법전이
나왔을 때, 너희가 가시적인 면에서도
알게 될 것이니 그리 알라.
41 보게 되며 듣게 되며 너희는 남들로
부터 전하는 이야기를 들어 알게 될
것이니,
42 절대 너희가 용기를 잃지 말고 좌절
하지 말며, 나의 법전을 손에 놓고 나
의 성전을 떠나는 어리석은 우를 범하
지 않도록 그리하라.

6,615 번째 하나님 말씀

2003년 7월 5일 0시 35분

1 사랑하는 나의 아들아!
2 "네, 아버님! 말씀하옵소서."
3 이 길을 가는 백성, 나의 법전을 가슴
에 안고 정독하며 이는 나 여호와의
진리요, 마지막 너희를 심판하는 나
여호와의 성령을 태워 내려보낸 나의
성령이라 그리 믿고 따르는 선택된 너
희와 그리고 지도자요, 또한 나의 전
사로서 대명을 수행해야 할 너희들,
사랑하는 모든 백성 너희야말로 이
세상에 살아가는 데 가장 고독하고 어
려운 길을 가는 것이 너희가 가야 하
는 길이니, 이를 어찌하여야 하겠는가?
4 나로부터 선택된 백성이요, 대명을 받
은 너희가 지금까지 세상사에 살아오
면서 인간의 속세에서 사귀었던 친구
들, 그리고 친숙했던 사람들, 다정하
고 가까웠던 사람들, 그 모든 인간관
계를 너희는 어찌하여야 하겠는가?
5 그 만남에서 너희가 소원해지며 너희
와는 점점 멀어지는 그와 같은 고독하
고 외로운 길을 가게 되는 것이 너희
가 가야 할 길이니, 과연 너희가 이를
이기고 견디고 갈 수 있겠는가?
6 사랑했던 사람들이요, 그리고 소중했
던 사람들과의 인간관계 그 모두가 다
너희도 모르는 사이에 멀어짐이요, 그
들과 거리는 점점 멀어짐이니,
7 너희가 오로지 나의 법전 하나를 가슴
에 안고 살아가는 그 길이 얼마나 고
독하고 외롭고 힘든 길이더냐?
8 그러나 너희는 같이 갈 사람이 없으
며, 너희는 이 길을 넘어야 할 것이니
라.
9 다만, 너희와 친숙했던 사람들, 너희
가 사랑했던 그 모든 사람이 너희를
따라 같은 길을 간다면 그 기쁨은 더
말할 수 없으나,
10 그들이 정녕 너희 손을 잡지 아니하며

너희와 더불어 가지 아니한다면, 모두
를 다 접어 두며 모두를 잃는 것 같은
그 허전한 마음이요, 소원해짐이니,
11 그 모두가 다 너희가 넘어야 하는 길
이며 가야 하는 길이니, 어찌하여야
하겠는가?
12 그 모두를 인내로써 믿음으로써 이겨
야만 하는 것이 너희임을 알아야 할
것이니라.
13 남들이 너희를 기만하며 너희를 미워
하며 너희를 조롱하며 너희를 혹독하
게 평가하는 그 모든 말에 너희는 귀
를 막아야 하며, 귀를 기울여서는 아
니 되는 것이 너희가 가야 할 길이며
살아가는 방법의 길이니 어찌하겠는
가?
14 그들의 말에 귀를 열며 그들의 말에
시시비비를 하며 그들의 말을 경청하
기 시작한다면 너희 자신도 모르게 무
너지기 시작함이니,
15 나 여호와의 사업을 위하여 선택된 너
희가 과연 어찌 존재해야 하겠는가?
16 너희가 무너진다면 이 백성을 구하는
길은 누가 역사하며 새로운 시대는 과
연 어찌 열린단 말이던가?
17 그러니 너희는 시시비비를 말아야 할
것이며, 너희에게 전하는 그 다정했던
사람들의 말에 귀를 막아야 하며,
18 때로는 조롱하며 혹독하게 평하며 너
희를 미워하는 그 모든 사람들이요,
너희를 평가하는 그 모두를 귀를 막고
살아가야 하는 것이 너희 운명이니
어찌하겠는가?
19 과연 너희는 그 길을 갈 수 있는가?
20 모든 악의 근원에서 너희가 그 모두
를 거부할 수 있는 힘과 너희 자신의
용기는 과연 있는가?
21 모든 사람으로부터 평 받는 그 비아냥
거리는 그 모두를 다 너희가 접어 두
고 갈 수 있는 그 마음의 준비요, 용기
는 과연 되어 있는가?
22 너희가 그와 같은 용기와 자신이 없이
는 이 멀고도 험난한 길을 갈 수가 없
는 것이니라.
23 죄악에서 너희가 과연 물들지 아니하
며 견딜 수 있으며, 죄악 속에서 너희
가 만백성을 구하는 그와 같은 용기와
자신이 갖춰져 있는가?
24 그 모든 것을 너희가 역사하기 위해
서는 너희의 믿음의 마음이 굳어져야
하며, 너희 마음 자세를 항상 다스리
며, 너희 자신을 거울에 비춰 봐 잘못
된 점을 바로잡는 그와 같은 철저한
믿음의 길을 가지 아니한다면 너희는
끝까지 갈 수 없는 것이니,
25 너 스스로 자신을 깨우쳐 나의 나라에
와 내 품에 안기는 그와 같은 영광을
너희가 얻도록 그리하라.

6,616 번째 하나님 말씀

2003년 7월 5일 0시 43분

1 사랑하는 나의 아들아!
2 "네, 아버님! 말씀하옵소서."
3 나의 피조물 만백성 너희가 살아가기
위하여 악의 뿌리를 버리며 선한 삶을
살아가며 나의 계명을 지키고 살아가
고자 노력하는 너희에게 그 악의 씨
앗이요, 악의 뿌리들은 과연 어찌 유
혹하는가?

4 너희에게 그리 그들은 손짓하며 너희
를 유혹하느니라.
5 지금의 이 어렵고 고달픈 삶에서 물러
나 도망가라 그리 너희를 유혹하며
그들이 수없이 너희 마음에 손짓을
하고 있는 것이 아니던가?
6 '어찌하여 이 어렵고 힘든 삶을 가느
냐?
7 그리하지 말며 저희와 더불어 편안하
게 웃고 즐기며, 그리고 너희가 말로
써 믿음을 부르짖을 때 모두가 다 이
루어지는 하나님이 존재하는 곳, 그리
고 말로써 믿으면 나의 아들 예수의
보혈로써 구원을 받는다 하는 그와 같
은 세상이 있거늘,
8 어찌하여 어렵고 힘든 그 길을 가는
가?' 하며 악의 뿌리는 너희를 계속
유혹하고 또 유혹하는 이와 같은 오늘
의 시점에서 살아가고 있는 것이니라.
9 모두를 다 때려치워 버리고 지금의 종
교 집단 속에 들어가 많은 백성과 더
불어 편안한 삶을 살라 하며 모든 악
의 근원들이 너희를 유혹하고 또 유
혹하고 있는 것이 오늘의 너희 삶이
니, 그 속에서 과연 너희가 언제까지
얼마나 버틸 수 있겠는가?
10 모든 악의 근원의 뿌리는 편안하고 쉬
운 길을 놔두고 왜 너희가 스스로 자
청하여 이 어렵고 힘든 길을 가려 하
느냐 하며 너희에게 이곳에서 발을
빼고 나오라고 그들이 수없이 유혹하
고 또 유혹하는 것이 너희가 오늘의
처해 있는 현실이니,
11 너희는 보잘것없는 작은 한 인간이요,
이름도 없고 명예도 없는 그에게 무엇
을 얻고 구원을 한다 하여 그를 믿고
그리 너희가 따라가는가,
12 그리고 나의 법전이라는 것을 너희가
읽었을 때 그곳에서 얻을 것이 없으며
깨우칠 것도 없거늘, 그를 어찌하여
너희가 읽고 깨우쳐 구원을 받는다 하
여 작은 한 인간의 말에 현혹되어 너
희가 오늘의 그 어렵고 힘든 길을 가
는가,
13 너희 종교 집단의 물리적인 힘이요,
그리고 그 지도자들의 외형적인 갖춤
이요, 그리고 많은 형제요, 만백성이
같이 가고 있는 그와 같은 믿음의 세
계로 그 길을 선택하여 가는 것이 자
연적 하늘에 오르는 길이고 편안히 가
며 구원을 받는 길이 있거늘, 어찌하
여 너희가 이 길을 선택하는가 하며,
14 그리하여 너희에게 다시 돌아오라 유
혹하고 유혹하는 것이 지금 악의 뿌리
요, 근원들이 너희를 그리 유혹하는
것이 아니던가?
15 모두를 포기하라, 그리고 그곳에서 도
망오라, 너희가 천국의 길을 간다는
것을 어찌 믿는단 말이던가,
16 너희가 가는 것이 과연 지옥의 길은
아닌가 한번 생각해 보라.
17 많은 사람이 모여 있는 그곳이 진리
요, 많은 사람이 모여 있는 것이 정답
이라 너희는 그리 지금의 나의 아들
을 따르며 나의 법전을 읽고 깨우치는
그 모두를 포기하고 도망쳐 나오라 하
며 그들이 수없이 유혹을 하고 있지
않은가?
18 법전을 보지 마라, 십계명을 지킬 수
없다, 그리고 그를 지키라 말하는 자

는 정녕 지킬 수 없는 것을 지키라 말
하는 것이니, 너희는 그곳에서 뛰쳐나
오지 아니하고 무엇을 하는가,
19 너희는 법전을 보지 마라, 십계명을
지킬 수 없다, 그것을 지키면 인간이
인간의 삶의 길이 아니요,
20 육으로써 인간이 산다 하여도 너희가
죽음의 길의 고통의 길을 가라는 것과
똑같거늘, 어찌하여 너희는 인간이 살
아서 죽음과 같은 나의 계명이요, 나
의 법전을 지키고 살고자 하는 그 길
을 선택하여 가고 있는가,
21 그를 다 저버리면 너희가 죄를 짓고
눈물로 그저 기도하면 모두를 하얀 눈
처럼 씻어 주며 천사와 같이 되는 길
이 있거늘,
22 어찌하여 너희는 그와 같이 쉽고 편
안한 길을 선택하지 아니하며 스스로
그 어렵고 힘든 길, 지킬 수 없는 십계
명을 지키고 산다 하며 살아야 하며
살겠다고 그리 말하며,
23 나의 법전에 기록되었던 수천수만 가
지 내가 명한 어렵고 힘든 길을 너희
가 어찌하여 자초해 가느냐,
24 그곳에서 도망쳐 나오라, 그곳에서 등
을 돌리라 하며 너희를 유혹하고 있
는 이와 같은 현실에서 너희가 존재
함이니라.
25 그러니 너희 자신이 언제 무너질지
모르며 너희가 언제 나의 법전을 놓
고 등을 돌릴지 모르는 그와 같은 형
국이니, 너희는 여기서 깨우쳐라.
26 아무리 그들이 유혹한다 하여도 그는
지옥에 가는 길이요, 너희가 법전을
놓고 등을 돌리고 가는 그 순간에 나
와 인연이 끊어지며, 나의 아들딸이
아니요, 나와는 관계없다는 것, 그리
고 나와 점점 영원히 멀어지는 반대의
길로 가는 것이며,
27 나는 '동'으로 가고자 하나 너희가 나
의 법전을 놓고 걸어가는 것은 '서'로
감이니, 너희와 내가 다시 만날 수 없
는 멀고도 먼 길을 감이니라.
28 육의 세상에서 너희가 나와 만날 수
없는 정 반대의 길을 가고 있음이니,
죽어 와 너희가 그 길이 얼마나 잘못
된 것인가를 알 때 이미 그때는 때가
늦음이니,
29 너희가 돌이킬 수 없어 통곡하고 애원
해도 나를 부를 수 없으며, 나에게 기
도할 수 없으며,
30 지금의 너희가 내 이름을 부르듯이 나
를 부를 수 없는 그와 같은 형국이 되
어 있음을 알 때가 있을 것이니,
31 그때를 대비하여 오늘의 삶을 바로 살
라는 것이 내가 나의 법전을 내리는
그 뜻임을 알라.
32 모든 유혹에서 버텨 내며 그 유혹에서
넘어지지 않는 그와 같은 자세로써 믿
음의 길을 오는 백성이 천국의 문을
들어설 수 있다는 것을 알라.

6,617 번째 하나님 말씀

2003년 7월 5일 0시 53분

1 "너는 나 외에는 다른 신들을 네게 있
게 말지니라.
2 너를 위하여 새긴 우상을 만들지 말
고, 또 위로 하늘에 있는 것이나 아래
로 땅에 있는 것이나 땅 아래 물속에

있는 것의 아무 형상이든지 만들지 말며, 그것들에게 절하지 말며 그것들을 섬기지 말라.
3 너는 너의 하나님 여호와의 이름을 망령되이 일컫지 말라.
4 안식일을 기억하여 거룩히 지키라.
5 네 부모를 공경하라.
6 살인하지 말지니라.
7 간음하지 말지니라.
8 도적질하지 말지니라.
9 네 이웃에 대하여 거짓 증거하지 말지니라.
10 네 이웃의 집을 탐내지 말지니라.
11 나 여호와가 존재함을 믿는 그 자체가 구원의 길에 들어서는 기본이요, 근본이며, 나의 법전을 가슴에 안고 정독하는 자, 반석 위에 서서 하늘에 오르는 찬란한 빛을 보게 되는 영광을 얻게 됨이니라."
12 사랑하는 나의 아들아!
13 "네, 아버님! 말씀하옵소서."
14 이제 너를 따르는 제자들이요, 나의 강론을 듣는 사랑하는 나의 아들딸 그들이 이제 깨우침의 변화의 역사가 시작됨이니라.
15 오늘 지금 네가 이 깊은 밤에 암송한 그 십계명을 그들이 직접 손으로 써서 그들이 침식하는 방에 걸어 놓도록 그리하라 전하라.
16 그리하여 그들이 제 방에 걸어 놓은 그 십계명 앞에 서서 아침저녁으로 저 자신이 그 십계명을 암송하고 읽으며 저 자신의 하루 생활을 비춰 보도록 그리하라.
17 그러면 너희가 십계명을 암송하며 그를 바라볼 때 내가 너희와 같이하며 너희에게 지혜를 깨우쳐 줄 것이니라.
18 정녕 악습을 버리지 못하며 마음을 다스리지 못했던, 너를 따르는 그 제자들의 마음을 다스릴 수 있는 성령의 역사를 임해 주고자 함이니,
19 그들이 십계명을 손으로 직접 써 그들의 방에 걸어 놓아, 너희가 아침에 일어나 그 십계명을 보고 한 점의 부끄럼 없이 살겠다는 그 약속을 하는 것은 나에게 하는 것이니,
20 너희가 암송하는 십계명보다 너희가 손으로 써서 걸어 놓은 그 십계명을 보는 순간에 너희의 위대함을 알게 될 것이며, 너희 마음의 무거움을 알 것이며, 마음의 기쁨을 얻게 되는 그와 같은 영광된 삶을 살 수 있을 것이니라.
21 그리고 하루 일과를 마치고 들어왔을 때 너희가 과연 그 십계명에 부끄럽지 아니하게 살았는가, 그리고 십계명대로 살았는가 그를 다짐하고 물을 때, 너희 마음이 다스려져 나가며, 너희 악습이 하나하나 낙엽이 떨어지듯이 떨어져 나가는 그와 같은 역사를 나 여호와가 너희에게 은혜를 내리고자 함이니,
22 직접 십계명을 기록하여 그들의 방에 걸도록 그리 전하라.
23 직접 써서 걸도록 그리하라.
24 그리하면 저희가 그 속에서 나를 보게 될 것이며, 내가 역사하고자 하는 것을, 같이하고 있음을 그들이 그 십계명을 볼 때 느낄 것이니라.
25 그리하여 스스로 모든 악습을 버리며

다시 태어나는 백성이요, 새로운 삶을
얻는 너의 제자들의 삶의 변화가 이
루어질 것이며, 그들의 마음이 다스려
질 것이며, 그들의 마음이 굳어질 것
이니, 그리 전하도록 하라.
26 이리하여 내가 그들에게 악습을 버릴
수 있는 은혜를 내리고자 함이니, 그
리 이제 실행하도록 하라, 사랑하는
나의 아들아!

6,618 번째 하나님 말씀

2003년 7월 5일 01시 01분

1 사랑하는 나의 아들아!
2 "네, 아버님! 말씀하옵소서."
3 지금의 종교 집단이요, 믿음에 연연하
여 가는 그 백성이 과연 어찌 살아왔
는가?
4 그들의 조상도 또한 지금의 백성처럼
기다림에서 살다 저희가 죽어 와 심
판을 받아 그 죄의 대가를 치르고 있
다면 너희는 어찌 생각하는가?
5 지금 수천 년 동안 흘러오는 그 믿음
속에서 너희가 갈망하고 너희가 부르
짖고 원하고 생각하며 삶의 그 믿음의
길을 온 것이 무엇이더냐?
6 나의 아들 예수가 재림하여 이 세상
에 내려옴이니,
7 나의 아들 예수가 재림하여 하늘의 천
둥과 더불어 나팔 불며 구원할 자와
버릴 자를 선별하는 그와 같은 시대가
올 것이라 하여 너희는 수천 년 동안
같은 말을 듣고 같은 가르침을 들었으
며 그를 믿고 살아왔던 나의 백성이
아니던가?
8 너희의 수천 년 전의 조상도 그를 믿
고 따라왔으며 그와 같은 역사가 이루
어질 것을 바라며 지금까지 살아왔음
이니라.
9 그러나 그와 같은 역사는 이루어지지
아니하였으며, 그와 같은 현실은 나타
나지 아니하지 않았는가?
10 그와 같은 말로써 지금도 나의 피조물
만백성을 종교 집단의 지도자들이 저
희의 선배요, 저희의 뿌리가 한 것처
럼 나의 백성을 유혹하여 지금까지
이끌어 오고 있음이니,
11 이제는 지금의 그 믿음의 길에서 너희
자신이 맹종하고 맹신하는 그와 같은
앞을 보지 못하는 어리석은 삶으로써
갈 것이 아니니라,
12 이제는 한 발짝 뒤로 물러나 너희의
믿음의 가고 있는 방향을 스스로 바라
볼 수 있는 그와 같은 안목을 가질 때
가 되었음을 알라.
13 높이 나는 짐승이 먹이를 많이 멀리
볼 수 있듯이,
14 너희가 한 발짝 물러나 지금의 가고
있는 믿음의 형태요, 너희 종교 집단
이요, 지도자들이 역사하는 것을 재조
명해 보고, 종교 집단과 지도자들에
대하여 그들의 행적을 한번 역추적하
여 분석하며 그들의 생활 상태를 너희
가 한번 분석하고 깊이 파고들어 가
볼 때가 되지 않았는가?
15 너희가 선택한 지금의 믿음을 분석하
여 구원의 길을 선택할 수 있는 그 용
기가 지금 필요한 때이니라.
16 맹종하고 맹신하는 것이 구원의 길이
라는 그 굳어진 마음에서 변화하지 못

하는 것은 너희가 진정한 믿음의 길
을 분석하고 그 길을 찾고 그 길을 가
는 데 도움이 되지 아니함을 알아야
할 것이니라.
17 이제 너희가 한 발짝 물러나 지금의
믿음을 분석해, 어떠한 길이 진정한
믿음이요, 하늘에 오르는 길인가를 너
희가 선택할 수 있는 그 용기를 가질
때가 되었음을 잊어서는 아니 될 것이
니라.
18 모든 기득권을 다 버리고 모두를 다
저버린다 해도 너희가 과연 지금 가
고 있는 그 길이 나 여호와의 뜻에 순
종하는 길인가 하는 것을 너희가 한
번 다시 재조명해 봐야 할 때가 되었
음을 알라.
19 너희가 가는 길이 나를 거역하는 길이
요, 구원을 받는 길이 아니요, 지옥의
길로 간다 하면 너희는 과연 어찌하
겠는가?
20 너희 자신에 대하여 이제는 마지막 결
정할 때가 되었음을 알아야 할 것이
니라.
21 한 발짝 물러나 너희 자신을 들여다
보라.
22 그리고 너희가 냉정히 지금 가는 그
모두를 들여다보며, 종교 집단, 지도
자들이 하는 그 모든 행위에 대하여
그를 역추적하여 너희가 하나하나 분
석해 보라.
23 하늘에 오르는 길이요, 천국에 가는
길로 그들이 과연 이끌고 있는가를 너
희는 알 수 있을 것이니라.
24 너희는 여기서 알아야 할 것이니라.
25 이미 나 여호와가 새로운 시대를 열어
가고 있으며 새로운 시대의 역사를 위
하여 새로운 시대의 변화는 벌써 시작
되었으며 흘러가고 있음을,
26 이 새로운 변화의 역사가 흘러가고 있
으며 이것이 지금 역사 하나하나를 다
져 가고 있는 그와 같은 현실을 눈을
뜨고 똑바로 바라보라.
27 바라보면 너희가 볼 수 있으며 너희
가 귀를 열고 들으면 들을 수 있는 것
이거늘, 어찌하여 그를 바라보지 못하
며 듣지 못하고 어리석은 삶을 사는가?
28 너희가 이제는 볼 때가 되었음을 잊
지 말라.

6,619 번째 하나님 말씀

2003년 7월 5일 06시 52분

1 사랑하는 나의 아들아!
2 "네, 아버님! 말씀하옵소서."
3 너를 따르는 제자들과 나의 성전에 와
나의 법전을 공부하고 깨우치는 백성
그 모두를 내가 사랑한다 그리 전하라.
4 그들이 나의 법전을 세상에 나가 전하
는 것을 두려워하지 아니하며, 몸과
마음을 바쳐 그 모두를 다하는 네 제
자들이 있음이니,
5 내가 이 세상에 한 사람의 의인이 있
으면 세상 것을 다 주고도 바꾸지 아
니한다 내가 그리했듯이,
6 바로 모두를 다 바쳐 나의 법전을 만
들어 만백성에게 전하는 것이 대명이
라 생각하고 가는 네 제자가 있다면
그가 의인의 길을 달려가는 것이 아니
던가?
7 그는 나 여호와의 뜻에 순종하는 자

요, 나의 뜻에 행함이니,
8 내가 이루고자 하는 것을 너희가 이
루는 것보다 이 세상에 더 큰 역사가
없으며 더 큰 뜻이 없으며 더 큰 계획
이 없음을 알아야 할 것이니라.
9 너희가 강둑을 막아 물을 돌리는 그와
같은 역사보다도, 너희가 보이지 아니
할 만큼 높은 건축물을 세워 놓는다
해도, 그 모든 어떤 것도 내가 이루고
자 하는 그 역사에 비할 수 없으며 내
가 하고자 하는 것과는 비할 수가 없
는 것이니라.
10 나 여호와가 이루고자 하는 것, 내 계
획은 모두를 위하여 이루어지는 것이
며 이는 영원히 변하지 않는 것이기
때문이니,
11 너희는 내가 이루는 것을 이루고자 하
는 것이 너희의 가장 큰 사업이요, 대
명이라는 것을 알지 않는가?
12 그러하니라. 이제 너희는 알아야 할
것이니라.
13 너희가 크나큰 무쇠 가마솥에 물을 붓
고 장작불을 지필 때, 그 무쇠가 달구
어져 그 물이 뜨거워질 때까지가 힘들
고 어려운 것이며,
14 일단 그 무쇠가 달구어졌을 때는 너희
는 작은 불로써 그를 지핀다 해도 그
물은 끓게 되어 있는 것이니라.
15 이것이 너희가 가야 할 길이며 너희
가 그 고비를 넘는 것이 힘든 것이니,
16 너희는 그를 넘고도 넘을 수 있는 백
성이 되었음이니 그리 알라.
17 너희는 가진 것이 없으며 쥔 것이 없
어 불쌍하다 하며, 너희가 큰 무쇠 가
마솥에 작은 불을 지펴 그를 끓이고자
하는 것을 보고 많은 사람이 어리석다
할 것이나,
18 너희가 불을 때고 또 때어 그 무쇠가
달구어져 거기에 있는 물이 끓기 시작
하고 데워지기 시작한다면 그 물이 데
워지는 것은 아무것도 아님이니라.
19 간단한 불로써 지피고자 해도 그 물은
끓일 수 있는 그와 같은 순리요, 역사
이니라.
20 너희가 한고비를 넘기가 그리 힘드니
라.
21 무쇠 가마솥에 물을 담고 처음에 무쇠
가마솥을 달굴 때까지 힘이 들듯이,
22 너희가 달궈지며 나의 성령으로써 너
희에게 임하였을 때는 모든 것을 다
그 불 칼이 쳐 줄 것이며 성령이 쳐 줄
것이니라.
23 그리하여 너희가 역사할 수 있으며
갈 수 있음을 알 것이니라.
24 만백성 너희는 그리 말하느니라.
25 모두가 성령이 임하여야 하며 나 여
호와가 임하여야 하며, 너희를 이끌어
주며 구제하지 아니하면 너희는 역사
할 수 없는 것이기 때문에,
26 오로지 인간의 노력으로써는 이루어
질 수 없기에 인간이 역사하는 것은
아무것도 아니며, 오로지 하늘을 향하
여 '주여, 주여, 하나님 아버지! 역사
해 주시고 성령이 임하여 주시며 인간
으로서 할 수 없는 그 일을 기적을 이
루어 주옵소서.' 그리 말하나,
27 나는 공의의 하나님이라 하지 않았던
가?
28 나는 어떠한 백성에게도 특혜를 주는
것이 없으며 어떠한 백성을 더 기억하

여 그들에게 은혜를 내려 줄 수가 없는 것이 나 여호와며,
29 그와 같은 일이 이루어진다면 공의의 하나님이 아니요, 진리의 뜻이 아니요, 하늘의 창조주인 내가 아니니라.
30 너희가 모두를 지킬 수 있고 내가 성령으로써 임할 수 있는 것은 무엇인 줄 알겠느냐?
31 너희가 무쇠 가마솥에 물을 넣고 끓을 때까지 장작불을 지펴 무쇠를 달구는 것, 그것까지가 너희가 해야 하는 일이며,
32 그리 역사했을 때 바로 너희는 작은 불씨로써 그 물을 끓일 수 있듯이, 그 물이 식지 않게 할 수 있듯이, 너희가 바로 그와 같은 역사를 이룰 수 있음이니,
33 너희가 그와 같이 변화가 되었을 때, 가마솥을 달구어 물이 끓기 시작할 때, 그때야말로 나의 성령이 너희에게 임하는 그 순간이니,
34 너희가 나의 성령이 임하여 나 여호와가 너희의 악한 마음과 악습이요, 지탱하지 못하는 마음을 불 칼로써 모든 가지를 쳐 너희가 바로 갈 수 있도록 역사해 주는 것이니,
35 그때가 나의 성령이 임하여 내가 너희에게 모두를 역사할 수 있도록 내려 주는 것이라는 이 이치와 의미를 알라.
36 그리하여 말로써 성령이 내리기를 바라며 기적이 이루어지기를 바라며 그와 같은 생각으로써 너희가 살아가지 말라.
37 너희가 노력하고 행했을 때 내가 거기에 임하여 줌이니라.
38 너희가 상을 받을 수 있도록, 나로부터 은혜를 받을 수 있도록 너희가 다 되었을 때 내가 너희에게 내려 주는 것은 그 누구도 말릴 수가 없으며, 그건 공의의 하나님의 뜻이 아니라 말할 자가 없음이니,
39 그때까지 너희가 상을 받을 수 있는 준비요, 상을 받을 수 있는 그 여건의 모든 것을 이루는 것은 너희 손에 달렸음을 잊지 말라, 사랑하는 나의 아들딸들아!
40 이제 너희는 가마솥에 불을 지피며 쇠를 달구기만 하면 모든 그 물은 식지 아니하며 작은 불씨로써도 끓일 수 있다는 것을 절대 잊지 말라.
41 너희가 그 고비를 넘어야 함이니, 지금 너희가 그 고비를 넘기 시작하고 있음이라는 것을 내가 나의 아들을 통하여 너희에게 전함이니,
42 그러니 그만큼 내가 너희를 사랑함이요, 나의 성령의 불 칼로써 너희 악한 마음의 뿌리를 뽑으며 너희를 다스려 나갈 수 있는 사랑과 은혜요, 축복이요, 영광을 내가 내릴 날이 지금 머지않았음이니,
43 나 여호와가 기다리고 있음을 너희는 알라.

6,620 번째 하나님 말씀

2003년 7월 5일 09시

1 사랑하는 나의 아들아!
2 "네, 아버님! 말씀하옵소서."
3 수천 년 동안 믿음의 역사를 흘러온 그 집단들이요, 그리고 그 지도자들이

요, 그리고 그곳에서 배운 백성, 너희
가 과연 배우고 깨우친 것이 무엇이
있던가?
4 너희는 감히 그와 같이 말하느니라.
5 사탄도 나 여호와와 같은 능력을 가지
고 있으며, 그와 같이 능력을 발휘할
수 있으며, 나의 흉내를 그대로 낼 수
있으며, 나와 같은 능력의 권능을 가
지고 있다 너희가 감히 그리 말하니
라.
6 그리하여 나의 진리가 내려가며 진정
한 가르침이요, 진실한 하늘에 오르는
길의 가르침의 빛을 너희에게 내린다
하여도,
7 그것은 나 여호와가 내리는 은혜가 아
니요, 사탄이 나를 기만하여 그리고
너희를 현혹하며 미혹하게 하고자 역
사하는 것이라 그리 말함이니,
8 이 세상에 아무리 참진리요, 아름다운
가르침이요, 하늘에 오르는 내 뜻이
요, 내가 너희에게 빛을 내린다 하여
도,
9 너희는 그를 믿지 아니하며, 사탄이
나와 같이 똑같은 행위를 하는 사악한
행위라 그리 말함이니,
10 그리하여 이 세상에 나의 160권의 대
장정의 법전이 내려가 너희를 심판하
는 기준이요, 너희를 깨우치고자 하여
도, 너희가 이는 사탄이 나와 같이 똑
같은 능력을 가졌기에 사탄이 하는
행위라 그리 가르치느니라.
11 그러니 너희가 나와 같이 역사할 수
있는 것이 사탄이라 그리 말함이니,
그게 바로 너희가 무엇인 줄 알겠는
가?
12 두 마음을 가지고 있는 자들이니라.
13 감히 너희가 사탄이 나 여호와와 똑
같이 그 능력을 발휘할 수 있다고 생
각하는 것, 그것이 너희의 모순이요,
너희 마음속에 두 가지의 마음을 가지
고 있는 자들이니,
14 너희 자신을 지키기 위하여, 너희 자
신을 변호하기 위하여 너희는 사탄도
나와 똑같다 그리 높이 찬양하고 찬송
하는 행위를 지금 하고 있다 함을 잊
지 말라.
15 너희가 소리 지르고 악을 쓰는 것만
이 찬송이 아니요, 너희가 말하고 뜻
을 전하는 것, 이웃과 대화하는 그 모
두도 찬송과 같은 것임을 너희는 알
아야 할 것이니라.
16 너희는 사탄이 나와 똑같은 능력을 가
지고 있으며 역사할 수 있다고 한다
면, 너희는 진리가 변화되는 것이며
나 여호와가 내리는 것이 진리가 아니
라고 가르치는 자들과 똑같은 자들이
며, 그와 같은 행위를 하고 있는 자들
이니라.
17 진리는 변화되는 것이 아니니라.
18 진리가 변한다면 나 여호와의 뜻이 아
니니,
19 진리는 곧 나 여호와의 뜻이요, 나로
부터 모든 것이 다 역사함이니, 너희
는 이를 부정하며 이를 거역하는 자들
이니라.
20 사탄도 악마도 나와 똑같이 역사할 수
있다면 그것은 진리가 아니니라.
21 너희는 나 여호와가 내리는 진리요,
성경에 기록된 그 모든 나의 가르침이
요,

22 지금 내가 마지막 시대 너희를 심판하기 위하여 제3의 시대를 열며, 법전이라 하여 '하늘에 오르는 길'이요, '하나님! 말씀하옵소서'라는 이 책 또한 이 모두가 진리가 아니라 말하는 자이니,
23 이는 곧 너희가 십계명 그 자체도 진리가 아니라 말하는 자와 똑같으니라.
24 십계명이 진리라 하면, 너희가 그를 지키고 살 수 없다고 감히 말할 수 있는가?
25 너희 자신이 인간이라 지킬 수 없다고 말하는 그 자체가 십계명 자체도 진리가 아니요, 나의 뜻이 아니라고 그리 말하는 자들과 똑같음이니라.
26 나의 뜻이라면 어찌 너희가 지킬 수 없으며, 지키지 아니할 수 있다고 그리 감히 말할 수 있는가?
27 그러니 너희는 그와 같이 그 모두를 부정하며 믿지 아니함이니라.
28 그리하여 새로운 진리요, 새로운 가르침이 내려가 깨우친다 해도, 너희는 이는 사탄이요, 사탄이 나 여호와와 똑같은 능력이 있기에 그가 하는 짓이라 그리하여,
29 나의 피조물 만백성이 구원의 길을 보지 못하도록 하며 그들의 귀를 막으며 눈을 감게 하는 사악한 자임을 알라.
30 너희가 나를 거역하는 자며 나를 욕되게 하는 자라는 것을 알라.
31 진리는 변화되지 않으며,
32 진리에 대한 너희 생각과 판단과 너희가 파악하는 그 마음이 변질하는 것이요,
33 원초적인 진리가 변질하는 것이 아니니라.
34 너희가 진리가 변화되는 것처럼, 진리를 사탄이 만들어 낼 수 있는 것처럼, 그를 전할 수 있는 것처럼 그리 말하나,
35 진리는 변화되지 아니하니라.
36 그리고 사탄들은 진리를 역사할 수 없음이니라.
37 다만, 너희 생각과 너희 마음이요, 판단하는 것, 너희가 모두를 파악하여 너희 것으로 결정하여 그를 따르고 행하고 선택하는 그와 같은 속에서 너희 마음이 변화되는 것이며, 너희가 변질시키는 것이며,
38 참진리요, 거짓된 진리라는 것을 구분하지 못하고 있기 때문에 그와 같은 역사가 이루어지는 것이지,
39 정녕 진리는 변질되지 아니하며 변화될 수 없다는 것을 알라.
40 너희가 사탄의 자식으로서 이미 타락되었으며 사탄의 자식으로서 전락하였음을 알라.
41 사탄이 나와 똑같이 역사할 수 있다고 말하는 자는 이미 사탄의 자식이 되어 있는 것이며,
42 그들의 입으로써 나오는 말이요, 너희가 역사하는 것은 다 사탄을 위해서 하는 짓이니라.
43 감히 너희가 흘러가는 말로써 가볍게 말하느니라.
44 사탄도 나와 같이 똑같이 역사할 수 있다는 것은 무엇이더냐?
45 사탄도 나와 똑같은 자라 말하는 것이 아니더냐?
46 그러니 너희는 스스로 알지 못하는 속

에서 사탄을 칭송하며 사탄을 위로하
며 사탄의 자식이 되어 따라가는 자
라는 것을 알아야 할 것이니라.
47 너희가 얼마나 무서운 과오를 범하고
있으며 얼마나 무서운 짓을 하고 있는
지 알겠는가?
48 사탄은 나와 똑같이 역사할 수 없음이
니라.
49 사탄이 역사하는 것은 참진리가 아니
요, 오래 존재할 수 없으며 영원히 지
속할 수 없는 것이니, 사탄은 아무런
능력이 없는 자이거늘,
50 어찌하여 감히 사탄이 나와 똑같은 능
력을 역사한다고 말하는가?
51 그러니 너희가 이를 뒤집어 보라.
52 사탄도 나와 같이 똑같은 역사를 함이
니, 너희가 사탄을 따르고자 하는 것
이며, 사탄을 경배하는 마음을 가져도
된다고 그리 생각하는 자가 있다면,
53 너희는 과연 어떠한 스승이요, 어찌
가르치는 자인가?
54 이를 알고 너희가 두려운 행위가 무
엇이며, 너희가 하고 있는 행위가 얼
마나 무서운 짓을 하고 있으며, 얼마
나 잘못된 자들의 잘못된 판단에서 너
희가 진리를 어찌 파악하고 있는가?
55 너희는 진리를 제대로 파악하지 못하
며 연구하지 못하며 진리를 제대로 생
각하지 못한다는 것을 알라.

6,621 번째 하나님 말씀

2003년 7월 5일 09시 10분

1 사랑하는 나의 아들아!
2 "네, 아버님! 말씀하옵소서."
3 수천 년 동안 믿어 온 종교 집단이요,
그 백성이요, 그 모두가 한결같이 지
금까지 부르짖는 것이 무엇이던가?
4 여름밤에 소리 질러 울어 대는 개구리
와 같은 형국으로써 너희가 소리 지
르고 나를 찾고 부른 것이 무엇인 줄
알겠는가?
5 나의 아들 예수의 보혈로써 너희는
구원을 받았으며, 너희는 모두 다 천
국에 오를 수 있는 자격을 갖춘 자라
그리 말함이니라.
6 그리하여 손으로 지은 그 죄의 온상이
요, 교회라는 곳에 와 재물을 바치며
경배하고 기도하면 모두는 역사하는
것이라 하며, 그리 간단하고 편안한
길이 하늘에 오르는 길이라 그리 가르
침이니라.
7 나 여호와를 믿기만 하면 그 순간에
너희는 구원받았다고 그리 말하며,
8 너희 손으로 지은 그 교회요, 성당이
요, 회당이요, 그곳에 와 재물을 바치
며 울고불고 찬송하며 기도한다 하면,
그리고 너희 종교 지도자가 가르치는
그 설교를 듣는다 하면, 그리고 그 설
교에 대한 대가를 많이 치르며 그와
같은 행위를 하면 그것은 구원을 받는
길이요,
9 그것으로써 모든 구원의 길의 역사는
끝났다고 가르치는 종교 지도자, 그리
고 그를 믿고 가는 백성, 그 모두가 저
희의 사악한 욕심에서 서로 거래하는
생각에서 이루어짐이니,
10 그리 구원을 받았다 말하는 자 앞에
가서 재물을 바치면 구원을 받고 그리
따르면 된다는 것은,

11 너희는 재물을 거둬들이기 위한 욕심
으로써 그들에게 가르치며 또한 재물
을 좀 바치고 그리 가면 구원을 받을
수 있다는, 사고파는 그 의사가 소통
한 자들이며, 속이 다 같이 욕심에 차
있는 백성끼리 한 덩어리가 되어 이
루어지고 있으며 더불어 살아간다면
너희는 나의 뜻을 믿겠는가?
12 구원을 받았다 가르치는 지도자 너희
는 나 여호와의 진리요, 하늘에 오르
는 길에 더 이상 노력할 것이 없으며
더 배울 것이 없으며 더 변화되는 삶
을 살 필요가 없다고 가르치는 자들이
니라.
13 지금의 너희가 그저 즐기고 살아가는
그와 같은 방법, 너희가 죄를 지으면
서도 죄를 모르고 사는 방법, 그리고
죄를 수없이 짓고 그저 말로써 회개하
면 구원을 받는다는 방법,
14 그와 같은 편안한 방법이요, 쉬운 방
법으로써 너희가 하늘에 오르면 되는
것이니,
15 더 이상 아름답게 살려 연구하지 말
며, 천사와 같은 마음으로 변화되는
그와 같은 삶으로 변화될 필요도 없으
며,
16 그저 지금의 삶을 그대로 흥청망청 살
며 지금의 형태로써 살면 구원을 받는
다고 그리 말하는 자들이 아니던가?
17 그리하여 지도자는 하늘에 대하여 가
르치는 모든 것에 능통한 자이기 때문
에, 저희가 가르치는 것이 천국의 문
을 마음대로 열고 닫을 수 있는 종교
지도자가 된 것처럼 그들이 허울 좋게
나의 피조물 만백성을 우롱하는 것이
니라.
18 천국의 문을 열고 닫고 하는 그 열쇠
를 저희가 가지고 있음이니, 저희에게
재물을 바치며 저희의 강론을 들으며
울고불고 콧물 흘리며 개구리처럼 울
어 대기만 하면 그들은 너희를 따라
천국에 올 것이니,
19 더 이상 변화될 것이 없으며, 더 이상
배울 것이 없으며, 더 이상 진리의 길
을 고통스럽게 가야 할 필요도 없는
것이라 너희가 그리 말하고 가르치니,
그 말에 현혹되어 따라가는 백성이 아
니던가?
20 이제는 더 노력할 것도 없는 것이니
라, 너희는 완벽히 구원을 받을 수 있
는 천사와 같은 백성이 되었으며 너희
는 나의 아들 예수의 보혈로써 모든
죄를 다 씻어 주었음이니,
21 앞으로 짓는 죄도 그저 말로써 빌면
다 하얀 눈처럼 깨끗한 자가 되고 완
벽한 자가 되어 천국에 오를 수 있는
날개를 달아 줌이니,
22 너희는 죽어 천사와 같이 나에게 오를
것이라 그리 가르치며 그리 믿고 가는
자이니,
23 그러니 너희가 지금 바로 가르치는 뜻
이 무엇이냐?
24 그저 되는 대로 이대로 살면 되는 것
이며, 즐기며 그대로 살라,
25 변화되려 노력할 것이 없으며, 진리를
깨우치려 노력할 것이 없으며, 사랑을
베풀고 나눔을 베풀며 남들 앞에 책임
을 지고 살아가는 그와 같은 너희의
마음을 다스려 나가는 것, 그 버리기
힘든 그 악습을 버릴 필요도 없으며,

26 그저 악습을 행하고자 하면 그대로 행
하고 말로 빌면 되는 것이며, 지금과
같은 형국으로써 편안한 길로 가면 너
희는 구원을 받는 것이라 나의 피조물
만백성을 그리 현혹하며, 그들에게 그
대가를 지금 거둬들이니,
27 너희가 선함을 심어 주며 천사와 같
은 백성으로 변화시키면서 그 대가를
받아 간다면 나 여호와는 말하지 아
니할 것이니라.
28 그러나 너희는 악한 마음을 심어 주
며, 사악한 마음을 심어 주며, 나의 백
성을 사탄으로 만들어 가면서 너희가
지금 그 대가를 받아 가고 있는 것이
니, 너희가 얼마나 사악하고 잘못된
자인지 아는가?
29 너희는 나 여호와가 역사하는 그 모든
것을 다 알고 있으며 내가 역사하는
것을 그대로 다 이룰 수 있는 것처럼,
너희가 기도로써 모두가 다 형성되며
모두가 다 통용되는 것처럼 그리 말함
이니,
30 얼마나 지금의 종교 집단이요, 그 구
원을 또 받았다는 백성이 오만에 빠
져 있는지 알겠는가?
31 너희는 알아야 할 것이니라.
32 저만이 구원을 받았다 하며 저 혼자만
이 진리의 뜻을 알며 하늘의 뜻을 알
고 있다 하며 너희에게 가르치는 종
교 집단의 지도자들이 얼마나 어리석
고 불쌍한 백성인가?
33 그들은 자만에 빠져 있으며, 하늘의
진리가 무엇인지를 모르며, 하늘의 법
도가 무서운 것을 모르는 자들이니라.
34 그러니 그와 같이 말하는 종교 지도자
가 가장 어리석은 백성이요,
35 그곳에서 그 말을 듣고 재물을 바치며
울고불고 또한 그것이 이루어질 것이
며, 그것이 진정한 하늘의 뜻이라 따
라가는 그 어리석은 백성, 그 모두가
욕심이요, 거래하는 마음에서 이루어
짐이니,.
36 너희는 참진리를 따르는 백성이 아니
요, 참진리의 길을 가고자 하는 백성
이 아님을 알아야 할 것이니라.
37 너희가 정녕 나에게 오른다면, 지금의
너희가 그와 같은 형국으로 가는 것이
아니요,
38 악의 뿌리요, 악습을 버리는 데 최선
을 다하는 그와 같은 무서운 변화를
이루고자 하는 노력 없이는 너희는
악의 구렁에서 벗어날 수 없으며 하늘
에 오르는 참진리를 볼 수 없다는 것
을 알라.

6,622 번째 하나님 말씀

2003년 7월 5일 09시 31분

1 사랑하는 나의 아들아!
2 "네, 아버님! 말씀하옵소서."
3 내가 너의 제자들에게 그 소원함을 기
록하여 전하라 하였음이니, 그 제자
또한 다음과 같은 뜻을 너에게 전하였
음이니라.
4 정직한 삶을 살고자 하며, 정직한 사
람으로서 살고자 하며, 한 점의 부끄
럼이 없는 삶을 살고자 하여 정직하게
살아갈 힘과 용기를 달라 하여 그가
기록하여 전하였으며, 성실한 삶을 살
고자 그리하였음이니라.

5 성실한 삶을 살며 게으르지 아니하며
나태하지 아니하며 열심히 살아가는,
모두를 다하여 살아가는 그와 같은 삶
을 살아가는 자가 되고자 하며 그 용
기를 달라 기록하였으며, 섬김을 다하
는 백성으로서 살아가는 그와 같은 용
기와 그와 같은 삶을 살아갈 수 있도
록 저에게 능력을 달라 하는 그와 같
은 소원함을 적어 보냈음이니라.
6 지금 이 세상의 모든 백성에게 너희
가 원하는 것을 기록하라 하였을 때,
모든 종교 집단이요, 지도자들이 무엇
을 원하겠는가?
7 정직한 삶을 살며 성실한 삶을 살며
섬김에 게으르지 않은 삶을 살 수 있
는 그를 원하는 백성이 과연 얼마나
있겠는가?
8 너희가 작고 큰 소원이요, 이루고자
하는 것, 그리고 너희가 욕심에 눈이
어두워 앞을 가리는 것, 그 모두를 너
희는 기록하여 전하는 백성이 있을
것이니라.
9 그러니 얼마 되지 않은 그 깨달음 속
에서 나의 강론을 들으며 너희가 나
의 법전을 읽고 살아온 백성이 바라
는 소망이 이러하니라.
10 그들은 또 뭐라 말하였느냐?
11 내가 직접 불로 써 내린 나의 친필인
십계명대로 살아갈 수 있는 그 용기와
힘을 달라 그리 원하였음이니라.
12 그러니 내가 그들의 소원을 들어줌이
니라.
13 그리하여 너희에게 내가 십계명을 기
록하여 너희 손으로 직접 써서 너희
머리맡에 두고 그를 너희가 조석으로
보는 그와 같은 생활을 하라 그리하
였음이니라.
14 아침에 일찍 일어나 너희가 십계명을
보고 '오늘은 십계명에 대하여 부끄러
운 삶을 살지 않겠다'는 다짐을 하며
너희가 방문을 나가며,
15 그리하여 돌아와서는 너희가 정녕 그
리 살았는가, 거기에 부끄러운 행위를
하지 않았는가 반성하는 시간을 가지
라 그리하였음이니,
16 너희 손으로 써 붙여 놓은 그 십계명
을 너희가 어떠한 종이요, 어떠한 필
체로 써 놓았든, 너희가 그림을 그리
듯이 그저 써서 놓았든, 거기에 내가
같이 존재하며 너희를 내려본다는 것
을 알라.
17 나의 법전을 너희가 여는 순간에 내
가 너희와 같이하며 너희가 내 얼굴
을 볼 수 있다고 그리하였듯이,
18 너희가 써 놓은 그 십계명을 바라보는
그 순간에 나의 형체를 보며, 그 십계
명 속에 나의 형체가 들어 있다는 것
을 알라.
19 그리하여 너희가 정직하며 성실하며
섬김을 다하는 백성으로서, 그리고 십
계명대로 살아갈 수 있는 그와 같은
백성으로서 살아가고자 하는 너희의
그 애절한 소망을 내가 들어주고 이루
어 줌이니 그리 알라.
20 그러니 오늘부터 그 십계명을 반드시
너희가 직접 써 너희 머리맡에 놓고
그를 보는 순간에, 아침저녁으로 또
수시로 너희가 나를 접하는 것이며,
21 너희가 십계명을 보면서 네가 이대로
살아가 나 여호와에게 기쁨을 주며 이

대로 살아가는 백성이 되겠다 생각할
때, 거기에 나 여호와가 너희를 보고
웃고 있음을 알라.
22 너희는 십계명을 지키는 것이 하늘에
오르는 길이요,
23 이것을 지키는 것이 위로는 나 여호와
를 공경하며 나에게 순종하며 하늘에
오르는 길이요, 너희가 스스로 구원을
받는 길이요,
24 너희가 지옥이라는 그 험악한 길을 가
는 것이 아니라 천국으로 오를 수 있
는 그 열쇠요, 그 모두가 거기에 담겨
있다는 것, 그 소원이 이루어진다는
것을 알아야 할 것이니라.
25 그러하니 너희가 그를 지키고 보는
것, 그리고 너희가 그 앞에 반성하고
회개하는 것,
26 너희가 잘 살았는지 잘못 살았는지,
지켰는지 지키지 않았는지 하는 것을
너희가 매일매일 시간마다 반성하고
회개하는 마음으로 사는 것이 나 여호
와를 웃게 하는 것이며, 나를 기쁘게
만드는 것이며, 나에게 함박웃음을 짓
도록 하는 것이니라.
27 그러니 그를 행하고 지키도록 내가 가
르쳐 줌이니 그리 알라.
28 너희의 소원을 하나하나 들어주기 시
작할 것이니라.
29 너희가 원하는 것을 너희가 나에게
써 올린 그것이 너희 모두를 위하여
역사하는 것이며,
30 너희 자신을 위해서 하는 것이 아니며
너희 자신을 위해서 바라는 것이 아니
라 하면,
31 나로부터 너희에게 그와 같은 은혜가
하나하나 역사하고 이루어진다는 것
을 알라, 사랑하는 나의 아들딸들아!
32 너희가 스스로 깨달아야 함을 알라.
33 너희가 하늘의 이치요, 하늘의 역사하
는 것, 그 모두를 하나하나 깨우쳐야
할 것이니라.
34 너희 머리를 내가 깨우쳐 주지 아니하
니, 너희가 노력하여 너희 머리로써
판단하는 지혜를 얻지 못한다면 아무
것도 아님이니라.
35 너희는 그리 말할 것이니라.
36 전지전능한 나 여호와가 왜 너희 머리
를 깨우쳐 주지 아니하는가 할 것이니
라.
37 너희가 어렵고 힘들 때마다 내가 들어
주며 그것을 풀어 준다 하면 너희는
어찌 되는가?
38 그것밖에 모르는 어리석은 백성이 됨
이니라.
39 너희가 짐승과 다른 것이 무엇이더냐?
40 주는 것으로써, 그저 얻어지는 것으로
배가 불렀을 때, 그들은 더 이상 생각
하지 아니하며, 역사하지 않지 않던가?
41 그저 주는 것을 먹고 배부르면 그리
만족하고 살아가는 그와 같은 형국이
될 것이니라.
42 그러니 너희가 어렵고 힘들 때, 그때
마다 하나하나 내가 너희에게 가르쳐
준다면 내가 수만 번 너희에게 가르쳐
주는 역사를 해야 될 것이며,
43 내가 그때마다 너희에게 가르쳐 줌이
니, 너희는 변화가 없으며 역사함이
없는 것이니라.
44 그러나 너희가 어렵고 힘들 때마다 그
를 내가 돌아다보지 아니하며 너희가

스스로 헤쳐 나오기를 바랐을 때,
45 거기서 너희가 노력하는 그 순간에 수천수만 가지를 깨달으며 하늘의 진리를 깨달으며, 네가 서 있는 이치를 깨달으며 네가 역사하는 것을 깨달음이니, 이것이 다름을 너희는 알아야 할 것이니라.
46 너희가 일찍이 말하지 아니하였던가?
47 고기의 가시를 발라 입에 넣어 주는 그와 같이 자식을 기르는 부모가 되지 말며, 그 자식에게 고기를 잡는 방법을 가르치라 했음이니, 그 의미는 무엇이던가?
48 고기를 받아먹는 자식은 그것으로써 만족하며 그때 배부름을 느낄 수 있을 것이니라.
49 그러나 그는 연구하지 아니함이니라, 노력하지 아니함이니라.
50 그러니 그는 진리를 모르며 하늘의 뜻을 모를 것이니라.
51 고기를 스스로 잡아서 제가 취할 수 있는 법을 가르치면, 그 백성은 그를 잡기 위하여 제가 노력할 것이며 생각하고 연구할 것이니, 거기에서 모든 진리의 이치를 깨닫게 되는 것이니라.
52 그리하여 내가 너희를 높이 쓰고자 하며 귀하게 쓰고자 하며 만백성의 지도자로 육성하기 위해, 너희에게 무엇을 들어줄 수 없음이니라.
53 너희가 나에게 '무엇을 이루어 주옵소서, 역사해 주옵소서, 사랑을 주옵소서.' 하는 그와 같은 소원을 들어달라 기도하는 것은 가장 어리석고 우매한 백성이니라.
54 짐승처럼 그저 주는 것이나 받아먹고, 내려 주는 것이나 받아먹고 살다 말겠다는 어리석고 게으른 자들이 하는 소리이니라.
55 이제 너희는 게으른 백성이요, 어리석은 백성으로서 기도하는 백성이 되지 말라, 사랑하는 나의 아들딸들아!

6,623 번째 하나님 말씀

2003년 7월 5일 21시 21분

1 사랑하는 나의 아들아!
2 "네, 아버님! 말씀하옵소서."
3 너희가 무엇을 이루어 달라며 소원을 비는 기도는, 어떠한 사람의 마음 상태가 그 기도를 한다 했느냐?
4 짐승과 같은 형태로 살아가고자 하는 자가 그와 같이 기도한다 내가 그리 말하지 아니하였던가?
5 너희가 기르는 가축은 배가 부르면 그들은 더 이상 요구하는 것이 없지 않던가?
6 그러니 너희가 나에게 무엇인가를 하나 원하고 바랐을 때, 내가 그것을 들어줌으로써 너희는 만족함을 거기서 얻음이니, 너희는 더 생각하지 아니하며 더 깨우쳐 나가는 것이 없다 그리 하였느니라.
7 그리하여 나로부터 선택된 백성이요, 나의 아들을 따르는 제자 너희는 무엇을 원하고자 하지 말며, 너희가 원한다 해도 내가 들어주지 아니한다 하였음이니라.
8 너희가 하나를 원할 때 내가 그를 들어줌으로 너희는 만족하며 거기서 더 이상 전진하지 못하며 깨달음이 없으

며 변화되는 삶이 없음이니,
9 곧 하나를 얻어 너희가 배가 부른 가
축처럼 너희가 그 얻음은 그것으로써
만족함이니, 너희가 변화되는 삶을 살
수 없다 하였음이니라.
10 그리하여 너희가 깨우치고자 노력하
고 또 노력하고 시련과 고통 속에서
번갯불처럼 스쳐 가는 하나의 진리를
깨달았을 때 그것이 너희 것이 되며
그 진리를 깨닫는 자는 백 가지, 천 가
지 모든 진리요, 하늘의 뜻을 깨닫는
그와 같은 길에 들어선다 하였음이니,
11 나의 아들을 따르는 제자요, 지금 내
가 마지막 시대에 제3의 시대를 열어
선택한 백성 너희는 너희 스스로 모
두를 깨우쳐 자연의 이치요, 하늘의
섭리요, 하늘에 오르는 진리의 그 뜻
을 너희가 스스로 깨우치는 것이 너
희 것이요, 거기서 많은 것을 깨닫고
있기에 내가 너희가 깨닫도록 고통과
시련의 훈련이 연속된다 그리하였음
이니라.
12 그 속에서 하나하나 깨우치는 것이 너
희가 가는 길이라 내가 그리 말하지
아니하였던가?
13 그러니 너희가 나에게 무엇을 하나를
원하며 요구하고자 기도하는 것은 그
만족을 얻음으로써 너희가 거기서 만
족하니 더 이상 변화를 모르며 더 이
상 깨달음이요, 더 이상 진전을 할 수
없으니, 이제 내가 마지막 시대에 선
택한 나의 백성 너희는 그리 가야 하
는 것이 너희가 나로부터 명받아서
대업을 이루는 그와 같은 길을 볼 수
있기 때문이니라.
14 너희가 스스로 하나하나 고통 속에서
깨우치고 깨달아 갔을 때 그것은 참진
리의 위대함을 너희가 알게 되며,
15 너희는 어떠한 시련과 고통 속에서도
나 여호와가 존재하며 내가 너희에게
성령으로써 그 길을 열어 줄 것이라
하여 너희가 두려움을 모르며 너희가
자신과 용기를 가지고 살아갈 수 있는
것이니,
16 그 용기야말로 너희가 세상을 다 얻
는 위대한 것임을 알아야 할 것이니라.
17 너희가 고통과 시련 속에서 싸워 이기
는 용기요, 거기서 견디고 나오는 그
와 같은 용기가 필요하니라.
18 그 용기가 없이는 너희가 지옥 불에
서 헤어날 수 있는, 지옥으로 미끄러
져 가는 그곳에서 돌아서 나올 수 있
는 것이 못 됨이니라.
19 모든 사탄이요, 사악한 그들은 너희를
현혹하며 부르고 있으며 선한 것은 너
희로부터 달아나고자 하는 그와 같은
형국에서 너희가 견디고 이길 수 있
는 것은 바로 무엇이던가?
20 너희가 고통과 시련 속에서 그 훈련을
거듭함으로 그 어려운 시점에서 너희
가 스스로 깨우치며 진리를 깨달으며,
21 하늘에 오르는 길이 무엇이며, 나 여
호와가 너희에게 명한 것이 무엇이며,
내가 너희를 통하여 이루고자 하는
것이 무엇인가를 너희가 깨달았을 때,
22 너희야말로 지옥에서도 곧 나올 수 있
는 그와 같은 용기를 갖게 됨이니라.
23 너희가 지옥으로 내려가는 것, 유혹하
는 것, 지옥으로 추락하는 것에서 너
희를 구원하는 길은 지금 나로부터 너

희 스스로 진리를 깨우쳐 하늘의 이치
를 깨달아 너희가 변화되는 것보다
천배 만배 더 어려운 것이 그곳에서
헤어나는 것이니,
24 오늘의 그와 같은 삶에서 너희가 훈
련과 훈련을 거듭하여 하나를 얻을
때 천 가지, 만 가지를 깨닫는 그와 같
은 방법으로써 너희를 가르치는 것이
나 여호와의 뜻이며 너희가 가야 하
는 길임을 알라.
25 그러니 너희가 오늘의 시련과 고통은
다 훈련이며, 너희가 그 속에서 얻어
지는 것이 있으며 그 속에서 깨닫는
것이 너희에게 얼마나 위대한 것인가
를 알아야 할 것이니, 육의 고통으로
써는 그 은혜에 감당할 것이 아무것도
없음을 너희는 알아야 할 것이니라.
26 나의 아들 예수를 따랐던 그 제자들이
과연 어떠했는지 알겠는가?
27 나의 아들 예수가 기적을 보이며 그
역사를 이루며 물을 갖다 포도주로 만
들며 죽은 자를 살리며 눈먼 자를 눈
뜨게 하는 그 역사 속에서 그 제자들
은 그것을 보며 거기에서 현혹되어 스
스로 자립하며 스스로 일어설 수 있는
그와 같은 깨달음을 얻지 못한 것이
예수를 따랐던 그 제자들의 실패였음
이니라.
28 그들이 너희처럼 오늘의 생활 속에서
너희의 삶 속에서 삶과 더불어 고통과
시련 속에서 그를 이기고 견디는 그와
같은 훈련으로써 다져졌다면 그들은
나의 아들 예수가 죽어 가는 그곳에서
등 돌리며 그들이 고개를 돌리며 그와
같이 스스로 제자라 했던 그 베드로가
세 번씩이나 배신하는 그와 같은 행위
는 절대 있지 아니하였을 것이니라.
29 그들은 그것을 몰랐음이니라.
30 그저 예수가 기적을 이루는 것을 보았
으며 거기서 얻어지는 것, 거기서 이
루어지는 것으로써 더불어 예수를 따
르면서 저희가 살아가는 것으로 만족
하였음이니, 스스로 자립의 힘이 없었
으며 자립의 능력이 없었음이니라.
31 그리하여 그들이 그와 같이 어렵고 힘
들 때 모두가 다 등을 돌리고 떠났던
것이니라.
32 그러나 너희는 다름이니라.
33 나의 아들 예수처럼 모든 것을 장소를
이동하며 너희를 더불어 인솔하여 다
니면서 강론하며 거기서 역사하는 것
으로 하는 것이 아니요,
34 지금 너희는 인간 세상의 인간 세속
에서 살아가는 그 어렵고 힘든 삶의
고통에서 승자가 스스로 되며, 그 고
통 속에서 깨달아 마음을 다스리며,
나의 아들이요, 나의 법전이 세상에
나올 수 있도록 너희가 최선의 노력
을 다하여 너희 손끝으로써 모두 역
사함이니,
35 그리하여 너희가 나의 법전이 소중함
을 알며, 내가 존재하는 것을 알며, 너
희가 고통과 시련 속에서 싸워 이기면
서 나 여호와가 너희에게 가르치고자
하는 훈련을 시키고자 하는 그 목적과
그 뜻과 그 의미를 알게 됨이니라.
36 이제 나의 아들을 따르는 백성이요,
나의 법전을 만드는 백성 너희는 내가
직접 통제하며 직접 관장함이니라.
37 예수의 제자들이 따랐던 그와 같은 방

법이 아니요, 내가 직접 너희를 통제
하며 너희를 다스림이니,
38 그것이 나의 성령이요, 나의 법전을
듣고 너희가 깨우쳐 가는 길이 바로
내가 너희를 다스리고 관장하며 통제
한다는 것을 알아야 할 것이니라.
39 그러니 이제 내가 마지막 시대에 나의
뜻에 따라 선택되어 역사하는 너희는
인간 세상에서 너희가 시간과 고통과
훈련 속에서 다져져 하늘에 오르는 진
리요, 나 여호와가 역사하고자 하는
것이 무엇이며, 내가 법전을 내리는
것이 무엇인가 너희가 스스로 깨달아,
40 거기서 천 가지, 만 가지 하늘의 이치
를 깨닫는 그와 같은 훈련으로써 가지
않는다면 너희를 내가 깨우쳐 전사로
쓸 수 없음이니라.
41 너희가 하나를 요구할 때 내가 그를
들어주며, 너희가 하나를 소원할 때
들어주면,
42 내가 천 가지, 만 가지 너희가 소원할
때마다 그를 다 들어줌이니 너희는
바보가 되는 것이며,
43 그저 먹이만 주면 배불러 잠자는, 너
희가 기르는 가축과 무엇이 다르겠는
가?
44 너희가 가축과 다른 것은 시련과 고통
속에서 스스로 깨달아 그 진리를 터득
하여 나가는 것이며, 그리하여 너희가
하나를 깨달았을 때 거기서부터 너희
가 백 가지, 천 가지, 만 가지를 서로
깨달아 그와 같이 너희 것으로 만드
는 훈련이요, 강도 높은 그 훈련이 아
니고는 너희가 전사가 될 수 없으며
나의 법전을 가지고 만백성을 구하는
그와 같은 자가 될 수 없음이니,
45 내가 너희에게 십계명을 네 머리말에
써 놓고 항상 그를 보고 너희가 깨우
치라 했음이니,
46 그와 같은 생활 속에서 너희가 지금
오늘의 시련이요, 고통을 이기고자 최
선의 노력을 다하는 자에게 노력하는
만큼 내가 너희에게 그 번갯불과 같
은 성령으로써 스쳐 가는 내 가르침을
줄 것이며, 너희에게 길을 열어 줄 것
이며 용기를 줄 것이니라.
47 100이라는 것을 노력하여 오늘의 생
활에서 벗어날 자가 99를 노력한다
해도, 내가 번갯불처럼 나의 성령을
너희 머리에 심어 주지 아니함이니 그
를 알라.
48 너희가 100이라는 것을 노력하고 인
내했을 때, 100이요, 110이요, 120을
했을 때, 너희에게 내가 번갯불처럼
나의 성령으로써 너희를 모두 깨우쳐
주고 인도할 것이니, 너희는 이와 같
은 뜻을 알아야 할 것이니라.
49 너희가 100이라는 그 숫자를 노력하
지 않았을 때 내가 너희에게 영광을
준다면 공의의 하나님이 아니요,
50 너희가 100이라는 것을 넘어서 노력
했을 때 내가 너희에게 은혜를 내리고
성령을 심어 준다면 그 누구도 거기에
대한 이유가 없음이니, 이유가 있어서
는 안 됨이니,
51 이유를 달 수 있는 어떤 조건을 만들
어 주는 것도 나 여호와가 아니며 창
조주가 아니며 참진리의 역사를 이루
는 것이 아니라는 깊고 넓은 하늘의
뜻과 그 이치를 너희가 깨달아야 할

것이니라.
52 너희 스스로 깨우치는 오늘의 훈련이
니, 너희가 최선의 노력을 다하여 거
기서 헤어날 때 내가 너희에게 위대
한 역사를 함을 알라.
53 내가 나의 아들을 통하여 뭐라 말하였
으며, 나의 아들이 너희에게 뭐라 하
였느냐?
54 '하나님은 냉정하신 분'이라 그리하였
음이니라.
55 나를 냉정하다 그리하였느니라.
56 너희에게 미리 힘을 실어 주고 성령을
심어 너희를 깨우치며 역사하도록 하
는 것이 아니요,
57 너희가 고통과 시련에서 깨우쳤을 때,
그리고 너희가 답을 찾았을 때, 그 답
이 왜 필요했으며 그 답은 어디에서
실수했는가를 내가 너희에게 가르쳐
주는 것이 나 여호와의 뜻이요, 내가
임하는 것이라 나의 아들이 너희에게
강론하며 수없이 그 말을 전했음이니,
58 그 뜻을 너희가 다시 음미하며 내가
오늘 나의 아들을 통하여 너희에게 내
리는 내 뜻을 너희가 알게 될 것이니
그리 알라.

6,624 번째 하나님 말씀

2003년 7월 5일 21시 32분

1 사랑하는 나의 아들아!
2 "네, 아버님! 말씀하옵소서."
3 너를 따르는 제자들만이라도 나의 뜻
을 깊이 깨우쳐 그들을 바로 세워야
함을 너는 잊어서는 아니 될 것이니라.
4 모든 나의 피조물 만백성이 살아가면
서 어찌 사는가?
5 세상사 육의 삶에서 너희는 명예요,
재물이요, 귀한 것 그 모두를 다 평생
너희 것처럼, 그리고 너희만이 소유할
수 있고 가질 수 있는 것처럼, 그리고
영원히 너희가 간직하는 것처럼 꼭 잡
아 두려 하며, 그를 절대 놓으려 하지
아니함이니라.
6 그리고 너희가 쌓아 두며 편안히 그를
사용할 때 사용하며, 그와 같은 재물
이요, 권력이요, 명예의 그 모두를 너
희가 쓰고 관리하고자 하여 그것이 너
희에게서 영원히 떠나지 않는 것처럼
꽉꽉 잡아 두며 꽉꽉 쌓아 두려는 그
와 같은 마음을 가지는 것이 너희가
아니던가?
7 그러나 그 모두는 다 누가 관장하며
누구의 뜻이라 하였는가?
8 창조주 나 여호와가 너희에게 내렸으
며 내가 너희에게 베푼 은혜요, 사랑
으로써 너희가 그를 관리한다는 것을
어찌 모르는가?
9 내린 나 여호와가 너희에게서 거둬들
이고자 할 때, 너희가 나 여호와에게
도 내놓지 아니하며 평생 죽을 때까지
영원히 꼭 너희만이 간직하며 잡아
두려 하며 쌓아 두려는 그와 같은 마
음을 가지고 사는 것이 정녕 아니던가?
10 나 여호와가 내려 준 자요, 나 여호와
가 너희에게 베풀어 준 것인 것을, 내
려 주고 베풀어 준 나 여호와가 거둬
들이고자 할 때, 그때도 너희가 놓지
않으려고 안간힘을 쓰는 그와 같은 마
음으로 산다면,
11 너희가 인간 세상에 살아가면서 너희

자신이 네 것을 보호하며 너의 것을
영원히 죽을 때까지 관리하고 갖고자
하는 그 욕심이 과연 얼마나 충만되어
있는가?
12 그리고 너희가 이웃에게 과연 무엇
하나 용서하며 나눠 주며 베풀 수 있
고 놓을 수 있는 마음의 자세가 되었
다 생각하는가?
13 너희는 모두를 너만이 관리하며 너만
이 쌓아 두며 너만이 꽉꽉 가둬 두고
자 하고 너만이 꽉꽉 그를 쥐고 관리
하고자 하는 것이 너희의 심리이니,
14 나 여호와가 쓰고자 하여도 아까워서
내놓지 못하는 자들이 지금 나의 백성
너희가 아니던가?
15 너희가 놓지 않으려 하며 그것을 내가
원할 때 내가 원하는 것조차도 그를
손에서 놓지 않으려 할 때, 과연 어떤
결과가 초래한다 생각하는가?
16 창조주 나 여호와가 원하고자 내가 요
구할 때도 너희가 그를 내놓지 아니
함이니, 결국 너희는 어떠한 결과가
나오는가?
17 너희 스스로 다치게 됨이니라.
18 그리고 너희 스스로 무너지게 되는
그와 같은 것을 너희는 어찌 생각하지
못하는가?
19 그러니 그 모두를 다 쌓아 놓으며, 너
희만이 간직하며 영원히 쥐고 살려는
그와 같은 생각을 버려야 할 것이며,
20 그 모두를 다 나 여호와가 언제고 쓰
고자 할 때, 내가 원할 때 너희가 그를
거둬 나에게 내놓을 수 있도록, 그리
고 내가 부를 때, 내가 요구할 때 그
모두를 편안히 내놓을 수 있는 그와
같은 마음의 자세로써 사는 것이 너희
가 하늘에 오르는 길이며, 나를 따라
올 수 있는 그 기회요, 기초임을 알아
야 할 것이니라.
21 그 모두를 나 여호와가 원할 때 너희
가 그저 아낌없이 다 놓을 수 있으며
그를 내놓을 수 있는 그와 같은 마음
자세로 사는 것이 너희가 사는 근본
의 자세임을 그리 가르쳐 주라.
22 너희 제자들만이라도 이 뜻을 알아야
할 것이니라.
23 너희가 육의 생명 그 자체보다도 더
소중한 것이 재물이라 생각하는가?
24 육의 생명이 재물보다, 명예보다, 금
은보화보다 덜 소중하다고 생각하는
백성은 없을 것이니라.
25 너희 자신이 관리하는 그 생명이요,
너희의 육이 죽고 사는, 너희가 가장
소중함이요, 두려워하는 그 생명은 너
희 자신의 것도 너희가 잡지 못하며
관리하지 못하며 영원히 잡아 두지 못
하는 것이 아니더냐?
26 가장 귀중한 생명 그 자체도 잡지 못
하며 너희가 영원히 지속하도록 관리
도 제대로 하지 못하며 관리할 수 없
는 것이 너희 능력의 한계이거늘,
27 너희가 그 생명보다도 소중하지 않은
그 모두를 꽉 너희 것으로써 만들어,
내가 부를 때, 내가 원할 때, 내가 쓰
고자 할 때도 너희가 감히 손을 펴고
자 하는 마음이 없는 그와 같은 욕심
의 마음 자세로 너희가 살아감이니,
28 그와 같이 살아가는 너희야말로 영원
히 구원의 길이요, 나에게 오를 수 있
는 이치를 알 수 없는 자이니라.

29 그것이 다 너희가 육의 욕심에 연연
하여 그 고리를 끊지 못함이니라.
30 내가 나의 아들에게 일찍이 가르쳐 말
하기를, 그 제자들이 풍선을 묶어 놓
은 그 끈을 끊어 높이 날려야만 너희
가 구름 위에 뜰 수 있다 내가 그리 말
하지 않았는가?
31 그 끈을 놓는 것, 그 끈을 자르는 것,
그 끈과 고리를 끊는 것만이 너희가
훨훨 날 수 있다고 내가 그리 말하지
아니하였던가?
32 너희가 욕심의 고리를 그리 끊지 못하
고 있는 자들이 모든 것을 죽을 때까
지 관리하고자 하며 꼭 쥐고자 하여
손을 펴지 못하며 놓지 못함이니,
33 너희가 내가 원할 때도 놓지 못하니,
이웃이요, 형제를 위해서 과연 그를
놓을 수 있는 자가 얼마나 있단 말이
던가?
34 이제 너희는 알아야 할 것이니라.
35 아무리 귀중한 것도, 아무리 소중한
것도 너희가 그 수중에 두려고만 하
지 말라.
36 그리고 너희가 영원히 관리하고자 하
지 말라.
37 그 모두는 나 여호와의 뜻이요, 내가
역사하는 것이니,
38 그를 너희가 더불어 나누어 쓰며 베
풀며 살며 그것에 대해 연연하는 욕심
을 갖지 말고 살라 하는 것이 나 여호
와의 뜻임을 너희는 알아야 할 것이
니라.
39 육의 인간관계에서도 너희가 어린 자
식이 자라나면서 부모의 품을 자연스
럽게 떠나지 않는가?
40 그들은 떠나서 또한 그들의 길을 가게
됨이니라.
41 그러나 떠나는 그 모두를 떠나지 못하
도록 너희가 잡아 두려고 한다면 과
연 그들은 머물겠는가?
42 그들은 머물지 아니함이니라.
43 너희가 그를 잡아 두려고 한다면 그들
이 너희를 버리게 되어 있는 것이 인
간 세상의 삶이 아니던가?
44 그 이치 하나를 너희가 깨닫는다 하
면 떠날 때는 떠나며, 보낼 때는 보내
야 하며, 버릴 때는 버려야 하며 취할
때는 취하는 그와 같은 현명함을 가지
고 살아야 하는 것이 너희가 하늘에
오르는 법도를 아는 것이니라.
45 그저 한번 너희에게 온 것을 영원히
놓지 않으려 하는 것, 그리고 너희가
펴 보이지 않으려 하는 것, 그리고 너
희만이 죽을 때까지 호의호식하며 너
희만이 소유하다가 가지고 가겠다는
그와 같은 욕심을 버리지 못하는 자는
정녕 나의 뜻을 알 수가 없음을 너희
는 알아야 할 것이니라.
46 이제 너희가 평생 이루는 것, 평생 무
엇인가를 역사하는 것, 그 모두를 너
희가 가볍게 놓을 수 있는 그 마음을
가지라.
47 그리고 내가 부를 때 너희가 서슴없이
놓을 수 있는 그 마음으로 항상 대기
하는 자로서 살라.
48 나 여호와가 부를 때, 내가 쓰고자 할
때 모두를 아낌없이 놓을 수 있는 그
와 같은 준비된 삶을 사는 것이 너의
제자들이며, 나의 법전을 읽고 깨우친
백성이 행하고 가야 할 길임을 그들에

게 전해 주도록 하라, 사랑하는 나의
아들아!

6,625 번째 하나님 말씀

2003년 7월 5일 21시 41분

1 사랑하는 나의 아들아!
2 "네, 아버님! 말씀하옵소서."
3 지금까지 수천 년 동안 믿음의 길을
오며 구원의 길이요, 나에게 오르겠다
는 그 백성이, 내가 거둬들이고자 내
가 쓰고자 할 때, 너희가 그 모두를 다
내놓는, 그리고 내가 쓸 수 있도록 편
안한 마음으로 손을 놓을 수 있는 그
와 같은 마음으로 과연 살아오고 믿음
의 길을 가고 있는가?
4 나 여호와가 바라보는 너희는 그러한
자가 없음이니라.
5 그러한 마음을 가지고 너희가 살고
있지 아니함이니라.
6 너희가 그와 같은 마음을 가지고 산
다고 그리 말하나, 너희가 그와 같이
살지 못하는 백성이라는 것이 어떤 의
미인 줄 알겠는가?
7 너희는 나 여호와가 보지 않는 곳에서
추한 짓을 스스럼없이 행하며, 나를
속이는 짓을 수없이 행하고 있으며,
너희가 손으로 하늘을 가리는 것 같은
어리석은 행위를 수없이 하고 있음이
니, 그와 같은 마음을 가지고 사는 백
성 너희가 과연 내가 너희에게 거둬
들이고자 필요할 때 귀하고 소중한 것
들을 모두 다 손을 놓을 수 있는 마음
의 준비가 되어 있는가?
8 너희는 절대 그와 같은 방법으로 살지
않느니라.
9 너희가 나의 계명을 지킬 수 없다고
말하는 것처럼, 너희가 손으로 하늘을
가리는 것처럼 그와 같은 행위에서 너
희는 내가 보아서는 아니 되는 것, 남
들이 봐서는 아니 되는 것, 그리고 너
희가 마음을 속이며 양심을 속이며 살
아가는 것이 과연 없다 말하는가?
10 너희가 그와 같은 마음을 가지고 살아
간다면 그것이 욕심이요, 나를 속이려
하는 마음이니, 과연 내가 가장 소중
한 것을 거둬들이고자 할 때 너희는
말로써 놓는다 하나, 막상 놓을 때는
놓지 않는 자이니라.
11 놓지 못하는 것이 너희니라.
12 너희는 계산하고 있음이니라.
13 그것이 너희가 손해를 보는 것이며 모
두를 다 잃는 것이며 재물을 잃는 그
아까움과 소중함 때문에 그 모두를 놓
지 못함이니라.
14 내가 모두를 거둬들이고자 할 때 너희
가 놓을 수 없는 것, 너희의 생명까지
도 내가 원할 때 너희가 나를 위하여
내놓을 수 있는 그와 같은 마음 자세
로 가는 것이 나를 향하여 오는 백성
의 믿음이라는 것을 알아야 할 것이
니라.
15 그러나 지금 나의 아들을 따르는 백
성, 나의 법전을 읽고 깨우친 백성 너
희는 나 여호와가 거둬들이고자 할 때
그 모두를 다 내놓고 다 손을 놓는 것
이 너희가 절대 손해 보는 것이 아니
며 너희가 그와 같이 피해를 보는 것
이 아니라는 것을 알아야 할 것이니라.
16 이제 나의 법전을 읽고 나의 아들을

따르는 제자 너희는 알아야 할 것이
며 가슴 깊이 심어야 할 것이니라.
17 나 여호와가 원하고 거둬들이고자 할
때, 그 모두를 다 놓는 그 마음 자세가
얼마나 너희가 위대한 것을 위하여,
미래를 위하여 투자하는 것인가를 모
를 것이니라.
18 그러나 그보다 더 위대한 투자가 없으
며 그보다 더 영광된 투자가 너희에게
없으며,
19 그와 같이 모두 내가 거둬들이고자 하
는 그와 같은 선택을 받는 백성보다
더 축복받은 백성이 없음을 너희는
알아야 할 것이니라.
20 모든 종교 집단이요, 지도자들이요,
그 밑에 가 구원을 받겠다 울고불고하
는 백성, 그들은 내가 모두를 거둬들
이고자 하는 것을 저희는 계산을 두
며 저희가 주산 알을 튕기며 그리하
여 절대 그들은 모두를 다 놓지 못하
며 손을 펴지 못함이니,
21 내가 거둬들이고자 하는 것도 거역하
는 자들이니라.
22 그러기에 그들은 십계명을 지킬 수 없
으며 나의 율법대로 살 수 없다는 그
와 같은 자들의 마음 상태이며,
23 재물의 노예가 되어 그 소중한 재물이
요, 저희 목숨까지도 내가 원할 때 내
놓을 수 있는 자세가 되지 않는 자들
이며,
24 이중의 마음이요, 두 마음을 가지고
있기 때문이요, 확실한 믿음의 길을
가지 못하는 자들이니라.
25 외형이요, 허울 좋은 그 형식적인 체
면치레를 하는 그와 같은 믿음을 가지
고 가는 자들이니,
26 그리하여 성서의 깊이를 모르며 그 의
미를 모르기 때문이라 그리하였음이
니라.
27 그러나 나의 아들을 따르는 너희는
나의 법전을 읽고 깨우치고 공부하며
강론을 직접 들음이니, 너희는 나 여
호와가 존재함을 확실히 믿으며, 너희
가 어찌 살아가는 것인가를 알며, 세
월이 지나 경지가 높은 속에서 너희는
그 생명을 아깝지 않게 내놓을 수 있
는 그와 같은 용기 있는 백성으로서
자리 잡힘이니라.
28 그것이 바로 무엇이던가?
29 너희가 모두를 다 놓고 갈 수 있는 마
음의 자세이니라.
30 그것이 위대한 투자요, 미래에 대한
영광이요, 너희가 나에게 오를 수 있
는 길에 지금 진입하고 있다는 것을
증거함을 알아야 할 것이니라.
31 모두를 놓는 데 두려워하지 말라 이르
라.
32 모든 것을 손을 펴는 것을 두려워하
지 말라 그리 말하라.
33 그것이 너희가 오늘의 투자이니,
34 이와 같은 빈 마음의 자세로 너희가
변화되는 것은 나 여호와가 존재함을
믿는 그 마음 하나뿐이니라.
35 너희가 그와 같이 모두를 놓을 수 있
으며 모든 손을 펼 수 있는 것은 나 여
호와가 존재한다는 그 굳건한 믿음 하
나뿐이니라.
36 그리고 너희가 믿음으로써 모두를 역
사하는 것이며 진실한 믿음만이 그와
같은 역사를 할 수 있음이니라.

37 그와 같은 역사를 이루지 못하는 것은
진실한 믿음이 아니요, 진정 나에게
오르고자 하는 백성이 아니요, 형식이
요, 외형적인 것에 저희가 추상적인
그 생활 속에서 생각 속에서 살아가는
자라는 것을 알라.
38 편안한 길, 그리고 안일한 길, 그리고
남들이 가는 길을 그저 따라만 가면
저희가 구원을 받는다는 안일한 생각
은 잘못된 생각이며 착각 속에서 가고
있음이니,
39 그들이야말로 모두를 놓을 수 없는
백성이라 내가 그리 말하였음이니라.
40 내가 너희에게 오늘 다시 한 번 전함
이니라.
41 바늘구멍을 낙타라는 동물이 통과할
수 있어야만 너희가 하늘에 오르는
길이라 하였음이니, 그 의미를 오늘
더 깊이 새기라, 너희가 얼마나 어렵
고 힘든 길이 하늘에 오르는 길인가를.
42 그리고 너희가 성서를 뒤져 보라.
43 그 성서 속에 너희가 행하는 것이 얼
마나 소중한 것이며, 너희가 행하는
것만이 하늘에 오르는 것이요, 너희가
행함으로 인하여 못 오르고 오르는 그
심판의 기준이라는 것을 성서에 이미
기록하여 내가 내려보냈음이니,
44 너희가 성서의 구절구절을 다시 한 번
정독해서 읽어 보라.
45 그러면 나의 법전에서 지금 내가 내리
는 그 뜻을 이미 거기에 다 기록하여
예언했음을 알게 될 것이니라.

6,626 번째 하나님 말씀

2003년 7월 5일 21시 51분

1 사랑하는 나의 아들아!
2 "네, 아버님! 말씀하옵소서."
3 나의 아들 예수가 세상에 와 그와 같
이 역사하고자 하여 눈물을 흘리며 가
고 난 다음, 2천 년이라는 길고도 긴
세월의 역사가 흘렀음이니라.
4 그 속에서 흘러온 모든 종교 집단이
요, 지도자 그들이 정녕 나의 뜻이요,
내가 주관하는 뜻에 지금까지 살아온
것이 아니요, 나를 능멸하며 나의 뜻
을 거역하며 나의 아들을 욕보이는 그
와 같은 집단으로서 전락되었다면 너
희는 믿겠는가?
5 지금 너희의 모든 믿음이 그와 같은
세월 속에서 흘러왔음이니, 그들이 바
로 이단이요, 사악한 자의 후예요, 그
제자로 전락하여 있음을 알아야 할
것이니라.
6 그들 앞에 지금 내가 제3의 시대에 마
지막 너희에게 기회를 주어 '하늘에
오르는 길'이요, '하나님! 말씀하옵소
서'라는 이 책을 새로운 성경이요, 법
전이라 하여 세상에 내려보내 너희 손
에 들려 만백성에게 전하는 그 역사를
이룸이니,
7 그와 같이 2천 년 동안 흘러와 잘못된
그 백성이 저희가 무너지는 것이 두
려우며 오로지 저희가 믿고 온 길만
이 하늘에 오르는 길이요, 나 여호와
를 경배하며 나의 아들 예수의 죽음에
보답하는 그와 같은 길이라 그리 믿고
온 그 백성이,

8 이제는 너희가 이 법전을 전하며 그
들이 잘못됨을 꾸짖는 것을 겸허히 받
아들여 깨닫고 변화되는 삶을 사는 것
이 아니요, 그를 전하는 너희에게 욕
되게 하고자 하는 것이 그들이며,
9 너희를 비판하며 너희를 핍박하며 너
희를 잠재우려 하는 자들이 수없이 나
타날 것이며, 그 길을 위하여 목숨을
걸고 대드는 자들이 있을 것이니라.
10 맹수가 먹이를 추격하는 것보다도 더
무서운 마음으로 더 잔인한 방법으로
온갖 수단과 방법을 가리지 않고 너희
를 잠재우려 하는 자들이 지금 너희
를 공격할 날이 머지않았음이니라.
11 그리하여 내가 그 대비요, 모두를 다
준비한 다음에 이 세상의 모두를 깨우
쳐 주고자 하는 것이 나 여호와의 뜻
이니라.
12 그들이 너희를 조롱하며 너희를 야유
하며 그 모두가 힘을 합쳐 너희가 견
디기 어려울 정도로 너희를 핍박하며
몰아붙일 것이니라.
13 그리고 그들은 영원히 너희를 따라다
닐 것이며 너희가 잠시 숨 쉴 틈도 주
지 아니하려는 것이 그들이며,
14 너희가 발붙이고 이 세상에 사는 것,
잠을 자는 것까지도 못 하게 할 정도
로 그들이 그와 같이 사악한 방법으로
너희를 몰아치는 그때가 올 것이니라.
15 그를 대비하여 너희가 마음이 얼마나
굳어져야 하며 너희 자신이 얼마나
다스려져야 하는지 아는가?
16 오늘의 너희 마음으로써는 불어오는
태풍과 같은 그들이 밀어닥치는 것만
으로도 너희가 견디지 못하며 역사하
지 못할 것이니라.
17 나의 아들 예수를 따랐던 그 제자들이
등을 돌렸으며 그로부터 떠났으며 그
모두를 배신했던 그들이, 밀어붙이는
노도와 같은 그 사악한 자들의 무리
요, 그 함성이 얼마나 두렵고 무서웠
으면 그들이 그리했겠는가?
18 그들보다도 열배 백배 더 무서운 방법
으로써 수단과 방법을 가리지 아니하
고 물고 늘어질 것이며 너희를 잠재
우려 하는 것이 그들일 것이니,
19 너희가 철저히 훈련이 이루어지지 아
니하면 정녕 견딜 수 없을 것이며,
20 모두가 다 떠난 다음에 나의 아들 혼
자만이 외롭게 남음이니,
21 나의 아들 예수가 혼자 남아 그 죽음
을 선택한 길을 간 것처럼 나의 아들
또한 그와 같은 고통과 시련 속에서
가도록 하고자 하는 것이던가?
22 이는 나 여호와가 두 번 다시 용서하
지 아니하며 두 번 다시 이와 같은 일
은 없을 것이니라.
23 너희를 그리하여 내가 지금 훈련을 시
키며, 그들과 대항해 싸울 수 있으며
견딜 수 있으며, 나의 아들 옆을 떠나
지 아니하고 같이 더불어 지킬 수 있
는 필요한 백성이요, 그리고 나의 아
들딸로서 내가 육성하고자 너희를 오
늘의 훈련을 하는 것이며, 훈련을 거
듭 받도록 그리함이니라.
24 너희가 훈련을 견디고 나오며 오늘의
고통을 견디고 역사했을 때, 너희가
나의 전사를 길러내고 육성하는 선생
으로서 존재할 것이며,
25 너희로 하여금 그들을 육성시키는 그

와 같은 대명을 맡길 것이며,
26 너희가 바로 서지 못하면 나의 전사가
세상에 나올 수 없다는 것을 알아야
할 것이니라.
27 너희는 내가 원한 자들이니라.
28 그리고 내가 부른 자들이니라.
29 내가 쓰고자 너희를 부른 자들이라는
것을 알라.
30 그러니 너희는 내가 필요하여 불렀으
며 내가 역사하고자 선택한 백성이니,
31 내가 더불어 항상 너희와 같이하고
있으며 같이 가고 있다는 것을 알라.
32 내가 손을 놓으며 너희에게 등을 돌
리기 전까지 너희는 나와 더불어 간
다는 것을 잊지 말며, 내 곁을 지켜야
한다는 것을 잊지 말라.
33 그것이 너희가 오늘을 살아가야 하는
대명이요, 너희의 목표요, 목적이라는
것을 잊지 말라, 사랑하는 나의 아들
딸들아!

6,627 번째 하나님 말씀

2003년 7월 5일 21시 59분

1 사랑하는 나의 아들아!
2 "네, 아버님! 말씀하옵소서."
3 너희는 이 세상에 살아가면서 너희가
육의 삶에서 행함이 중요하지 않다 가
르치며,
4 행함은 구원과 관계없으며 행함은 너
희가 어떠한 죄를 짓는다 해도, 너희
가 손으로 지은 그 죄의 온상에 와 용
서를 빌며 눈물로써 회개하면 다 하얀
눈처럼 깨끗이 지워진다고 그리 가르
치고 있지 않은가?
5 그러나 이것이 잘못된 것이며, 이것으
로써 나의 피조물 만백성을 너희가
다 지옥으로 밀어 넣는 행위를 한다
하지 않았던가?
6 나 여호와가 성경에 뭐라 가르쳤는지
너희는 알고 있는가?
7 '만일 너희가 살아가면서 오른 눈이
너희를 실족게 하면 그 눈을 빼어 내
버리더라도, 너의 몸 중에서 너의 백
체 중에서 하나가 없어지고 온몸이 지
옥에 떨어지지 않는 것을 선택하는 것
이 유익한 일이라' 내가 거기다 기록
하지 아니하였던가?
8 너희가 행함을 갖다가 너희가 오른
눈이 보며 깨닫는 것 그 자체, 너희가
오른 눈으로 보면서 나쁜 짓을 하는
것, 그리고 나로부터 부끄러운 짓, 용
서받지 못하는 짓을 하거든 차라리 그
눈을 빼서라도 육의 잘못되는 것, 잘
못 가는 것을 너희가 다스려야만 지
옥으로 가지 아니하며 하늘에 오를 수
있다고 그리 가르친 뜻이 아니던가?
9 너희가 모든 몸 중에서 일부분이 떨어
진다 하더라도 너희가 행함을 바로
하며 삶을 바로 살며 행동을 바로 하
라 하는 것이 그 가르침의 뜻이 아니
던가?
10 어찌하여 너희는 이와 같은 대목을
읽고 가르치면서도 육이 행하는 것이
소중하지 아니하며, 육으로 행하는 것
은 눈물 콧물 흘리며 그저 용서를 빌
면 용서를 받는다 그리 가르치는가?
11 그리고 너희가 용서를 받는 그 순간에
너희 마음이 하얗게 된다, 그리고 천
사와 같이 된다고 가르침이니,

12 나 여호와는 너희에게 성경에 기록하
여 뭐라 가르쳤더냐?
13 너희가 눈을 빼서라도 나에게 구원을
받는 것이 차라리 낫다 그리 말하였음
이니, 이게 얼마나 무섭고 두려운 말
이던가?
14 그러니 너희가 모든 죄를 짓고 용서
를 빌면 용서를 받는다는 것이 허황된
것이며,
15 나의 법전에 기록하여 그는 절대 떠나
지 아니하며 죄는 용서를 받을 수 없
으며 그 모두를 가지고 너희가 나에
게 와 심판을 받는다고 나의 법전에
기록한 그 의미의 뜻을, 내가 이 깨달
음을 너희에게 이해하기 쉽도록 직접
피부에 닿도록 설명하여 가르쳐 준 그
뜻이거늘,
16 어찌하여 성서에 기록한 그 뜻도 너희
가 그대로 인정하지 아니하며, 너희는
한 획도 더하지도 빼지도 말며 한 구
절을 고치지도 말라 그리 말하면서,
17 너희가 악한 짓을 하며 악한 행동을
하고자 할 때 네 눈을 빼며 네 몸의 일
부를 잘라서 그 행동을 하지 말라 그
리 가르친 것이 그 행동이 얼마나 중
요한 것인가를, 행동으로써 너희가 지
옥과 천국에 오고 못 오는 심판의 기
준이라는 것을 너희는 이 대목을 읽
으면서도 모르는가?
18 너희는 이 구절을 어찌 가르치는가?
19 너희 눈이 너희 자신을 무너뜨린 행
위를 할 때 너희 눈을 빼 버림으로써
죄를 짓지 말라 가르치는 이 대목을
너희는 그대로 가르치면 될 것을, 너
희는 이와 같은 뜻을 바로 가르치지
않는 것이니라.
20 너희는 행함이 중요하지 아니하며 행
함으로써는 지옥과 천국의 길이 결정
됨이 아니라 그리하며,
21 너희가 어떠한 죄를 짓더라도 재물을
바치고 교회라는 곳에, 성당이라는 곳
에, 성막이라는 곳에 와 울고불고 말
로써 회개하며 감상에 젖어 너희가
목멘 소리로 부르짖는다면 용서를 받
는다 함이니,
22 나 여호와는 눈을 빼서라도 너희는
나쁜 짓을 하지 말며 네 몸의 일부를
잘라 내서라도 나쁜 짓을 하지 말고
바로잡아라 그리 가르쳤음이니,
23 너희는 과연 어떠한 것이 맞으며 어떠
한 것이 진리의 뜻이라 생각하는가?
24 나 여호와가 네 눈이 너를 죄짓게 하
면 네 눈을 버리라 했거늘, 너희는 지
금 어찌 사는가?
25 너희는 너 자신에게 한번 그를 물어
보도록 하라.
26 그리고 너 자신에게 어떤 것이 정답이
며 어찌 너희가 가야 하는가를 한번
깨우쳐 봐야 할 것이니라.
27 너희는 죄를 말로써 용서받는다는 그
런 생각을 저버리라.
28 이 시간 이후부터 너희가 그를 저버
리지 아니한다면, 결코 너희는 나에게
올 수 없는 불쌍한 백성이니,
29 그리하여 너희가 지옥으로 떨어진다
내가 그리 말하는 의미를 이 밤 깊이
깨우치도록 그리하라.

6,628 번째 하나님 말씀

2003년 7월 5일 22시 08분

1 사랑하는 나의 아들아!
2 "네, 아버님! 말씀하옵소서."
3 수많은 종교 집단이요, 그 헤아릴 수
없는 종교 지도자들, 그 지도자 밑에
서 구원을 받겠다 몸부림치는 나의 불
쌍한 백성, 그 수를 한번 헤아릴 수 있
는가?
4 그 수를 헤아릴 수 없음이니라.
5 그 많은 나의 백성이 지금 잘못 가고
있음이니,
6 저희가 구원의 길이라는 것이 구원의
길이 아니며 나에게 오는 길이 아니
요, 나에게서 멀어지는 길을 가고 있
는 것이니,
7 그들이 지금 이와 같이 나를 능멸하
며 나를 욕보이게 하는 그와 같은 자,
눈물로써 저희를 기다리는 나를 들여
다보지 아니하며 등지고 달려가는 자,
그리고 갖은 유혹으로써 저희를 유인
하는 사탄의 말에 귀 기울이고 지옥으
로 가는 그 백성을 보는 내 가슴이 찢
어짐을 너희는 알겠는가?
8 그들이 그와 같이 죄를 짓는 가장 큰
원인이 무엇인 줄 알겠느냐?
9 나의 아들 예수의 보혈로써 모든 구원
을 받았다 하는 그들의 그 마음이요,
10 너희가 육으로써 행하는 것은 죄가 되
지 아니하며 너희가 육으로써 행하는
것은 하늘에 오르고 못 오르는 것과
절대 관계없으며,
11 오로지 믿음만을 가지고 나 여호와를
부르며 나의 아들 예수를 부르며, 그
리고 너희가 손으로 지은 성전에 와
잘못된 종교 지도자의 강론이요, 설교
를 들으며,
12 재물을 그저 있는 것, 없는 것 다 바치
면 구원을 받는다 그리 가르침이니,
13 육의 행함은 구원의 길이 아니며 아무
것도 아니며, 육이 잘못된 것, 죄지은
것은 너희가 눈물 콧물 흘리며 회개
하고 울고불고 용서를 빌면 그 모두는
사랑의 하나님이 다 받아준다고 그리
가르치니,
14 이 두 가지 죄가 나의 피조물 만백성
의 머리에 굳건히 박혀 있어 그를 지
우려 해도 지울 수 없고 뽑아내려 해
도 뽑아낼 수 없는 가장 큰 죄악의 근
본의 뿌리이니라.
15 그리하여 내가 너희에게 일찌이 깨우
쳐 주었음이니라.
16 눈으로 봐서 잘못하고 눈으로 보고 너
희가 죄를 짓는 행위를 할 때 그 눈을
뽑으라 했듯이, 내가 성서에 한 구절
을 더 기록하여 내렸음이니,
17 내가 이 밤 나의 아들을 통하여 이 대
목을 너희에게 다시 한 번 전함이니,
이를 읽고 너희가 그리도 깨우치지
못한다면, 너희는 나의 가슴에 대못을
박는 그와 같은 불효자라는 것을 잊지
말라.
18 '만일 네 오른손이 너를 실족게 하거
든 그 손을 찍어 버리라' 내가 하였으
며, 네 백체 중 하나가 없어지고 온몸
이 지옥에 떨어지지 않는 것이 얼마나
유익한 것인가, 너희가 팔다리는 잘라
버리더라도 너희가 죄를 짓지 않는 것
이 유익한 길이라 내가 그리 말하였음

이니라.
19 이것이 행함이 얼마나 소중하며 행함
으로써 너희가 심판대에 선다는 것을,
이 귀하고 소중한 나의 성경에 기록된
내용을 너희는 과연 어찌 가르치며
어찌 알고 있는가?
20 그러면서 너희가 육의 행함이 소중하
지 아니함이니, 네 부모를 공경하는
것을 뒤로 미루며 네 형제를 사랑하는
것을 뒤로 미루며,
21 너희가 손으로 지은 그 성전에 와 모
두를 바치며 그곳에 와서 역사하는 것
만이 너희는 구원을 받는 길이라 말
함이니,
22 이와 같은 말을 듣고 따르는 나의 백
성을 볼 때, 가르치는 자보다도 그 말
을 듣고 따르는 그 백성이 더 불쌍하
며 그들을 보는 나의 마음이 더 아픔
을 너희는 알겠느냐?
23 그들이 차라리 가르치는 자보다도 더
미움이니라.
24 저희가 한 구절만 깨우치며 제가 정신
을 바로 차리고 나의 성경을 읽어 본
다면 저희가 깨달을 것을,
25 내가 십계명을 너희 머리맡에 써 놓
고 그를 보고 깨우치라는 그 무서운
의미가 있듯이, 너희가 정신을 차리고
나의 성경의 한 구절만 정독한다면
그 모두를 찾아낼 수 있으며 읽을 수
있는 것이요, 깨달을 수 있는 것을,
26 그를 깨닫지 아니하며 그저 코 꿴 짐
승처럼 끌려가는 그 백성이 더 얄미
우며, 그들을 내가 더 미워한다면 너
희는 믿겠느냐?
27 그들이 더 미움이니라.

28 너희는 이와 같은 나의 뜻을 알아야
할 것이니라.
29 너희는 어찌 깨우치는가?
30 너희가 도둑질하고자 하는 자, 그리고
남의 물건을 훔치고자 하는 손이 있거
든 그 손을 자르라, 그리고 그 마음을
다스리라 그리 가르쳤음이니, 그 행동
으로써 너희가 행함이 얼마나 중요하
던가?
31 남의 것을 훔치는 자는 그와 같은 손
을 자르라 함이니 그는 무엇이더냐?
32 행동이 임하는 것을 막음이니라.
33 그리하여 너희가 그리 가르쳐 지금
새로운 역사의 길을 보도록 하고자 하
여 내가 이 대목을 나의 아들을 통하
여 상세히 풀어 나의 법전에 기록하는
이 의미를 너희는 알아야 할 것이니
라.
34 너희는 육의 행함이 얼마나 중요하고
소중한 것이며,
35 구원을 받는 데 너희가 그것으로써
점수를 받는다는 것, 그것으로써 저울
에 달아 무게에 따라서 악이 무거우면
너희가 지옥에, 선이 무거우면 너희가
하늘에 오른다는 것을 잊지 말라.
36 너희의 행함에 달렸으며 역사함에 달
렸으며 너희 삶에 모두가 달렸음이니
라.
37 너희가 구원을 받고자 그리 애절하게
갈구하고 소원하는 것이 너희의 행동
함에 달렸거늘,
38 나의 사랑하는 백성을 지금의 사악한
잘못된 종교 집단이요, 지도자들이 그
행동함은 무익한 것이며 아무런 가치
가 없다 그리 가르치며,

39 그 말을 믿고 그 두렵고 무서움을 모
르고 살아가는 나의 백성을 보는 나
의 마음이 어떻겠는가?
40 너희는 그러면서 모든 행위는 무익하
니 그와 같은 행위에 대해서 관여하지
말라, 행동은 아무것도 아니니라, 육
으로써 끝나는 것이니라, 한계가 있어
끝나는 것이니라,
41 그러니 너희가 손으로 지은 그 교회
요, 성전에 와 재물을 바치며 회개의
눈물을 흘리는 기도를 하라, 그리고
저희가 명하는 대로 따르라,
42 저희가 증축하고자 할 때 너희가 재
물을 바치며, 저희가 여호와 하나님의
뜻을 역사할 때 너희가 그저 재물로
바치고 노동력으로 바치며 너희가 모
두를 다 용서를 받는다 그리 가르치는
자들의 그 허무맹랑한 소리에 너희는
속지 말라.
43 그곳이 너희의 구원의 장소가 아니요,
너희가 지옥으로 가는 길이니,
44 너희는 지옥으로 인도하는 그 장소를
들여다보지도 말며 꿈에도 생각하지
말도록 그리하라.
45 너희가 들여다보는 순간부터 너희가
잘못됨이니라.
46 들여다보는 자를 그들은 놓치지 아니
함이니라.
47 들여다보는 자를 반드시 저희 종으로
만들며 저희 제자로 만들어 저희가
악한 자의 앞잡이로서 너희를 쓰다가
너희를 지옥으로 보내는 자,
48 그리고 지옥으로 갈 때 저희가 건져
주지 못하며 도움을 주지도 못하는
자, 그리고 등 돌리는 자, 그와 같은
자들에게 너희가 가르침을 받지도 말
며, 그와 같은 장소를 보지도 말며,
49 그와 같은 장소가 있거든 너희가 고개
를 외면해 돌리며 너희가 빠른 걸음
으로 그곳을 지나가는 그와 같은 마음
으로 살아야 할 것이니 잊지 말라.

6,629 번째 하나님 말씀

2003년 7월 5일 22시 20분

1 사랑하는 나의 아들아!
2 "네, 아버님! 말씀하옵소서."
3 내가 나의 법전에 기록하여 너희에게
전하기를 뭐라 말하였느냐?
4 너희가 '나에게 맹세하지 말라' 그리
하였음이니라.
5 너희가 나에게 맹세를 하며 그 약속을
하며 그를 지키지 못했을 때 결국 너
희는 어찌 된다 말하였느냐?
6 내가 그를 들어주지도 아니하며 너희
가 원하는 것을 듣지도 아니한다 하
였음이니라.
7 너희는 돌아서서 그를 지키지 못하고
또 무너지며 그 약속을 하며 눈물 콧
물 흘리면서 울고불고 나에게 맹세하
고 약속한 것을 너희가 지키지 못함
이니,
8 그리하여 너희가 또한 죄를 더 지으
며 너희가 약속이요, 맹세를 지키지
못하는 것을 나 여호와는 이미 알고
있기에 그와 같은 기도 소리를 듣지
아니한다 그리하였음이니라.
9 내가 일찍이 또한 성서에 기록하여 너
희에게 전하였음이니라.
10 '너희는 절대 헛맹세를 하지 말라, 그

리고 너희가 지키지 못할 맹세를 하
지 말라' 그리 전하였음이니라.
11 하늘에 대고 너희가 지키지 못할 맹
세를 하지 말며 땅에도 너희가 지키
지 못할 맹세를 하지 말며, 네 머릿속
에도 너희가 지키지 못할 맹세를 하
지 말라 내가 너희에게 그리 가르쳤
음이니라.
12 그러니 과연 나 여호와에게 거짓의 헛
된 맹세를 어떤 백성이 가장 많이 하
며 그와 같은 나의 뜻을 거역하고 살
아가는 백성이요, 어떠한 백성이 가장
나의 뜻을 능멸하며 나를 기억하지 아
니하며 거짓 맹세를 많이 하고 사는
백성이라 너희가 말하는가?
13 너희는 소위 이방인이라 하는 자, 나
를 찾지 않는 자, 나의 계명을 외우지
않는 자, 그와 같이 사는 백성, 나 여
호와가 하늘에 존재하며 심판이 무엇
인지를 모르고 사는 백성이 나에게
거짓 맹세를 많이 하는 백성이며 거
짓 약속을 많이 하는 백성이라 너희
는 말하는가?
14 너희가 수천 년 동안 하늘에 오르는
길이요, 나에게 오는 그 역사를 위해
간다는 그 종교 집단이요, 지도자요,
나의 아들 예수의 보혈로써 구원을 받
았다는 너희보다 더 많이 기도하는
자가 어디에 있으며, 너희보다 거짓
맹세요, 거짓 약속을 더하는 백성이
어디에 있는가?
15 너희가 죄짓고 회개하고 반성하는 기
도를 하며, 나에게 약속의 기도를 하
며, 절대 반복하지 않는다 하며 맹세
의 기도를 하며, 그와 같은 죄를 짓지
아니하겠다는 맹세의 기도를 하는 자,
그 맹세하는 백성이 과연 누가 하는가?
16 너희는 시도 때도 없이 나에게 그와
같이 맹세의 기도를 하느니라.
17 그러면서 너희는 그 기도한 장소에서
일어서 세 발짝도 가기 전에 이미 그
맹세를 잊어버리며 그 회개를 잊어버
리며 또 반복 행위를 하고 있는 것이
니,
18 너희가 과연 이 세상에 나를 능멸하며
나에게 거짓된 맹세를 가장 많이 하는
백성이 아닌가?
19 죄를 짓지 아니하고 살겠다 맹세하며
지금까지 지은 죄의 수십 가지를 너희
가 다 하나하나 불러 대면서 그 죄를
짓지 않겠다 나에게 약속하고 아름답
게 산다 하느니라.
20 그러면서 너희는 어찌하는가?
21 너희는 돌아서서 세 발짝도 가기 전
에 또 그를 번복하며 너희가 할 수 없
는, 그 용서받지 못하는 그 죄악의 행
위를 너희 머리서부터 생각하며 행동
에 옮겨 가며 사는 것이니,
22 이 세상에서 지금의 믿음을 간다는 백
성, 그리고 콧물 눈물 흘리면서 찬송
부르면서 광란의 짓을 하며 회개하고
반성의 기도를 했으며 약속의 기도를
했으며 작정 기도를 했으며 맹세의 기
도를 했다, 너희가 은혜를 받았다, 축
복받았다 하고 나오면서 나오는 그 순
간에 너희는 그를 잊어버리고 또 죄
를 지으니, 그것이 너희가 나를 능멸
함이요, 나를 욕되게 하며 너희가 나
를 얼마나 슬프게 만드는 것인가?
23 그러니 그와 같은 것은 내가 듣지를

아니한다 하였음이니라.
24 믿음이라는 길을 가는 백성 너희가
회개의 기도와 맹세의 기도를 제일 많
이 하며 가장 많이 지키지 아니하느니
라.
25 내가 그리 말함이니 너희는 나 여호
와가 사탄이요, 나의 아들이 잘못된
것이며 나의 법전이 잘못된 것이라 이
를 찢어 버리고 태우는 데 혈안이 될
것이니라.
26 그러나 너희 스스로 생각해 보라.
27 너희가 나를 찾으며 몇십 년 동안 기
도하고 약속한 것이 얼마나 되는가?
28 너희는 그 수를 헤아리지 못할 것이며
너희가 믿음이라는 그 길을 구원을 받
는다는 길, 너희가 하늘에 오르는 그
표를 사기 위하여 각종 명하는 재물을
바쳐 그 사탄들에게 힘을 실어 준 죄
요, 너희가 허구한 날 약속과 나에게
맹세의 기도를 한 것을 지키지 않는
그 죄를 너희가 셀 수 없을 것이니라.
29 거짓된 행위를 지금도 너희가 하고
있음이니라.
30 그리고 거짓된 기도를 이 순간에도 너
희가 울고불고하고 있음이니라.
31 지키지 못할 맹세를 지금 이 시간에도
수많은 나의 종교 집단이라는 그 백
성, 지도자라는 자, 그 광란의 눈물이
요, 통한의 눈물이요, 그리고 죄짓고
회개하며 울고불고 눈물 짜며 기도하
고, 그러면서 너희가 돌아서서 또 나
에게 맹세를 어김이니,
32 너희가 울고 짜는 그와 같은 기도를
하지 말라.
33 그리고 너희는 나에게 맹세를 하지
말라.
34 지키지 못할 것은 맹세하지 말라고 내
가 법전에 기록한 뜻을 너희는 알겠
는가?
35 성서에도 내가 이미 기록하여 전한 그
뜻을 내가 알기 쉽고 너희가 지키도록
풀어서 내린 것이 나의 지금의 법전의
뜻이니, 이를 보고 너희가 깨우쳐야
할 것이니라.
36 지금의 종교 집단과 지도자 너희보다
더 사악한 자, 더 약속을 어기는 자,
더 맹세를 무너트리는 자, 그리고 맹
세하고 지키지 아니하고 약속을 지키
지 아니하는 것은 나를 능멸하며 나를
우롱하는 것이요,
37 너희가 나를 네 발아래 있는 자로 보
는 것이며, 너희가 가지고 놀 수 있는
나 여호와라 생각하며, 너희가 마음대
로 희롱할 수 있는 나 여호와라 생각
하는 것이니,
38 너희가 얼마나 사악한 자인가를 알아
야 할 것이니라.
39 지금 너희가 헛맹세하는 그와 같은
믿음의 길을 가는 자는 구원의 길이
아니요, 너희가 죽음의 길을 가기 위
하여 한 계단 한 계단, 그리고 한 가지
한 가지 죄목을 쌓으며, 너희가 죽어
나에게 심판을 받을 때 그 악함이요,
죄가 무거움을 위하여 지금 한 계단
한 계단 쌓아 가고 있다는 것을 잊지
말라.

6,630 번째 하나님 말씀

2003년 7월 5일 23시 41분

1 사랑하는 나의 아들아!
2 "네, 아버님! 말씀하옵소서."
3 너를 따르는 제자들이 또한 나의 법전
160권의 그 대장정의 역사를 이루는
데 일익을 담당하며, 많은 나의 강론
을 들었으며 나의 법전이 지금 90여
권에 임박하는 이와 같은 지금의 시점
에서, 과연 너의 제자들에게 무엇을
네가 물어보아야 하는지 알겠는가?
4 너는 너의 제자들에게 무엇을 말하고
싶은가?
5 너는 너의 제자들에게 무엇을 물어보
고 싶은가?
6 "네, 아버님! 그들에게 물어보고 싶은
것이 있습니다.
7 그리고 그들의 마음을 알고 싶은 것이
있사옵나이다.
8 정녕 그들이 이 길을 가며 아버님께서
성령을 모두 태워 이 법전을 만들어
만백성을 구하는 것이며, 그를 가장
먼저 접하며 그 부름을 받은 백성에
게, 그리고 저의 제자들에게 임하여
아버님이 직접 내려 주시는 강론을 듣
는 그들에게 제가 감히 물어보고자 하
는 생각이 있사옵나이다.
9 과연 그들이 목숨을 바쳐 이 길을 가
고자 하며 목숨을 버려 이 길을 가고
자 하는 그와 같은 마음으로써 사는가,
10 육의 목숨을 던져 십계명을 지키고자
그들이 정녕 생각하고 사는 자인가,
11 그리고 그들이 법전을 지키고 그대로
행하고자 하여 아버님께서 강론으로
내리신 말씀이요, 법전에 기록하여 내
리신 그 말씀을 지키고 그대로 행하며
자기 목숨을 던지고 갈 수 있는 마음
으로 과연 가고 있는가,
12 그리고 그들이 목숨을 바쳐 그 길을
가고자 할 때 과연 십계명을 지킬 수
없는 것인가,
13 목숨을 던져서 살아간다 해도 그 십계
명은 과연 인간이 지킬 수 없는 것인
가,
14 그들은 과연 목숨을 던져 십계명을 지
키고자 가는 마음으로 지금 각오가 되
어 있는가, 그들이 무장되어 있는가,
15 그리고 법전대로 그들이 살고자 하여
그 목숨을 던져서라도 그 길을 가고자
그들의 마음이 무장되어 있는가,
16 과연 그들의 마음은 그저 교회라는 곳
에 다니는 것처럼 믿어도 그만, 안 믿
어도 그만, 구원을 받아도 그만, 구원
을 받지 아니하여도 그만, 그저 흐트
러진 마음에서 하루하루의 세월을 가
는 것은 아닌가,
17 그를 그들에게 정녕 물어보고 싶사옵
나이다.
18 목숨을 던져서 간다 해도 지킬 수 없
는 것이 십계명이던가,
19 그리고 목숨을 던져 아버님께서 내리
신 새로운 성경이요, 이 법전을 지키
고 간다 할 때 과연 지킬 수 없는 것인
가,
20 목숨과 바꿔서 이 세상에 지키지 못할
것이 없으며 이루지 못할 것이 없지
아니한가,
21 과연 목숨을 바쳐서 행하지 못하는 것
이 있는가,

22 그리고 그들의 마음은 지금 어찌 가고
있으며 어디까지 생각하고 있는가,
23 그를 물어보고 싶사옵나이다.
24 그들의 마음은 낙엽이 떨어져 강물에
흘러가듯 그와 같이 마음이 흔들리는
것은 과연 아닌가,
25 그들이 핍박을 받을 때, 그들이 곤경
에 처했을 때, 그들이 물리적인 제재
를 받을 때, 과연 그들은 그 길을 갈
수 있으며 목숨을 내놓고 지키겠다는
어떠한 고통과 시련 속에서도 물러나
지 않고 후퇴하지 않는 자의 길을 갈
수 있는가,
26 그를 그들에게 물어보고 싶사오며, 그
마음으로 그들이 살아가는가 그것을
물어보고 싶사옵나이다."
27 사랑하는 나의 아들아! 내가 네 마음
을 아나니, 내가 너에게 물어보고자
함이니라.
28 너는 과연 네 목숨을 바쳐 네 모두를
바쳐 이 길을 가고자 생각하며 이를
행한다 생각하는가?
29 "네, 아버님! 그렇사옵나이다.
30 서서히 고쳐 가는 그 독한 마음으로써
그 모두를 행하고자, 마음속에 독한
마음의 그 싹을 지금 기어코 다져 가
고 있사옵나이다.
31 적진에 나가 적을 무찌르기 위해서 칼
을 갈고 창을 갈듯이, 그리고 모든 병
장기를 준비하듯이 그와 같은 마음으
로써 하나하나를 점검하며 하나하나
를 다스려 가는 삶을 살고 있사옵나이
다.
32 누가 뭐라 해도, 모든 백성이요, 모든
제자들이 목숨을 던져 이 길을 가지
못한다 해도, 제 목숨을 낙엽처럼 제
가 내놓을 수 있는 그 마음의 준비를,
그리고 그 각오 속에 살아가며 세상의
인연과 세상의 고리를 놓고자 하며,
아버님께서 죽은 자라 하며 돌과 같이
살라 하는 그 마음의 말씀은 세상사를
돌과 같이 보며 죽은 자같이 보라는
그 말씀보다도,
33 한 번 죽은 자이니 그 목숨에 연연하
지 말며 저를 던져 모두를 구할 수 있
다면 그 길을 가라 하시는 아버님의
뜻이요, 가르침이라는 것도 알고 있사
오며, 그리 깨닫고 있사옵나이다.
34 죽은 자라 하신 말씀, 그리고 죽은 자
처럼 살라 하신 말씀, 돌과 같이 되어
돌과 같이 살라는 말씀,
35 그와 같이 사는 자가 무엇이 두려울
것이 있으며 무엇을 내놓지 못하겠사
옵나이까?
36 아버님께서 원하실 때 모두를 내놓을
수 있는 그것이 진정한 믿음이요, 하
늘에 오르는 길이요, 아버님의 존재함
을 믿는 그 마음이라 하였사오니, 그
마음의 준비를 하고 있사옵나이다.
37 그리하여 죽은 자가 다시 태어나며 부
활했음이니, 두 번 죽는 것이 무엇이
두려우며 저 자신을 던지는 것이 무
엇이 두렵겠사옵나이까?
38 그 마음의 싸움을 하고 있사옵나이다.
39 과연 그와 같이 갈 수 있는 마음을 기
르기를, 그와 같은 마음이 싹트기를,
그와 같은 마음이 역사하기를 지금 저
자신을 다스려 가며 훈련을 하고 있사
옵나이다."
40 사랑하는 나의 아들아! 두려워하지

말라.
41 네 목숨을 던져 네가 이루고자 한다면 못 이룰 것이 없으며 역사하지 못할 것이 없음이니라.
42 모든 악습도 네 목숨을 놓고 견주어 볼 때, 네가 둘 중의 하나를 선택한다고 생각할 때, 너는 네 목숨을 내놓을 수 있는 마음의 준비가 된다면 세상사 아무것도 지키지 못할 것이 없으며 네가 행하지 못할 것이 없으며 악습을 버리지 못할 것이 없느니라.
43 아무리 명예요, 금은보화요, 권력이 좋다 해도 너희 목숨을 거두는 것과는 바꿀 자가 없음이니,
44 곧 그리하여 너희가 목숨을 내놓고 모두를 지키고 행한다 하면 그 길을 갈 수 있는 것이니,
45 너의 제자들에게 물어보라, 네가 물어보고 싶은 그 마음을 물어보라.
46 그들이 마음이 어떠한 것이며 그들의 생각이 과연 어떠한 것인가?
47 너희가 만백성을 구한다는 것, 동양의 작은 나라에 이 종교라는 것이 들어온 것이 백 년도 안 되었음이니,
48 백 년도 안 되는 그 종교가 역 수출하여 세상을 지배하며 만백성을 깨우치고자 하며 지금 그 많은 백성이 이곳에 맹종하고 맹신하며 가고 있지 아니하는가?
49 그 역사를 다 엎어 너희가 참진리요, 하늘에 오르는 길을 나의 법전대로 나의 계명을 지키고 살아가는 것만이 하늘에 오르는 길이라 하여 모든 백성이 그를 부르짖는 그 역사의 전환이요, 그와 같은 변화를 이루는 것이 너희이며, 그 역사를 이루어야 하는 것이 너희이니라.
50 그리고 너희는 반드시 그리 이루어야 할 것이니,
51 너희가 오늘 어떠한 삶을 살아야 하는가를 알아야 할 것이니라.
52 나 여호와가 승자가 돼야 한다는 것을 너희에게 가르쳤음이니,
53 너희가 인간의 승자가 되고자 아니 하며 나 여호와가 승자가 될 수 있도록 한다면, 너희가 목숨을 바쳐 그 모두를 지킬 수 있는 그 굳건한 마음의 싹이 너희 자신에서 무럭무럭 자라날 것이니라.
54 그 싹이 너희 모든 마음을 다 지배할 때, 너희는 두려운 것이 없으며 역사할 수 있음을 알아야 할 것이니라.
55 만백성을 깨우치는 너희이니라.
56 천 년에 걸쳐서 나의 백성을 다스려 나가는 그 역사를 이루는 모두의 기초를 너희가 다스려 놓는 것이니라.
57 백 년도 안 되는 그 믿음 속에서 지금 굳어져 있는 그들의 마음이 바위보다 더 굳게 저희가 가는 그 믿음이 하늘에 오르는 길이요, 영광이요, 축복의 길이라 굳어진 그 마음이 단단해졌듯이,
58 너희가 지금 나의 계명대로 십계명을 지키고 사는 것이 구원의 길이요, 하늘의 양식이라는 것을 나의 백성에게 인식시켜 주었을 때,
59 그 인식하고 배우고 깨우친 백성이 천 년이 흘렀을 때 이 지상에는 하늘에서 이루어진 것 같은 그 낙원이 과연 이루어지지 않겠느냐?

60 너희가 동양의 작은 나라에서 지금의
믿음의 길을 가는 백성 그들이 3분의
1이 된다 할 때 너희는 얼마나 역사가
걸렸느냐?
61 백 년이 걸렸음이니라.
62 그러니 내가 천 년에 걸쳐서 너희에게
그 역사를 이룬다면, 너희가 얼마만큼
많은 백성이 변할 수 있으며 얼마만큼
역사를 할 수 있는지를 너희가 손으
로 계산해 보면, 과연 내가 이루고자
하는 그 뜻이 무엇이며 내가 이루고자
하는 역사가 과연 이루어질 것인가 이
루어지지 아니할 것인가 의심할 여지
가 없음을 너희는 알아야 할 것이니
라.
63 그러니 내가 명하는 것이요, 내가 예
언하는 것이 참진리요, 나의 뜻이요,
그 모두는 역사한다는 것이니라.
64 너희가 백 년에 걸쳐서 3분의 1의 백
성이 지금 믿음의 길을 가고 있으며
나를 찾으며 내가 존재함을 믿는다 하
면,
65 너희는 천 년에 걸쳐서는 어떠한 역사
가 이루어지겠느냐?
66 오늘의 너희에게 열 배라는 그와 같
은 변화가 이루어지지 않겠는가?
67 그러니 열 배의 역사를 이룬다면, 과
연 너희가 백 년에 3분의 1의 백성을
이와 같이 만들었음이니, 그와 같이
하늘에서 이루어진 것같이 이 지상의
낙원이 건설되지 않는다 누가 말할 수
있겠느냐?
68 그 이치를 너희가 깨닫는다면, 천 년
후에 그 변화가 이루어짐이니라.
69 그 변화를 위해서 너희가 오늘 존재
함이니,
70 나 여호와가 승자가 될 수 있도록, 나
의 법전이 승자가 될 수 있도록, 나의
성령이 승자가 될 수 있도록, 내가 이
루는 지상의 낙원이 이루어지도록, 하
늘에서 이루어진 것같이 지상에서 이
루어질 수 있도록,
71 그를 위하여 너희 자신의 모두를 다
버리며 모두를 놓아 버리며 너희가
가슴을 태워 까만 재만 남는 그와 같
은 아픔과 시련과 고통의 길도 마다하
지 않고 가는 것이 내가 승자가 될 수
있는 길에 선택된 자들이 나에게 은혜
요, 그 은혜에 보답하는 길이라는 것
을 잊지 말라.

6,631 번째 하나님 말씀

2003년 7월 5일 23시 58분

1 사랑하는 나의 아들아!
2 "네, 아버님! 말씀하옵소서."
3 내가 너희에게 뭐라 가르쳤느냐?
4 길거리에 장사하는 자에게 너희가 물
건을 살 때 값을 깎지 말라 그리하였
음이니, 이는 무슨 의미던가?
5 가난한 자에게 너희가 그 이해관계의
거래를 하지 말며 너희가 베풀어 주
는 그와 같은 마음으로 살라 하였으며,
6 그 어려운 자의 마음을 이해하며 그와
같이 너희가 살아가는 것이 사랑을
실천하는 하나의 기초요, 근본의 삶이
기 때문에 내가 그리 말하였느니라.그
리하여 내가 나의 백성에게 그와 같은
마음을 가지고 살라 하는 것은 무엇이
던가?

7 어려운 자의 마음을 이해하며 어려운
자를 도우며 어려운 자의 마음을 아프
게 하지 말라 함이니라.
8 너희가 길거리요, 노점에서 작은 물건
을 팔러 나온 자의 거칠어진 그 손마
디를 보면서,
9 너희가 그와 같이 흥정을 하여 그에게
대금을 깎고자 하며 적은 돈으로써 사
고자 하며 그저 한 주먹을 더 얻고자
하는 그와 같은 마음을 가지고 산다
면, 과연 그의 마음이 얼마나 아프고
쓰리겠는가?
10 많이 가진 자가 일부를 잃는 것보다
도, 단돈 하나의 지폐가 소중한 자가
그 지폐를 잃었을 때 그 마음이 얼마
나 저리고 아픈 것인가를 알겠느냐?
11 그러니 너희가 그와 같은 마음의 상
처를 주지 아니하고 사는 것이 사랑이
요, 나의 선택된 백성이 가는 길이라
그리 말함이니, 너희는 과연 그것 하
나도 제대로 실천하고 사는가?
12 그와 같은 마음을 가지고 사는 너의
제자들이 얼마나 있는가?
13 내가 너희에게 일찍이 명하여 그리
지키고 살라 하였음이니, 당연히 그리
지키고 행하는 것이 너희가 해야 할
길이거늘, 너희가 과연 그것 하나라도
지키는가?
14 너의 제자들에게 물어봐야 할 것이니
라.
15 너는 나의 뜻을 들어 그들에게 전하며
너의 제자들에게 깨우쳐 주며, 이를
그저 덮어 두고 한 번 전한 것으로써
네 사명을 다했다 그리 생각하지 말
라, 나의 아들아!
16 네가 그들에게 수시로 점검하며 수시
로 그들에게 다시 기억시켜 주며 그들
에게 깨우쳐 주어,
17 그들이 그를 잊지 아니하고 살아갈 수
있도록 그와 같이 네가 스승으로서
항상 그들을 기억하고 그들을 깨우쳐
주는 데 게을리해서는 아니 됨을 알
아야 할 것이니라.
18 가난한 자요, 어려운 자에게 대적하지
말며, 그들의 마음을 이해하며 미덕이
요, 양보하는 마음을 가지고 살라 하
는 것이 내가 너희에게 바라는 것임을
잊지 말라.
19 또한, 내가 성경에 일찍이 뭐라 기록
하여 전했는지 너희는 알겠느냐?
20 너희가 살아가면서 약한 자에게 대적
하지 말며 약한 자의 마음을 아프게
하지 않는 것이 너희가 가야 하는 길
이라 내가 성서에도 일찍이 기록하여
넣었음이니라.
21 그리하여 너희가 살아가는 형태가 속
옷을 달라 말하는 자가 있으면 너희가
겉옷까지도 벗어서 주는 것이 나의 백
성이요, 나에게 오르고자 하는 참진리
의 길을 가는 백성이며,
22 너희가 하늘에 오르고자 하는 백성이
해야 할 길이며 지키고 가는 도리라
하였으며,
23 그와 같은 마음의 자세로 사는 것이
나로부터 선택된 백성이 가는 길이라
그리 말하였음이니라.
24 그러니 과연 너희가 2천 년이라는 역
사가 내려온 그 방대한 조직과 그 많
은 종교 지도자들이요, 가르치는 자,
그곳에서 배우는 그 많은 백성이 과연

그와 같은 길을 가고 있는가?
25 평생 믿음의 길을 간다 하여 믿음에
대한 선구자며 만백성을 인도하는 지
도자요, 지도자로서 명받아 선택되었
다는 너희가 과연 이 대목을 어찌 가
르치며 어찌 실천하는가?
26 이와 같은 대목을 가지고 너희가 나
여호와의 이름을 팔아 재물을 거둬들
이며 성전에 재물을 바치는 그와 같은
방법으로 악용하는 것은 과연 없는가?
27 너희는 나의 성서를 가지고 참진리요,
내가 원하는 뜻을 그대로 전하고 가르
침이 아니요, 그 모두를 너희가 더 큰
성전을 짓기 위하여, 너희를 찾아오는
그 신도들을 고리에 끼워 묶어 놓기
위하여 그와 같은 방법으로써 나의 성
경을 이해하고 가르친다면, 너희는 얼
마나 사악한 자인지 알겠느냐?
28 그와 같은 자가 없다 너희는 말하지
말라.
29 모든 종교 지도자들이 그와 같이 흘러
가고 있으며 그를 당연시하며 그를
죄인 줄 모르는 것이니라.
30 너희가 각종 헌금의 이름을 대어 거둬
들이면서도 그게 죄요, 부끄러운 줄
모르는 것이니라.
31 하나의 명칭을 더 만들어서 헌금을 거
둬들이는 자, 감사 헌금을 받아들이는
자,
32 백 개를 하는 자보다 백한 개를 만든
자가 더 위대하다고 생각하여 그다음
자는 또 두 개를 더 만들고 네 개를 더
만들어 그와 같은 방법으로 나의 피조
물 만백성에게 재물을 거둬들이는 데
만 모두를 바치는 그와 같은 믿음의
길을 가는 자들이라 내가 한다면 너희
는 과연 어찌하겠는가?
33 그렇지 않다면 너희가 지금 내가 말
한 대로 속옷을 달라는 자에게 겉옷을
벗어 줄 수 있는 그와 같은 자세의 종
교 지도자요, 신도로서 자리를 잡아야
할 것이며,
34 너희는 그와 같은 대목을 읽고 그와
같이 행하고자 노력하는 삶을 살아가
야 함을 알아야 할 것이니라.
35 너희는 여기서 깊이 깨우쳐야 할 것
이니라.
36 '속옷을 달라 하는 자에게 겉옷까지
벗어 주라'는 그 뜻이 무엇이던가?
37 그것은 무엇을 의미하는 것이냐?
38 그것은 주는 행동이요, 너희가 벗어
줄 수 있는 행동이요, 나누어 줄 수 있
는 행동이요, 너희가 하나를 달라 할
때 둘을 주는 그와 같은 행동이니,
39 행동이요, 행함이 너희가 나에게 구원
을 받는 것이며 그게 심판의 기준이라
는 것을 알라.
40 내가 일찍이 나의 아들에게 전했음이
니라.
41 그리하여 너희에게 깨우쳐 주지 아니
하였던가?
42 사랑이라는 것은 무엇이냐 내가 그리
하지 않았더냐?
43 사랑이라는 것은 받은 것을 배로 주는
것이요, 배로 전해 주는 것이 사랑이
라 내가 그리 말하였으며,
44 그리 실천하는 백성을 내가 기억하며
그와 같이 행하는 자가 나에게 오를
수 있는 자라 내가 일찍이 너희에게
전하여 깨우쳐 줬음이니, 과연 너희는

그를 어찌 실천하는가?
45 너희는 성경에 기록되어 있는 것은
그대로 실천하며 그는 변화될 수 없으
며 그 뜻을 고칠 수도 없으며 더 역사
할 수 없다 그리 말함이니,
46 너희가 속옷을 달라는 자에게 겉옷도
주라는 그 모든 뜻을 과연 어찌 행하
고 실천하는가?
47 종교 지도자요, 믿음의 선구자라 하는
자들, 너희 스스로 가슴에 손을 얹고
너희의 삶을 뒤돌아봐야 할 때가 되
었음이니라.
48 너희는 머지않아 육은 죽어 나에게 와
심판을 받게 됨이니,
49 그때를 대비하며 그날을 준비하는 현
명한 백성이라면 지금 너희 자신을
다시 조명해 봐야 함을 알아야 할 것
이니라.
50 이는 모든 행함이 중요한 것이며, 나
누고 베푸는 그 행동이요, 행함이니라.
51 그리하여 행함이 중요한 것을 내가 또
한 여기서 다시 그 의미를 심어 너희
에게 전하는 하나의 소중한 대목임을
잊지 말라.
52 너희에게 나는 그와 같은 모두를 다
깨우쳐 나의 아들을 통하여 전해 줌을
알라.
53 이것이 내가 너희를 사랑하는 것이요,
너희가 내 품에 올 수 있는 그 역사를
이루도록 하는 것이 나의 뜻이라는 것
을 잊지 말라.
54 내가 너희를 사랑함을 잊지 말라.
55 성서에 기록하여 또한 전하기를 뭐라
전하였느냐?
56 '원수를 사랑하며 너를 핍박하는 자를
위하여 기도하는 그와 같은 삶을 살
라' 하였음이니,
57 수천 년 동안 이 대목을 읽고 깨우친
백성이요, 그 후손들이 제대로 배우고
제대로 깨우쳐 왔으며 제대로 믿음의
길을 왔다면,
58 이 세상의 모든 백성은 너희 원수를
사랑하며 너희를 핍박하는 자를 위하
여 기도하는 모습으로써 모든 백성은
나에게 기도와 경배를 올리는 그와 같
은 삶을 살아야 할 것이니라.
59 그러나 2천 년 전에 나에게 기도하기
를, 이루어 달라 소원하며, 더 가진 자
더 갖도록 원하며, 더 높은 자 더 높도
록 그 능력과 힘을 달라고 하며,
60 인간으로서 해결할 수 없는 것, 이룰
수 없는 그 모든 기적을 나에게 이루
어 달라 빌며 기도한 백성이 지금도
그와 같은 방법으로써 기도하고 소원
하며 나에게 원하는 그와 같은 것으로
써 믿음을 간다 하면,
61 과연 원수를 사랑하며 너를 핍박하는
자를 위해서 간곡한 기도를 드리라는
것을 한 명도 실천한 자가 없으며 2천
년 동안 지금까지 너희는 그를 실천
한 백성이 없음이니라.
62 너희를 위하여, 네 앞에 더 큰 떡을 놓
기 위하여 기도한다면, 너희는 이 모
두를 다 뒤로 덮어 뒀으며 땅에 묻은
자와 같으며, 지금의 형태로써는 너희
후손도 대대손손 그와 같은 믿음으로
감이니,
63 원수를 사랑하라, 너를 핍박하는 자를
위하여 기도하라는 이와 같은 뜻은 너
희에게 영원히 아무런 관계도 없으며

너희 기억에서 사라져 가는 그와 같은 형국으로 흘러가게 될 것이니,
64 그러니 내가 구약과 신약에서 내린 그 뜻을 가지고 너희를 깨우칠 수가 없기에, 새로운 세상으로 다시 태어나는 그 자세로써 나의 새로운 성경이요, 나의 법전을 읽고 잠에서 깨어날 수 있게 하려고 내가 모두를 다 풀어 160권의 법전을 세상에 내려보내는 대역사를 이루고 있는 그 넓고도 깊은 의미를 알라.
65 이 모두는 내가 너희를 사랑하기 때문임을 또한 너희는 알아야 할 것이니라.

6,632 번째 하나님 말씀

2003년 7월 6일 0시 11분

1 사랑하는 나의 아들아!
2 "네, 아버님! 말씀하옵소서."
3 내가 나의 아들을 통하여 너희에게 뭐라 깨우쳐 전했느냐?
4 너희에게 사랑은 무엇이라 말했느냐?
5 배로써 전달하며 배로써 갚는 것이 사랑이라 그리 말하였으며, 사랑의 베풂은 무엇이라 말하였느냐?
6 너희가 용서할 수 없는 자를 용서하는 그 마음이 사랑이요, 너희가 소중하게 간직하여 남에게 줄 수 없으며 나눠 줄 수 없는 것, 그 누구도 역사할 수 없는 것을 베푸는 그것만이 내가 사랑의 의미라 하였음이니라.
7 그것도 또한 너희가 베풀고 나누어 주되 이웃이 모르도록 너희만 알며 조용히 자랑하지 아니하며 그와 같은 역사를 하는 것만이 나에게 상을 받을 수 있으며 내가 기억한다 하였음이니라.
8 그러니 너희는 그와 같은 마음의 자세로 살라 내가 너희에게 일찍이 깨우쳐 주지 아니하였던가?
9 그리고 모든 백성은 어떠한 종교 집단이요, 어떠한 형태로 가든 그 모두를 다 사랑하는 마음으로써 살아가는 것이 근본이라 하여, 내가 세상에 내린 160권의 법전 제일 첫 장에 그와 같은 내용을 기록하여 내려보내지 아니하였던가?
10 너희는 모든 종파의 모든 백성을 다 사랑하라, 나로부터 생명을 받아 나간 것이 소중하기 때문이라 그리하여 내가 일찍이 성경에 그와 같은 내용을 기록하여 너희에게 전하였음이니,
11 2천 년 동안 그를 읽고 깨우쳐 온 백성이 과연 얼마나 지키고 살아가는가?
12 내가 너희에게 뭐라 가르쳤느냐?
13 너희를 사랑하는 자, 너에게 은혜를 베푸는 자, 너를 사랑하는 그와 같은 사람만을 사랑한다면 그것이 무슨 사랑이며 그것을 진정한 사랑이라 말할 수 있느냐?
14 너희가 그와 같은 행위를 하고 있다면 세리도 그와 같은 행위는 하지 않는다 그리하였음이니라.
15 너희가 저주하는 세금을 거둬들이는 그와 같은 직무를 가지고 가는 사람도, 남에게 재물을 가혹하게 거둬들이는 그와 같은 자도 저를 사랑하는 자, 저에게 은애하는 자만을 사랑하지 아니하며 모든 백성을 그들도 사랑하는

마음을 가지고 있음이니,

16 그들만도 못한 것이 너희라는 그 무서운 의미의 뜻을 과연 알고 있는가?

17 너희가 너희를 사랑하는 자만을 사랑하는 것은 너희는 편협한 자요, 너희의 편견이요, 이해관계의 거래하는 마음에서 너희가 손해 보고자 하는 마음이 없음이니,

18 제 것에 대하여, 제 재물에 대하여, 제 명예에 대해서는 손상이 없으며 제가 손해를 갖고자 하는 마음이 없는 자가 어찌 사랑할 수 있단 말이더냐?

19 저에게 갖다 주는 자, 저에게 은혜를 베푸는 자, 저를 사랑하는 자, 저를 칭찬하는 그와 같은 자에게 너희가 받은 것만큼 그들을 사랑하며 그들에게 나눠 주는 마음을 가지고 산다면 이는 아무것도 아니며, 항상 제자리에 서 있는 자이니라.

20 그러니 그는 깨달은 것도 아니요, 역사한 것도 없는 자라는 것을 너희는 알겠는가?

21 그리하여 내가 너희의 가슴을 울리기 위하여 너희는 세리만도 못한 자들이요, 세리도 이와 같은 행위를 하고 살지 아니한다 내가 기록하여 전하였음이니라.

22 이 구절의 뜻을 너희는 어찌 가르치며, 또 배우는 자는 어찌 너희 것으로 만들고 살아가는가?

23 너희는 과연 이와 같은 형태로 살아가고 있느냐?

24 내가 또한 너희에게 가르쳐 깨우치기를 그리하였느니라.

25 성경에 한 구절을 너희가 뒤져 보라.

26 또한, 너희가 형제를 문안하며 형제만을 생각하며 형제만을 찾아 형제와 대화하며 살아가는 자들은 또한 어떠한 백성이라 내가 말하였느냐?

27 나 여호와를 모르며 나를 찾지 아니하며 그저 인간의 도리로 살아가는, 너희가 말하는 이방인만도 못한 것이 그와 같은 행위를 하는 자들이라 내가 그리 말하였음이니라.

28 나를 모르는 자, 나를 찾지 않는 자, 내가 존재한 것도 모르는 자, 그와 같은 백성만도 못한 것이 너희 형제만을 찾으며 네 이웃만을 찾으며 너희와 관계된 자들만 찾으며 그와 같은 삶을 살아가는 백성이라 내가 너희에게 일찍이 깨우쳤음이니라.

29 그러니 지금의 종교 집단이요, 지도자의 그 속에 속해 있는 모든 백성 너희는 과연 어찌 살아가는가?

30 너희는 그와 같이 살아가지 아니하는가?

31 너희가 한 교회라는 곳, 한 성막이요, 한 성당에 오는 그와 같은 자들을 자매요, 형제님이요, 하며 그들을 모두 반겨 주며, 모든 것을 그들과 거래하며 그들하고만 역사하고 살며, 다른 백성과는 거래하고 상대하지도 않고 살려는 것이 너희며, 그 모두를 차별화를 두고 살아가는 것이 너희니라.

32 그러니 지금 너희가 그와 같은 믿음을 가고 있다면 2천 년 전에 살던 세리만도 못한 자들이요,

33 믿음을 모르며 나를 모르는, 너희가 말하는 이방인만도 못한 것이며 세리만도 못함이니,

34 너희는 과연 어떠한 위치에 있는 자며
너희는 과연 어디에다 점수를 매겨 세
워 놓을 수 있는 백성이라 말할 수 있
는가?
35 너희가 모든 것에 차별화를 두고 사는
것은 거래하는 마음이요, 손해 보고자
하지 아니하는 마음이요,
36 남으로부터 은혜를 받으며 덕을 받으
면 받았지, 손해는 보지 않고 살겠다
는 그와 같은 사악한 마음을 가지고
행동으로써 그리 행하는 자들이니라.
37 그러니 너희가 어떠한 자인가를 한번
살펴보도록 그리하라.
38 지금의 모든 종교 집단 너희처럼 편
가르기를 좋아하며 편을 나누는 백성
이 없음이니라.
39 너희로 하여금 나의 피조물 만백성이
이웃을 경계하며 계산된 삶을 살며 편
을 가르며, 협조하는 것을 모르고 살
아가는 나의 백성으로 전락하였음을
너희는 알아야 할 것이니,
40 그 모든 죄의 온상이요, 그를 만들어
내는 자가 너희라는 것을 알아야 할
것이니라.
41 너희는 이 세상을 누가 그리 만들었는
가를 스스로 알 것이니라.
42 너희는 가슴에 손을 얹고 깨우치고 반
성할 때가 되었음을 알 것이니라.
43 이제 그와 같이 살아가는 모든 종교
집단이요, 지도자들이 나의 뜻을 거역
하는 자며 나를 능멸하는 자며 나를
욕되게 하는 자라는 것을 너희는 알
아야 할 것이니라.
44 나의 뜻을 거역하는 자가 누구이던가?
45 바로 2천 년 동안 그 믿음이요, 만백
성을 구원하는 길이요, 구원을 받았다
하는 백성 너희가 가장 많이 나의 뜻
을 거역함이니, 바로 누가 사탄이던가?
46 너희가 바로 사탄이며 악마의 자식으
로서 전락한 것이니,
47 그리하여 너희를 깨우쳐 육이 죽어
심판을 받기 전에 이 세상에 살아 존
재할 때 너희를 깨우치고자 하여 내
가 나의 아들을 통하여 이 깊은 밤에
나의 성령을 내려보내 책으로 만들어
너희 가슴에 전함이니,
48 이를 읽고 깨우쳐 정독해서 너희 것으
로 만들어 구원의 길을 얻도록 그리하
라, 사랑하는 나의 아들딸들아!
49 내가 너희를 나무라며 꾸짖음은 너희
가 잘못 가기 때문이니라.
50 잘못 가는 자를 꾸짖는 것은 어버이로
서 당연한 것이 아니던가?
51 내가 너희를 이와 같이 매질하며 꾸짖
고 다스려서 구원의 길을 볼 수 있다
면 나 여호와는 더 혹독한 말로써 너
희를 꾸짖을 것이며 너희를 다스려도
내 마음이 편안하다고 하는 것을 너희
는 알겠는가?
52 너희는 나를 원망하지 말라.
53 모든 종교 집단, 지도자 너희가 지금
까지 살아온 그 모든 역사가 잘못되었
다고 내가 나무라는 것은 나 여호와가
너희를 사랑하기 때문이며 소중히 하
기 때문이니, 그리하여 너희를 바로잡
고자 함이니라.
54 나의 법전이 세상에 나감이니 이를 어
찌 기록한다 하였더냐?
55 십계명을 한 번도 암송하지 아니하고
나의 법전을 기록한 역사가 없다 하였

음이니라.
56 그러니 사탄이 십계명을 암송하며 그
를 찬양하며 그를 찬송하겠는가?
57 사탄의 자식은 그 누구도 그리하지 아
니하며 그리할 수가 없는 것이니라.
58 나의 아들은 십계명을 지키는 것이 본
분이요, 하늘에 오르는 길이요, 그는
십계명을 가슴이 아프도록 암송하며,
59 그리하여 내가 그를 외웠을 때 나의
뜻을 내려보내며 나의 성령을 그 가슴
에 심어 만백성을 구하고자 함이니,
60 너희는 깨우쳐야 할 것이니라.
61 지금 모두 사탄이 된 너희를 바로잡
고 깨우치기 위해서 내가 오늘에 역사
함을 알라, 사랑하는 나의 아들딸들아!
62 내가 너희를 아직도 사랑하며 너희의
손을 놓지 아니하고 있음을 알라.
63 너희가 죽어 나에게 오기 전까지 너
희에게 손을 놓지 아니하고자 하는 것
이 나 여호와니라.
64 바로 가는 자식에게 매질하는 부모는
없으며 바로 가는 자식을 탓하며 꾸중
하는 부모는 없을 것이니라.
65 잘못 가는 자식에게 매질하며 잘못
가는 자식을 꾸중하는 그 부모의 마음
이 얼마나 아프며, 매를 대는 그 부모
의 마음이 얼마나 아프겠느냐?
66 나는 너희 자식에게 매를 들고 나서
눈물을 흘리는 그 부모보다도 천 번
만 번 더 아픈 가슴이요, 더 찢어지는
그와 같은 아픔을 갖고 너희를 내가
오늘 꾸중하며,
67 2천 년의 역사가 흐른 종교 집단의 잘
못되고 잘못 가는 것을 하나하나 파헤
쳐 나의 법전에 기록하여 전하는 그
의미를 알라.
68 너희를 꾸지람하며 너희를 탓하는 나
여호와의 마음을 알라.
69 너희가 나와는 관계도 없는 반대의 길
로 가고 있기 때문이니,
70 나 여호와의 아픈 마음을 너희가 헤아
려 본다면, 너희는 나의 법전을 들고
정독하여 한번 읽어 보고 깨우쳐 보라.
71 그리하여 너희가 이 법전을 심판하는
그와 같은 깨달음을 얻도록 하라.
72 보지도 아니하며 읽어 보지도 아니하
며 뚜껑을 열어 보지도 아니하고 너
희가 갑론을박한다면 아무것도 모르
는 자가 아는 체하는 자와 똑같으니라.
73 보석을 감정할 줄도 모르는 자가 보석
을 보고 감정함이니, 그는 보석을 유
리요, 유리를 보석이라 그리 말하는
것이 아니던가?
74 그러니 너희가 알지 못하는 자가 아는
체를 하지 말라.
75 아는 자만이 가르칠 수 있으며 아는
자만이 아는 체를 하는 것이 진리요,
하늘의 뜻이니,
76 나의 법전을 열어 보지도 아니하며 읽
어 보지도 아니하며 강론을 들어 보지
아니하는 자가 사탄이요, 이단이요,
사악한 자의 것이라 그리 말하지 말라.
77 그리 말하는 것은 나 여호와에게 치받
는 것이며 나에게 침을 뱉는 것이며
나 여호와에게 너희가 욕하는 행위라
는 그 무서움을 알라.

6,633 번째 하나님 말씀

2003년 7월 6일 0시 21분

1 사랑하는 나의 아들아!
2 "네, 아버님! 말씀하옵소서."
3 너의 제자들이요, 나의 법전을 깨우친
백성, 그리고 나의 피조물 만백성 너
희는 들으라.
4 나 여호와가 이 깊은 밤 나의 아들에
게 나의 성령을 내려보내는 이 아픈
마음을 너희는 알겠는가?
5 내가 어찌하여 이와 같은 깊은 밤 나
의 성령을 나의 아들을 통하여 160권
의 법전을 만들어 세상에 전하는 것을
너희는 알겠는가?
6 나 여호와의 찢어지는 그 아픈 마음을
알겠는가?
7 내가 얼마나 더 희생을 하며 내가 얼
마나 더 고충을 당하며 내가 얼마나
더 노력하며 내가 얼마나 더 수고로움
을 하여야 너희가 나를 알며 나의 음
성을 들으며 깨우칠 수 있단 말이던가?
8 내가 이 깊은 밤 나의 아들을 통하여
모두를 태워 성령을 내려보냄이니, 이
보다 더 큰 희생이요, 이보다 더 큰 고
통을 내가 역사하기를 너희는 바란단
말이던가?
9 내가 이 세상에 가장 아름다운 모습으
로 가장 예쁘게 세상에 내보냈으며,
10 가장 높은 지혜요, 가장 높은 판단을
할 수 있으며 너희가 모든 상황에 대
처할 수 있는 그와 같은 능력의 지혜
까지 주어 하나도 손색이 없는 그와
같은 나의 백성으로 만들어 세상에 내
보냈음이니,
11 너희가 나의 뜻대로 살며 내가 원하는
삶을 살아 나에게 오른다면, 내가 나
의 백성을 창조한 것이 그보다 기쁨이
요, 영광이 없을 것이니,
12 그와 같은 나의 아들딸을 바라보며 사
는 나 여호와의 기쁨이 그것보다 더한
것이 없거늘, 너희에게 그 높은 지혜
와 깨달음을 주었거늘, 어찌하여 나를
능멸하며 거역하는 그와 같은 삶을 살
아간단 말이더냐?
13 이 세상의 모두를 너희는 들여다보라.
14 밀림에서 사는 그 모든 맹수요, 짐승
도 그들의 한계가 있으며, 질서를 지
키며 법도를 지키며 규칙을 지키고 살
아감이니라.
15 날아다니는 미물인 잠자리요, 또한 허
리가 휘도록 일하는 개미요, 그들도
한도를 벗어나지 아니하며 그 한계를
벗어나지 아니하며 주어진 그 테두리
에서 열심히 살아가며 그를 지키고 살
아가느니라.
16 하늘을 나는 모든 새요, 독수리요, 그
와 같은 날짐승들까지도 저희의 규칙
이요, 정해진 삶에서 거역하지 아니하
며 벗어나지 아니하고 사는 것이니라.
17 계절에 따라서 멀고도 먼 길을 날아다
니며 사는 그 철새들도 내가 그들에게
그리 살라 명했으며 그들에게 내가 그
리 그 길을 열어 주었음이니,
18 그들은 그를 거부하지 아니하며 거역
하지 아니하며 멀고도 먼 생사가 걸린
그 길을 철에 따라 날아다니느니라.
19 너희가 말하는 강남에 갔다 오는 그
작은 제비 또한 무엇이더냐?
20 내가 그들에게 강남을 갔다 오는 삶을

살도록 명했기 때문에 그들은 그 죽음
을 마다하지 아니하고 그 어렵고 힘든
길을 갔다 옴이니,
21 이 세상의 모든 동식물이요, 계절에
따라 사는 것, 환경에 따라 살아가는
것, 그들은 어떠한 고통과 시련이 있
어도 그를 묵묵히 지키고 거역하지 아
니하고 사는 것이니라.
22 땅속에 사는 두더지요, 그 미물이요,
너희가 밟으면 꿈틀거리는 그 지렁이
요, 그 모두가 다 오만하지 아니함이
요, 제 분수를 알며 제자리를 지키며
내가 명한 대로 그를 지키고 살아가는
것이거늘,
23 너희는 가장 높은 지혜요, 생각할 수
있는 것이요, 너희 육신의 생각으로써
마음대로 팔다리를 움직여 살아갈 수
있으며, 모든 것을 만들어 낼 수 있으
며, 모든 것을 창조할 수 있으며, 모든
것을 다스릴 수 있으며,
24 모든 모형을 깎으며, 아름다운 모습으
로 아름다운 그림을 그리며 그와 같이
너희의 편의를 위해서 역사요, 과학의
발전을 이루는 그와 같은 높은 지혜를
가지고 있는 너희만이 나의 뜻을 거
역하며 나를 능멸하며 나를 아프게 하
는 것이며 나의 가슴을 울리는 것이
니,
25 어찌하여 나의 뜻을 그리도 모른단 말
이던가?
26 내가 얼마나 더 희생이요, 내가 얼마
나 더 고통이요, 내가 얼마나 더 아픔
을 겪어야 너희가 나를 보며 나의 뜻
을 알며, 너희가 원래 세상에 가지고
나왔던 그 원초적인 아름다운 마음을
가지고 살아 나에게 돌아올 수 있단
말이던가?
27 너희는 생각해 보지 않았는가?
28 수천 년 동안에 수많은 나의 피조물
만백성을 세상에 내보내 너희가 나의
법도대로, 나의 계명대로, 나의 뜻에
따라 살아 나에게 오르라 그리 말하
여, 내가 크나큰 우주보다도 더 넓은
집을 지어 놓고 대문 앞에서 기다리고
있거늘,
29 그 수천 년 동안 흐르는 세월 속에서
그 많은 나의 백성이 나에게 온 자가
하나도 없어 내 집이 텅텅 비어 있다
면 너희는 알겠는가?
30 언젠가는 이 집을 채우기 위하여 내가
지어 놓은 하늘나라를 채우고자 기다
리는 나 여호와이니라.
31 그러나 너희가 하나도 올 자가 없으
며, 올 자격이 없으며, 올 수 있는 그
길을 살아가지 아니하여 하늘의 낙원
이 텅텅 비어 나 홀로 서 있다면,
32 그리하여 너희가 오기를 대문을 열어
놓고 기다리는 나 여호와요, 너희 모
습을 바라보고 있는 나의 아픈 가슴을
너희는 과연 생각해 보았는가?
33 나 여호와는 크나큰 집을 지어 놓고
어떠한 백성이든지 그 많은 백성이
와 누릴 부귀와 영화요, 천국의 아름
다운 삶을 살 수 있도록 너희가 들어
오기를 기다리건만,
34 그 집의 주인은 오지 아니하며, 그 집
에 살 자는 오지 아니하며,
35 너희는 오는 것이 아니요, 반대의 길
로 도망가면서 그 집을 짓는 나 여호
와에게 손가락질하며 그것은 지옥이

라 그리 말하는 자와 똑같으니라.
36 그러니 내가 지은 집이요, 내 아들딸
이 오기를 바라는 내 집이 텅텅 비어
있음이니라.
37 차라리 동물들에게 살다 나에게 오라
하였으며, 내가 굼벵이라는 그 흉물스
러운 것, 날아다니는 잠자리요, 물속
에 사는 모든 동식물이요, 그리고 독
을 품은 전갈이요, 그와 같은 모든 것
들에게 지키고 살다 나에게 오라 했으
면 그들은 수없이 올라왔을 것이니라.
38 그들은 내가 정해 준 그 길을 벗어나
지 아니하며 내가 명한 법도를 벗어나
지 아니하고 살고 있음이니,
39 차라리 그들을 거둬들이기 위하여 나
의 집을 짓고 내가 그리했더라면 나
여호와가 오늘의 쓸쓸하고 아픈 마음
은 없었을 것이니라.
40 내가 너희를 기다리며 너희를 사랑하
기에 믿었던 것을, 너희는 나를 배신
하며 나에게 등을 돌리며 나를 울리는
것이라는 것을 알라.
41 오늘 내가 이 깊은 밤 나의 심정을 들
어 너희에게 전함이니, 이를 읽고도
깨우치지 못하며,
42 나 여호와가 아들딸을 위해 큰 집을
지어 놓고 호화로운 모든 것을 다 준
비해 놓고 오기를 바라나, 내 자식이
한 사람도 올 자격이 없으며 오지 아
니하며 오려고 생각하지도 아니함이
니,
43 이를 바라보지도 아니하는 자가 있다
면 나 여호와의 마음이 어떠하겠는가?
44 음식을 차려 놓고 밖에 나간 남편을
기다리는 여인의 마음이요, 자식을 기
다리는 그 마음은 그리 오지 않는 자
식이요, 오지 않는 남편을 무슨 마음
으로 어떠한 생각으로써 그들을 기다
리며,
45 오지 않아 때가 지난 그 밥상을 치우
는 아내요, 그리고 그 어머니의 마음
이 과연 어떠하겠는가?
46 그보다도 천배 만배 더 찢어지고 아픈
것이 나 여호와이니, 너희가 나에게
무엇을 더 원하느냐?
47 나 여호와의 희생을 얼마나 더 원하는
가?
48 내가 집을 짓고 너희를 기다리는 것
이 죄요, 잘못되었단 말이던가?
49 내가 어찌하여야 내가 지어 놓은 이
집에 나의 아들딸들이 와 그득히 살며
나에게 기쁨을 줄 수 있단 말이던가?
50 내가 고칠 것, 내가 변할 것이 있다면
너희가 말하라.
51 너희가 말하면 내가 끓는 기름 가마
에 들어가도, 타는 불 속에 들어가 그
고통을 겪는다 해도 주저하지 아니할
것이며 두려워하지 아니할 것이며 그
길을 가고자 할 것이니,
52 나 여호와가 그 길을 가고자 하니 너
희도 그 길을 갈 수 있어 나에게 올 수
있다면 너희도 그 길을 가고 선택하도
록 그리하라, 사랑하는 나의 아들딸들
아!
53 이것이 나 여호와의 마음이니라.

6,634 번째 하나님 말씀

2003년 7월 6일 0시 45분

1 사랑하는 나의 아들아!

2 **"네, 아버님! 말씀하옵소서."**
3 나의 피조물 만백성 중에 저는 죄를
짓지 아니하였으며 그리하여 구원받
을 것이라 그리 생각하는 백성이 많
이 있을 것이니라.
4 너희는 남에게 욕 한 번 하지 아니하
며 남에게 누를 끼치지 아니하였으며
남의 것을 넘보지 아니하고 그리 살았
다 말하느니라.
5 그리하여 저는 죄가 없으며 저는 구원
받았다고 말하는 백성이 있을 것이니
라.
6 그러나 그들이 가장 어리석은 백성이
요, 그들이야말로 정녕 믿음의 길이
무엇이며 사랑이 무엇인가를 모르고
가는 백성이요, 나의 뜻을 모르고 가
는 백성이니라.
7 너희가 길거리에 배고픈 자에게 밥 한
끼를 대접하지 아니하는 것, 그리고
어려운 이웃을 바라보지 아니하는 것,
그 모든 것에 눈을 감으며 그저 저만
배불리 먹고살며 저만 지키고 살며 저
만 나쁜 짓 하지 아니하고 저만 보호
하고 지키며 산다는 것, 그와 같이 욕
심이 있는 자가 없음을 너희는 알아
야 할 것이니라.
8 그들이야말로 욕심을 버리지 못한 자
이니라.
9 남의 고통을 바라보지 아니하며 그를
인정하지 못하는 자, 그리고 서로 어
렵고 힘들 때 돕고 도우며 살아가는
곳에 발을 빼는 자, 그리고 봉사와 희
생하는 데는 참여하지 아니하는 자,
10 그와 같이 살면서 나를 찾으며 나에게
수없이 기도하며, 그저 남에게 누를
끼치지 아니하고 욕되지 아니하게 살
아가는 그 길만을 살았다는 자,
11 너희가 구원받으며 나에게 오를 수 있
다고 말하나, 너희가 살아가는 삶은
그러하지 아니하는 것이니라.
12 희생을 할 줄 모르고 봉사할 줄 모르
고 이 세상에 살아가면서 재물을 남에
게 한 푼도 주지 아니하며, 그저 그를
생명보다도 소중히 생각하는 사람을
인색한 자라 말하느니라.
13 많은 것을 가지고 있으며 나눠 주지
아니하는 자, 남에게 베풀지 아니하는
사람을 인색한 자요, 구두쇠요, 자린
고비라 그리함이니,
14 그러나 너희는 알아야 할 것이니라.
15 너 혼자만이 구원을 받고자 한다는
것, 구원을 받을 수 있다 하는 생각과
자린고비요, 구두쇠요, 그와 같은 사
람은 무엇이던가?
16 저만 그를 가지고 있으며 저만 그를
관리하고 살며 저만 가지고 있으면 행
복하게 살 수 있다는 사람들이 자린고
비요, 인색한 자요, 인간 이하라 그리
말함이니라.
17 너희 믿음도 그러하니라.
18 깨달은 자, 깨달음이 높은 자, 그와 같
은 자가 이웃에게 가르쳐 주지 아니하
며 만백성을 위해 지도하지 아니하며,
19 저만 지키고 살며 저만 믿음을 철저
히 오다가 구원을 받으면 된다고 생
각하는 그 백성은,
20 바로 재물을 가지고 있으면서 남에게
베풀지 아니하며 저만 가지고 편안하
게 살다 제 인생 마치면 된다 하는 사
람을 너희가 욕하며 자린고비요, 구

두쇠요, 인색한 자라 그리 말하는 것
처럼,
21 믿음이요, 깨달음을 가지고 있으면서
도 만백성을 위하여 그를 활용하지 아
니하며 그를 베풀지 아니하며 그저 저
자신만 쥐고 있다가 그저 저 자신만
구원을 받으며 하늘에 오를 것이라 생
각하는 그와 같은 자는 자리가 없음을
알아야 할 것이니라.
22 모든 백성이 어려운 자를 돕다 실수
하며 남을 위해 살다가 실수하며 더불
어 살아가는 그 속에서 고통을 겪으며
또한, 남 때문에 피해를 보며 이와 같
이 얽히고설키고 살아가는 그 속에서,
23 너희는 사랑이라는 것이 무엇인지 알
게 되며 정이라는 것이 무엇이며 베푸
는 것이 무엇인지 알아야 할 것이니
라.
24 인간인 나의 피조물 만백성은 모두가
더불어 살게 되어 있음이니, 그 더불
어 사는 삶이요, 내가 정해 준 삶에서
빠져나오며 그를 피해서 사는 자가 나
로부터 선택된 백성이라 그리 말하지
말라.
25 저만 지키면 구원을 받는다는 것이
재물을 쌓는 자린고비요, 인색한 자와
똑같이 인색한 자이니,
26 너희가 더 인색한 자요, 너희가 나의
성령의 깨달음을 가지고 만백성을 구
하지 않는 것이 얼마나 무서운 것인가
를 알아야 할 것이니라.
27 재물로써 용서를 받으며 잘못한 걸 용
서를 받으며 너희가 잘못한 것을 깨
우쳐 그 열배 백배 행했을 때는 용서
를 받을 수 있으나, 성령을 훼방하는
자, 성령을 방해하는 자는 용서받지
못한다 했으니,
28 너희가 깨달음이 나로부터 받은 성령
이요, 일찍이 깨달아 경지가 높다는
것은 나로부터 선택된 자이니,
29 그 높은 경지요, 깨달음을 가지고 너
혼자만 지키며 너 혼자만 살다 나에게
와 조용히 구원받아 천국에 올 것이라
는 생각이, 그게 얼마나 인색한 자며
얼마나 욕심에 차 있는 자요, 얼마나
간악한 자인가를 너희는 알아야 할
것이니,
30 그와 같은 마음으로써 구원을 받겠다
하여 저만 단속하며 저만 지키고 사
는 백성은 이제는 거기서 탈출해야 하
며 벗어나야 함을 알라.
31 거기서 벗어나지 못하는 백성은 하늘
에 올 자리가 없다는 것을 알라.

6,635 번째 하나님 말씀

2003년 7월 6일 09시 33분

1 사랑하는 나의 아들아!
2 "네, 아버님! 말씀하옵소서."
3 동양의 이 작은 나라에서 선택된 백성
너희는 너희 언어로써 세계의 공통어
가 되며 그 모든 관습으로써 모두 다
하나로 만들고자 하는 나 여호와의 뜻
을 어찌 생각하는가?
4 나 여호와가 동양의 작은 나라의 언어
로써 세계 공통어를 만들어 모든 백성
이 똑같이 이해하며 똑같이 깨우쳐 가
는 그와 같은 역사를 이루고자 하는
것이니라.
5 지금 이 세상에 수억 가지의 종파가

있듯이, 또한 그 인종이요, 나의 백성
의 형태요, 살아가는 모습이 그 백성
의 숫자만큼 달라지느니라.
6 그러니 수많은 그 모든 종파의 집단들
을 하나로 엮어 하나로 통일하지 아니
하면 아니 되는 것이 하늘의 뜻이니라.
7 진리는 하나요, 하늘에 오르는 길도
한 길이라 했음이니, 그 모두를 다 하
나로 통일하는 것이 나 여호와요, 그
것을 천 년에 걸쳐 이루어 역사하고
자 함이니라.
8 그러니 모든 종파가 하나가 되어 믿음
이 같아야 하며 깨달음이 같아야 하
며 인식하는 것이 같아야 하니, 그것
을 이루는 것이 더 힘들고 어려운 것
이니라.
9 동양의 하나의 작은 나라의 언어로써
세계 공통어를 만들어, 너희의 생활
습관이나 모든 예의범절이요, 살아가
는 모습을 하나로 만들고자 하는 것이
나 여호와의 뜻이니,
10 이것을 너희는 겁을 먹고 두려워하나
그것은 아무것도 아니니라.
11 그와 같이 역사를 이루는 것보다 모든
종파를 하나로 통일시키는 것이 더 어
렵고 힘드니, 너희는 그와 같은 의미
를 깨달아야 할 것이니라.
12 지금 내가 동양의 작은 나라의 언어로
써 너희를 통일하고자 함이니,
13 지금 백 년도 안 되는 종교 집단이요,
이를 받아들여 믿음이라는 길을 가는
백성이 과연 지금 너희 언어로써 세
계 공통어로 만들어 너희 생활 습관
이요, 모든 것을 하나로 역사하겠다는
자가 있는가?
14 그와 같은 자가 없음이니라.
15 지금 다락방에서 나의 성령을 받아 책
으로 엮어 내는 나의 아들이 그 역사
를 이루고자 함이니, 과연 지금의 종
교 집단이 지파를 늘려 가는 것, 그리
고 신도를 늘려 가는 것, 재물을 거두
어 명예를 얻고자 하는 것, 그리고 집
단의 힘을 과시하고자 하는 것, 그와
같이 가는 믿음의 목표와 나의 아들이
이 동양의 작은 나라의 언어로써 세계
공통어를 만들어 모든 백성이 하나로
생활하며 하나의 언어로 통할 수 있도
록 역사하는 것 중에 어떠한 것이 더
소중하고 위대하다 할 수 있겠는가?
16 아무리 종교 집단 너희가 세를 불린
다 해도 이 모든 것의 창조주 나 여호
와는 승자요, 너희 자신은 패자의 길
을 가는 그와 같은 삶을 사는 것으로
써 내 뜻을 이룬다 하였음이니,
17 내가 승자가 되도록 너희가 역사하는
것과 또한 다음에 생각할 것이 무엇인
지를 알겠는가?
18 지금 내가 하나의 공통어로써 세상을
하나로 만들어, 너희가 똑같이 배우고
깨우쳐 모든 백성이 한 형제라는 것
을 인식하게 하는 것이 내가 두 번째
역사하고자 하는 것이니, 그 또한 지
상에서 가장 소중한 사업이니라.
19 그러니 너희가 이와 같은 뜻을 안다
면, 지파를 하나 더 세우기 위한 것이
너희를 위한 길인가,
20 모든 백성이 하나의 공통어로써 의사
소통을 할 수 있으며 나의 법전을 너
희가 똑같이 이해하고 깨닫는 그와 같
은 사업이 더 큰가?

21 너희가 지파를 역사하고자 하는 것보
다도, 그 모든 언어를 하나로, 하나의
습관으로써 엮는 그 사업이 클 것이며,
22 그보다 더 큰 것이 하늘에서 내가 이
루고자 하는 역사함이며, 내가 천 년
에 걸쳐서 하늘의 낙원과 같이 지상의
낙원을 역사하는 것, 이것이 너희에게
제일 큰 과제일 것이니,
23 그와 같은 길을 위하여 어떠한 것이
큰 길이며 어떠한 것이 너희가 역사
할 길인가를 스스로 깨달아 참여하는
자로서 자세를 같이 바르게 해야 할
것이라는 것을 잊지 말라.

6,636 번째 하나님 말씀

2003년 7월 6일 12시 07분

1 사랑하는 나의 아들아!
2 "네, 아버님! 말씀하옵소서."
3 내가 너를 사랑하듯이 너를 따르는 제
자들을 내가 더 사랑함이니, 그들의
소중함은 세월이 지나면 너희가 알게
될 것이니라.
4 꽃이 만발하여 그 꽃이 떨어지며 무성
했던 그 잎이 떨어지는 것이니라.
5 지금의 모든 종교 집단이요, 믿음의
길을 가는 그 백성은 꽃이 떨어지며
잎이 떨어지니, 가을이 되어 잎이 떨
어지고 꽃이 떨어질 때가 되어 떨어지
는 것이라 그리 말하느니라.
6 그리고 때가 됐기 때문에 떨어졌다고
말하는 것이 지금의 종교 집단이요,
세상의 모든 믿음의 길을 가는 백성이
니라.
7 수천 년 동안 흘러온 그 속에서 그 많
은 종교 지도자요, 구원을 받겠다 몸
부림쳤던 그 백성이 바로 그와 같은
믿음에서 지금까지 왔음이니라.
8 그러나 마지막 시대에 내가 선택한 너
희는 무엇인 줄 아느냐?
9 그 꽃이 떨어지는 것은 어찌하여 떨어
지며 왜 떨어지며 그 꽃은 어떠한 의
미로 떨어지는 것인지 세분화하여 그
것을 하나하나 내가 너희에게 가르쳐
주는 것이며,
10 떨어진 잎은 가을이 되어 그저 말라서
떨어지는 것이 아니요, 왜 그게 떨어
지는지 그 세부 사항을 하나하나를 내
가 너희에게 깨우쳐 주어 너희가 그
이치를 알며 자연의 순리를 알도록 가
르쳐 줌이니라.
11 그러니 꽃이 떨어지는 것은, 모든 꽃
이 떨어지면 떨어지는 것이요, 잎이
떨어지면 떨어지는 것이지, 거기에 무
슨 이유가 있으며 거기에 창조주 내가
역사하는 것이 있으며 내 생각이 있으
며,
12 내 계획에 의해 이루어지는 그 세부
사항을 알아서 무엇하느냐 하는 것이
지금의 종교 집단이요, 지도자 그들이
가고 있는 형국이니라.
13 너희처럼 그를 세분화하여 원인이요,
이유요, 그를 대체하여 무엇으로써 보
상하며, 떨어지는 꽃잎에 대하여, 떨
어지는 잎에 대하여 너희는 어떠한
감사를 하며 그들에게 어떠한 뜻을 갖
고 살아야 하는지, 그와 같은 복잡하
고 힘들고 어려운 것을,
14 지금 종교 집단 지도자들은 그건 알
필요가 없다, 그저 잎이 떨어지면 떨

어지고 꽃잎이 떨어지면 떨어지는 것
으로써 모두를 이루는 것이다 쉽게
그리 가르침이니,
15 그와 같이 복잡하고 세세한 그 속을
알기 싫어하는 백성이 그저 꽃잎이
떨어지는 것이요, 가을에는 잎이 떨어
진다고 가르치는 그들의 뜻을 따라 그
들의 뜻이 맞다 하며 손뼉을 치며 소
리치고 가는 것이니라.
16 그러나 이 세상에 존재하는 것은 임의
로 존재하는 것이 아무것도 없음이니
라.
17 나의 주관하에 나의 뜻에 따라 모두가
이루어지며, 떨어지는 잎도 떨어지는
이유가 있으며 그 시기가 있으며 왜
그 시기에 떨어지는지 그와 같이 세분
화하여 떨어지는 의미가 있음이니라.
18 또한, 꽃잎이 떨어지는 것도 마찬가지
이니라.
19 곧 나의 법전에 그를 상세히 기록하여
너희에게 모두를 다 가르치는 것이니,
그 누구도 너희를 따를 수 없으며 너
희를 알 수 없는 것이니라.
20 그것이 나로부터 선택된 백성 너희가
가는 길이니라.
21 그와 같이 떨어지고 역사하는 것은 나
의 주관하에 이루어짐이니,
22 너희가 나의 법전을 정독하고 깨우치
라 함은 그 모두는 하늘에 오르는 길
이요, 나에게 올 수 있는 그 역사를 모
두 세분화하여 하나하나 가르쳐 주고
설명해 주는 것을 너희는 알게 되고
배우는 자이니라.
23 너희는 나를 대신하여 역사하는 전사
라 하였으며 지도자라 하였으며 선생
이라 한 그 의미가 여기에 있음이니라.
24 나의 법전은 그와 같은 역사를 하고
있음이니라.
25 나의 법전을 가슴에 안고 정독하라는
의미가 거기에 있음이니,
26 너희는 나의 법전을 정독하며 깨우쳐
그 속에 있는 의미를 스스로 깨달아야
할 것이니라.
27 그리고 어렵고 힘든 그 속에서 너희에
게 가르침이 있으며 깨달음이 있으며
너희에게 성령이 임하여 내가 영구히
너희 것으로 만들어 주는 그 훈련을
역사하고 있다는 것을 오늘 잊지 말고
그리 생활하도록 하라, 사랑하는 나의
아들딸들아!

6,637 번째 하나님 말씀

2003년 7월 7일 0시 14분

1 사랑하는 나의 아들아!
2 **"네, 아버님! 말씀하옵소서."**
3 나의 법전을 가슴에 안고 정독하는
자, 반석 위에 서서 하늘에 오르는 찬
란한 빛을 보게 되는 영광을 얻는다
하였음이니,
4 과연 너를 따르는 제자들이요, 나의
피조물 만백성, 깨우쳤다는 백성이 정
녕 얼마나 나의 법전을 가슴에 안고
정독하여 그 뜻을 아는가?
5 너희가 나의 법전을 읽고 읽으면서 기
적의 역사를 이루며 너희가 소원하는
것을 이루어지기를 바라며 너희 뜻을
이루고자 하는 그와 같은 생각으로써
나의 법전을 읽고 접하는 자는 없는가?
6 나의 성전을 찾아 내가 직접 내리는

강론을 들으면서 너희가 소원하는 것,
인간의 욕심을 충족시키기 위하여 그
와 같은 생각과 소원을 가지고 나의
성전의 문을 들어서는 것은 아닌가?
7 그와 같은 생각을 하고 오는 백성은
천 날 만 날 온다 해도 아무것도 이루
어지는 것이 없으며 얻어짐이 없음을
너희는 알아야 할 것이니라.
8 모든 종교 집단이요, 지도자요, 믿음
의 길을 가는 백성 너희가 지금 무엇
을 위하여 그 교회라는 곳에 찾아들고
벌떼처럼 모여드는가?
9 과연 너희가 나 여호와의 성공을 위
해서, 내가 이루고자 하는 그 역사를
위해서, 하늘에서 이루어지는 그 모든
역사가 지상에서 이루어지는 것처럼
그와 같은 역사를 이루기 위하여 나
여호와에게 기도하고 경배하는가?
10 나의 뜻이 그와 같이 이루어지기를 위
하여 바라는 마음으로써 너희가 믿음
을 가고 있는 것인가,
11 그렇지 않으면 너희 손톱 밑에 낀 가
시를 빼달라는 것, 그리고 너희의 아
픈 상처를 씻어 달라는 것, 가진 자가
더 갖고자, 명예를 얻은 자가 더 높고
자 하는 인간의 성공이요, 인간의 욕
심을 위해서 너희가 벌떼처럼 몰려드
는 것은 아닌가?
12 너희는 거기에 가서 재물을 바치며
헌금을 하며 감사 헌금이요, 십일조라
는 것을 그저 내라는 것을 수천수만
가지 명칭에 따라서 그것을 낼 때 이
를 바치는 것은 나 여호와의 뜻이 지
상에서 성공하시기를 바라며 과연 그
기틀 위에서 바치는 마음으로 내는가?
13 너희 자신의 어떠한 대가요, 요구하는
것, 이루려는 것, 그 소망함을 이루고
자 하여 거기서 내는 것은 아닌가?
14 너희가 기복 신앙이요, 이단이요, 사
탄이라는 것은 무엇을 의미하는가?
15 너희는 여기서 알아야 할 것이니라.
16 이단이요, 기복 신앙이라는 것은 자기
의 작은 소망이요, 작은 뜻을 위해서
기도하고 경배하는 자들이니라.
17 너희가 돼지 머리 놓고 떡시루를 놓고
기도하고 경배하며 무당을 불러 굿하
며 춤을 추는 것은 무엇이던가?
18 노골적으로 너희의 작은 소망을 이루
고 그를 치료하기 위해서 너희가 그와
같은 행위를 하는 것이 아니던가?
19 그 백성은 나 여호와의 뜻이 이루어지
며 내가 지상에서 이루고자 하는 나
여호와의 성공을 비는 것이 아니요,
20 그들은 노골적으로 육의 자기들의 그
불편하고 어려운 것, 그리고 가슴 아
픈 것, 그 모두를 치유하기 위하여 그
리 비느니라.
21 그러나 나의 믿음이요, 나를 위하여
가는 백성이요, 나로부터 선택된 백성
너희는 기복 신앙과 차이점이 무엇인
지 알겠는가?
22 '창조주 아버지께서 원하시는 것을 이
지상에서 이루시도록, 그리고 아버지
의 뜻이 성공할 수 있도록 저를 쓰도
록 하여 주옵시고, 저를 불러 쓰시고,
제가 가지고 있는 것, 제 능력 그 모두
를 아버님께서 그 성공을 위하여, 아
버님의 뜻을 이루기 위해서 거둬들여
쓰시옵소서.' 이와 같이 기도하는 것
이 기복 신앙의 그것과, 또 너희가 말

하는 미신이요, 이단이요, 사탄이라는
자들과 너희가 차별화되는 것이 거기
에 있음이니라.
23 그러나 너희가 지금 수천 년 동안 믿
음이라는 세월을 오며 많은 종교 집단
이요, 그 지도자요, 그 밑에서 구원을
받았다는 백성이 너 자신을 위하여
기도하며 네 뜻을 이루려고 네 소망
을 위하여 기도한다면 그것이 바로 무
엇인가?
24 너희가 돼지머리 놓고 짐승 앞에 절하
고 소원을 비는 것이나, 나무 밑에 가
서 소원을 비는 것이나, 유유히 흐르
는 강물에 가 떡밥을 던지면서 소원을
비는 것이나, 서낭당에 가서 돌을 얹
어 놓으며 음식을 갖다 놓고 소원 성
취를 비는 것이나, 추운 겨울에 냉수
떠놓고 목욕재계하고 비는 여인의 그
마음이나 그 기복 신앙은 다 똑같으니,
25 너희도 바로 기복 신앙이니라.
26 다만, 너희는 기복 신앙의 대표로서,
덩어리가 크며 집단이 크며 다만 그
고름의 응어리가 큰 것뿐이니라.
27 그러니 응어리가 곪으면 칼로 째고 수
술을 하듯이, 바로 내가 너희의 썩고
썩은 그 덩어리가 너무 커 지금 내가
불 칼로써 수술하고자 함이니라.
28 너희가 이단이요, 사탄이요, 기복 신
앙이요, 정통한 나 여호와를 믿는 백
성이요, 하는 것은 너희가 어떤 것을
빌고 소원하며 무엇을 이루고자 기도
하고 경배하는 것이며 그리고 나를 찾
는 것인가 그것으로써 기복 신앙의 대
표요, 기복 신앙이요, 그렇지 않으면
참진리의 길을 가는 것으로 구분하는
것이니,
29 돼지머리 놓고 소원을 비는 그들이 차
라리 너희보다 나음이니라.
30 그들은 솔직하고 기만됨이 없으며 속
이는 것이 없으며, 작은 정성으로써
차려 놓고 작은 정성으로 소원을 이루
고자 간곡히 비는 마음이니라.
31 그러나 너희는 나를 위하여 일하며 나
를 위하여 경배하며 하늘의 뜻을 역사
한다면서 너희가 바라는 것은 자신의
손톱 밑에 있는 그 가시를 빼달라고
울고불고하는 것이니,
32 그 많은 종교 집단이 바로 이단이요,
사탄의 집단의 역할이요, 너희가 그와
같이 크게 곪은 덩어리임을 알아야 할
것이니 그리 알라.

6,638 번째 하나님 말씀

2003년 7월 7일 0시 18분

1 사랑하는 나의 아들아!
2 "네, 아버님! 말씀하옵소서."
3 내가 너희에게 뭐라 그리 말하였느냐?
4 이 세상의 모든 종교 집단이요, 지도
자요, 나의 뜻을 이루며 역사한다는
그 백성이 겉에는 꿀을 발라 놓았으며
속에는 독소가 있으며,
5 독소 위에 꿀을 발라 놓고 벌과 나비
들이 와서 먹도록 하여 그들을 죽게
하고 그들을 치료한다 하는 것이 지금
의 믿음의 길을 가는 형국이라 그리하
지 아니하였더냐?
6 그 속에 독이 있는 것을 모르며 겉에
있는 꿀만 보고 날아와 먹는 나비와
벌들은 몰라서 그를 먹는 것이니라.

7 그러나 너희는 여기서 하나 깨우쳐야
할 것이니라.
8 너희가 모르고 짓는 죄는 그와 같이
볼 수 있느니라.
9 꿀에 가려진 그 독소를 모르고 먹고
죽어 가는 그와 같은 미물들은 정녕
모르기 때문에 그러하니라.
10 그러니 너희가 지금 죄인 것을 모르고
짓는 죄는 그와 같은 것에 속할 수 있
으나, 너희가 죄가 되는 것을 알면서
죄를 짓는 행위를 하는 것은 무엇인
줄 알겠느냐?
11 너희가 꿀 속에 독소가 있으니 이를
먹으면 죽는다는 것을 알면서 죽음의
불 속에 뛰어드는 그와 같은 자며 스
스로 죽음을 선택하는 자며 죽음을 선
호하는 자이니라.
12 그러니 오늘의 배고픔을 위하여 그 꿀
을 먹으면 독이 있어 죽는다는 것을
알면서도 그 꿀을 마시는 자와 같으니,
13 너희가 죄라는 것을 알며 나에게 부끄
러운 짓이라는 것을 알며 내 앞에 와
서 내가 봐서는 아니 되는 것, 내 앞에
와서 할 수 없는 짓, 나를 능멸하는
것, 나를 욕되게 하는 그와 같은 것을
알면서 행하는 것이 무엇인 줄 알겠는
가?
14 독소 위에 발려 있는 꿀을 알면서 먹
는 자와 똑같은 자이니라.
15 내가 나의 아들을 통하여 너희에게
죄를 짓는 그 행위를 하는 손이요, 발
이요, 그 죄를 돕는 것, 죄를 짓고자
하는 것이 있으면 그를 단죄하여 너희
가 죄를 면하라 그리하지 아니하였더
냐?
16 그와 같은 마음으로써 너희를 다스리
지 못하며 그와 같은 마음 자세로 살
아가지 못하는 자들이 바로 죄를 알면
서 죄를 짓는 나약한 자이니,
17 꿀 속에 독소가 있는 것을 알면서 그
를 먹는 자와 같음이니라.
18 그러니 그것은 당연히 죽음밖에 더 있
겠는가?
19 그러니 너희가 알면서 행하는 죄는 용
서치 못하며 곧 죽음이기 때문이니라.
20 너희가 알고 짓는 죄는 바로 죽음으로
연결되며 지옥으로 가는 연결 고리니,
거기는 직통의 길이니라.
21 직접 가는 것이 바로 너희가 알면서
죄를 짓는 것이니라.
22 네가 모르는 죄는 그와 같이 깨달아
열배 백배로 갚았을 때 그를 용서할
수 있으나,
23 너희가 알고 짓는 죄는 절대 용서받지
못한다는 것이 거기에 있음이니라.
24 바로 꿀 속에 발라져 있는 독소를 알
면서 그 꿀을 먹으니 바로 죽음이요,
죄를 죄인 줄 알면서 그 죄를 짓고 행
함이니 그게 바로 지옥으로 감이니,
25 그는 씻어지지 아니하며 그는 바로 지
옥으로 내려가는 쇠사슬에 너희 발목
을 묶고 있음이니,
26 정녕 그 쇠사슬은 너희 힘으로는 끊을
수 없기 때문이니 이 무섭고 두려움을
알라.
27 알며 짓는 행위, 알며 짓는 죄, 너희가
죄라는 것을 알면서 행하는 것을 절대
용서받지 못함이니,
28 그와 같은 것은 너희가 죽음을 맞이
하더라도, 죽음을 택하더라도 알면서

짓는 죄는 오늘 이후부터는 해서는 아
니 될 것이며,
29 너희가 나의 법전을 읽는 순간에 너희
의 목숨을 던질망정 알면서 짓는 죄는
짓지 않도록 그와 같이 살아가겠다는
굳은 결의가 필요함을 알라.
30 그것이 너희가 나에게 오르는 길이요,
전사로서 모든 백성을 깨우치고 갈
수 있는 지도자의 자세임을 알라.
31 그와 같은 싸움에서 이기지 못하는 자
는 절대 지도자가 될 수 없다는 것을
가슴 깊이 새겨 두어야 할 것이니 그
리 알라.

6,639 번째 하나님 말씀

2003년 7월 7일 0시 27분

1 사랑하는 나의 아들아!
2 "네, 아버님! 말씀하옵소서."
3 수천 년 동안 역사가 흘러온 속에 수
많은 나의 피조물 만백성이 수없이 세
상에 태어나 죽음이라는 그 벽을 넘지
못하고 죽어 갔음이니라.
4 그리고 죽지 않는 자가 없었음이니라.
5 그들 또한 죽는다는 그 죽음을 생각해
보지 아니하고 살다 어느 날 갑자기
그 죽음에 직면하는 그와 같은 삶 속
에서 헤어나지 못하는 것이 내가 창조
한 나의 백성 너희들이니라.
6 그리하여 그 많은 백성이 태어나 죽는
역사는 계속 수레바퀴처럼 쉬지 않고
돌아가는 것같이 계속 연장되며, 그는
중단되지 않고 그와 같은 역사는 계속
된다는 것을 너희는 알아야 할 것이
니라.
7 그러나 그와 같은 엄연한 사실 앞에
그것을 인식하지 아니하며, 그것을 깨
달아 어찌 살아가며 그를 대비해야 할
지를 연구하는 백성이 없음이니라.
8 나의 백성 너희는 어찌 살아가는가?
9 너희 조상을 보았으며 너희 선배를
보았으며, 죽어 가지 아니하는 너희
부모가 없는 것이 그 현실이 아니던가?
10 그러니 절대 피할 수 없는 것이 너희
가 육에서 죽음으로 가는 길인 것을
알고 있을 것이니라.
11 그리고 또한 너희는 그를 반드시 기
억하고 알아야 할 것이며, 잠시도 그
를 잊고 살아서는 아니 될 것이니라.
12 너희는 죽음이라는 것을 넘지 못하며
그 길을 피할 수 없듯이, 또한 언제 너
희에게 죽음이라는 것이 닥쳐올지 그
것을 모르며 그 순간을 믿지 못하며
알지 못하고 살아가는 것이 너희니라.
13 그와 같이 너희가 어느 순간에 너희
에게 죽음이 닥쳐오는 것인지 그것을
아는 자 세상에 없으며,
14 아무도 모르고 살다 그 죽음이라는 걸
일순간에 직면하는 바로 그와 같은 것
이 죽음의 의미라는 것을 알라.
15 너희는 죽어야만 한다는 그 사실을 잊
고 살아가는 가장 어리석고 불쌍한 백
성이니라.
16 너희가 그것을 인식하고 생각한다면
넘을 수 없는 길이요, 영원히 피할 수
없는 것이라는 것을 알면서도 그를 의
식하지 아니하고 살기에,
17 바른 삶을 사는 것이 아니요, 악함을
선택하는 데 주저하지 아니하고 사는
것이니,

18 너희가 그것을 의식하고 산다면 오늘
같이 험악한 세상은 되지 아니하였을
것이니라.
19 죽음이라는 것은 너희 자신과는 아무
런 관계도 없는 것처럼 착각 속에서
살아가며 언제 닥쳐올지 모르고 사는
것이 너희니, 얼마나 불쌍한 나의 백
성인 줄 아는가?
20 육의 죽음 뒤에는 더욱이 심판의 죽음
이 있으며 영원히 사는 천국에 오며
영원히 사는 지옥으로 가는 그와 같은
무서운 두 번째 죽음의 심판이 기다리
고 있다는 것을, 그것조차도 생각할
수 있는 백성이던가?
21 너희는 그것조차도 생각지도 아니하
며 그는 기억하고 싶지도 않은 것이니
라.
22 그러나 너희는 그를 대비하는 현명한
삶을 살지 아니하면 아니 되느니라.
23 너희가 죽음이 닥쳤을 때 그에 상응하
는 그 치러야 하는 대가요, 그리고 잘
못 살아온 삶에 대해 그 모두를 어찌
감당하는 것인가를 너희는 나에게 왔
을 때에만 그를 앎이니,
24 너희는 오늘 살아 있으면서 죽음에 대
한 대비요, 그 넘을 수 없는 죽음의 삶
을 어찌 살아야 할 것인가를 깨달아
현명한 삶을 사는 백성으로서 살아가
야 함을 잊어서는 아니 될 것이니라.
25 너희는 이 세상에 살면서 수없이 보느
니라.
26 지구상에서 일어나는 불의의 사고요,
인재의 사고요, 자연의 사고에 의하여
그 참사에 의하여 많은 백성이 무참
히 죽어 가는 것을 보고 있음이니라.
27 그러나 그 죽음 또한 잠시 기억 속에
남아 있다가 또 지워 버리고 잊어버리
고 사는 것이 너희가 아니던가?
28 지금 살아서 걸어가는 자, 가족에게
인사하며 집을 나간 자, 내일의 희망
을 위하여, 그 꿈을 위해서 지금 아침
에 문을 열고 세상에 나가, 그 사람 자
체가 너희 자신이 대형 사고요, 참사
속에 휘말려 일순간에 죽는 자가 된다
는 것을 생각하고 아는 자가 과연 누
가 있는가?
29 그 누구도 모르는 것이 죽음인 것을,
어찌하여 너희는 그와 같은 대비요,
그와 같은 생각을 하지 못하고 산단
말인가?
30 너희가 갑자기 닥쳐온 그 죽음을 과연
어찌 감당할 것이며, 갑자기 온 그 심
판에서 너희 자신이 어찌 견딜 수 있
으며 그 대가가 어떠한 것인가를 과연
알겠는가?
31 너희는 갑자기 죽는 것, 네가 일순간
에 숨을 거둔다는 것을 모르며 그건
남의 일이며 이웃의 일이며 너희와는
먼 관계로 살아가고 있음이니라.
32 너희는 오늘 이 시간 이후에, 몇 분 후
에, 몇 초 후에 죽어 간다는 사실을,
죽음에 당면한다는 것을 생각지 않고
사는 자며,
33 그와 같은 현장과 그와 같은 참사를
수없이 보면서 그는 자신과는 관계없
다 그리 생각하고 사는 것이니, 너희
야말로 얼마나 어리석은 백성이냐?
34 이제 나의 아들을 따르는 제자들이요,
나의 법전을 읽은 백성 너희는 아침
에 다녀오마 하고 나가서 그 참사 속

에 일순간에 죽어 가는 사람으로서 그
한 단막에 너희 이름이 기록될 수 있
다는 것을 잊지 말라.
35 그러니 너희는 이 죽음으로써 끝나는
것이 아니요, 사후의 세계에 심판의
세계를 대비하는 삶을 차분히 대비하
여 살아가는 것이 현명함이니, 그를
모르고 사는 자가 가장 어리석고 불쌍
한 백성이니라.
36 그러나 너희가 그 길이라 하여 달려
가는 길이 나와는 관계없는 길이요,
죄를 짓는 길이라 하면, 얼마나 억울
하고 잘못된 것이던가?
37 너희가 바른길이요, 하늘에 오르는 길
이요, 구원의 길이요, 죄를 용서받는
길이라 가고 있는 그것이 너희에게
죄를 더 가중시키는 길이라면 과연 어
떠한 것이던가?
38 너희는 나의 십계명대로 지키고 그저
그를 지키고 살면 구원을 받는 길이나,
39 그것을 지키지 못한다는 백성이요, 지
도자가 있기 때문에 지금 너희 자신
이 어느 길을 가고 있는지 분별을 못
하고 있음이니,
40 그를 지킬 수 없다는 자가 나로부터
등을 돌리고 가는 자며, 그리하여 나
의 법전을 읽고 하늘에 오르는 길을
깨우치라 하였음이니, 나의 법전을 비
방하는 자, 또한 그가 반대의 길로 가
며 나와는 관계도 없는 나로부터 등
돌리고 가는 자라는 것을 알라.
41 너희는 나의 십계명이요, 나의 법전을
보고 지키고 행하는 삶이 모든 일순간
에 닥쳐오는 그 죽음 앞에도 대비의
길이요, 준비의 길이라는 것을 절대
잊지 말라.

6,640 번째 하나님 말씀

2003년 7월 7일 0시 34분

1 사랑하는 나의 아들아!
2 "네, 아버님! 말씀하옵소서."
3 나 여호와의 답답한 마음이며 나의 가
슴 아픔을 너희는 알겠는가?
4 내가 너를 통하여 나의 법전에 뭐라
기록하였느냐?
5 너희가 육의 세상에 살면서 남이 할
수 없는 것, 남이 이룰 수 없는 사랑을
베푼다 하여도,
6 그것이 다른 사람들에게 알려지며 많
은 사람에게 그것이 자랑으로써 전해
지며, 그것을 많은 사람 앞에 그 본보
기로 떠들어 대는 그와 같은 일을 하
며,
7 남으로부터 격려의 박수를 받으며 축
하의 연락을 받은 그와 같은 자는 지
상에서 그 모두를 다 받았음이니, 하
늘나라에 와서 나에게 받을 상이 하나
도 없다고 내가 그리 말하여 가르쳤음
이니라.
8 이와 같은 내용을 기록한 나의 법전을
너희가 이단이요, 사탄이요, 사악한
자요, 마지막 시대에 내려온 거짓 선
지자요, 왕 사탄이 내려와 지금 세상
을 혼란케 하여 이 책을 써내니,
9 이를 보지 말라, 이를 읽지 말라, 이를
들여다보는 자는 지옥 불로 감이니 그
리 알라 하며 지금 종교 집단이요, 지
도자들이 그리 가르치고 있음이니,
10 너희는 이와 같은 뜻을 정녕 나의 성

서에서 보지 못했으며 나의 성경에 기
록된 내용을 보지 못했던 말이던가?
11 너희는 그 얼마 안 되는 성경의 내용
을 가지고 수천 년 동안 흘러오며 가
르쳤으며 수십 년 동안 깨우치고 가
르쳐 온 그 백성이 이와 같은 뜻이 성
경에 기록되어 있는 그 대목을 모르고
아무도 본 자가 없단 말이던가?
12 내가 성서에 기록하여 너희에게 뭐라
전하였느냐?
13 너희가 이 세상에서 행한 그 모든 것
을 많은 사람 앞에 나팔 불지 말라 내
가 그리 기록하였음이니라.
14 너희가 행한 선한 일을 사람들 앞에
나팔을 불지 말라 내가 그리 기록하여
성서에 전했느니라.
15 너희가 그리하면 이미 자기 상은 다
받은 것이요, 너희가 다 취했기에 얻
을 것이 없다는 것이 거기에 기록되어
있을 것이니라.
16 너희가 나팔을 불고 다니며 많은 사람
으로부터 축하의 말을 들었을 때, 너
희는 지상에서 자기 상을 다 받았음이
니, 하늘에 와 나에게 받을 것이 없다
는 말을 내가 거기에 기록하지 아니하
였건만, 너희는 그 기록되지 아니한
것을 가지고 어찌 깨닫고 설명하는지
알겠는가?
17 나의 아들을 통하여 지상에서 너희가
역사하는 것, 너희가 남에게 할 수 없
는 그와 같은 베풂이요, 남을 위하여
행한 그 모두를 사람들이 알며 소문에
젖어 있으면 하늘에 와서 아무런 상을
받을 것이 없으며 나로부터 받을 것이
없다는 그 대목만을 내가 성경에 기록
하지 아니하였을 뿐이니,
18 이 대목과 너희에게 내가 성경에 기
록하여 전한 그 대목과 과연 무엇이
다르단 말이던가?
19 너희는 나의 법전에 좀 더 소상히 상
세히 내가 기록하여 너희를 깨우치는
것 외에는 그와 같은 내용이 기록되어
있음이니라
20 지금 나의 법전을 통하여 나의 아들이
너희에게 전하는 것, 너희가 지상에서
남이 할 수 없는 크나큰 자랑의 일을
해서 말로써 다 그를 자랑하며 축하를
받으며 많은 사람에게 그를 알리는 그
와 같은 행위를 하여 네 이름 석 자를
기억하면 나에게 와서 상을 받을 수
없다는 그 이야기는 어찌하여 사탄이
요, 이단이요, 악마가 하는 이야기란
말이던가?
21 그것이 사탄이요, 악마요, 거짓 선지
자가 하는 말이라면, 성서에 기록된
것, 너희가 선함을 행한 것을 사람들
앞에 나팔 불게 되면 그는 이미 자기
가 받을 상을 미리 다 받았다 내가 그
리 가르쳤으니, 그것은 무엇이던가?
22 그게 바로 사탄이요, 이단이요, 악마
가 기록한 것이 아니더냐?
23 그러니 너희는 성서까지도 사탄이요,
이단이라 말하는 것이니, 과연 나의
자식이요, 나의 백성이며, 나를 향하
여 오는 자며, 나에게 오고자 하며 나
의 뜻을 따라 깨달아 하늘에 오르는
길을 보고자 사는 백성인가?
24 너희가 내가 지금 나의 아들을 통하여
내리는 160권의 법전, '하나님! 말씀
하옵소서', '하늘에 오르는 길'이라는

이 책에 있는 내용이 잘못되었다면 성
서에 기록된 것도 다 부정하는 것이니,
25 성경을 부정하는 자가 나의 법전을 부
정하는 것이요, 나의 법전을 부정하는
자는 성경을 부정하는 자이니, 그게
바로 사탄의 자식이요, 악마의 자식이
라는 것을 잊지 말라.

6,641 번째 하나님 말씀

2003년 7월 7일 0시 42분

1 사랑하는 나의 아들아!
2 **"네, 아버님! 말씀하옵소서."**
3 수천 년 동안 믿음의 길을 오는 백성,
지금의 그 후예들이 내가 친필로 쓴
그 십계명을 지켜야 하느니라.
4 모두를 다 접어 준다 해도 십계명은
내가 불로써 직접 쓴 나의 친필이거
늘, 그를 뒷전으로 밀어붙이며 짓밟아
뭉개면서 '하늘에서 이루어진 것같이
이 땅에서 이루어 주옵소서, 그리고
이루어지게 하옵소서.' 너희가 그를
암송하며 울고불고하고 있음이니,
5 너희가 하늘에서 이루어지는 것을 보
았는가?
6 하늘에서 이루어지는 것이 무엇이던
가?
7 하늘에서 어떻게 이루어졌기에 너희
가 이 땅에서 그게 이루어지기를 바라
는가, 무엇을 말한단 말이던가?
8 너희가 하늘에서 이루어지며 하늘의
뜻이 무엇인가를 아는가?
9 너희가 큰 교회를 짓는 것, 성당을 짓
는 것, 성막을 짓는 것, 그리고 궁궐보
다도 더 아름답게 짓는 것이 하늘에서
이루어진 것처럼 이 땅에서 이루고자
하는 뜻이라 말하는가?
10 너희는 그것이 하늘에서 이루어진 것
처럼 이 땅에서 이루는 역사라 말하는
가?
11 너희가 '하늘에서 이루어진 것같이 이
땅에서 이루어지이다.' 그리 소원하고
그리 바라는 기도를 드린다면, 하늘에
교회가 어디에 있으며 성당이 어디에
있으며 성막이 어디에 있던가?
12 너희가 하늘에서 이루어진 것같이 이
땅에 이룬다면 하늘에서 이루어진 것
같이 이 땅에서 이루는 것은 너희가
아니던가?
13 무엇을 하늘에서 이루어진 것같이 이
땅에서 이룬다 말하는 것이며, 너희가
이루는 것이 무엇이더냐?
14 너희가 하늘에서 이루어진 것같이 이
땅에서 이루어진다 하면, 하늘에 없는
교회요, 하늘에 없는 성당이요, 하늘
에 없는 법당이요, 회당이요, 집회 장
소요, 그 모두를 철폐해야 할 것이니
라.
15 그러니 그와 같이 역행하는 자들이 어
찌하여 하늘에서 이루어진 것같이 이
땅에서 이루어 달라 하는가?
16 너희가 짓는 그 건축물이 하늘에 어디
에 있단 말이던가?
17 너희가 '하늘에서 이루어진 것같이 이
땅에서 이루어 주옵소서.' 하는 것은
무엇이던가?
18 천사들이 하늘에 삶이니, 천사들과 같
은 세상을 지상에서 이루고자 하며 그
를 이루어 달라 하는 것이 너희가 아
닌가?

19 너희 소원을 들어주며 그 애원하는 기
도를 들어주고 있는 것이 지금 나 여
호와의 뜻이니라.
20 그것이 바로 무엇이던가?
21 다른 보혜사를 보낸다 하였으니, 지금
나의 아들 보혜사를 통하여 나의 성령
160권을 세상에 내려보냄이니, 그
160권을 읽고 깨닫는 자가 천사가 될
수 있는 길이며 천사가 되는 것이니라.
22 그러니 너희가 160권의 법전을 읽고
깨우쳐 천사가 되는 것이 하늘에서 이
루어진 것같이 이 땅에서 이루어지는
역사이니라.
23 너희의 그 간곡한 기도를 들어 내가
법전을 내려보내거늘, 어찌하여 너희
는 나의 법전을 읽고 깨우쳐 하늘에
서 사는 천사같이 변하여 그와 같은
지상의 낙원을 이루려 하지 아니하며,
24 너희가 그리 간곡하게 울고불고하여
그 뜻을 들어 하늘에서 이루어진 것같
이 이 땅에서 이루어질 수 있게, 하늘
에 천사가 사는 것처럼 지상에 천사들
이 살 수 있도록 내가 160권의 법전을
나의 아들을 통하여 지금 밤낮을 가리
지 아니하고 너희에게 내려보내고 있
음이니라.
25 그러나 너희가 이를 보지 아니하며
사탄이요, 사악한 자요, 세상을 뒤흔
드는 자요, 그리고 성서를 공부한 자
가 성서를 공박하는 자요,
26 위로는 나 여호와에게 반박하며 아래
로는 나의 아들 예수를 욕되게 하며
밑으로는 너희를 현혹하여 지옥으로
이끌어 간다고 그리 말하고 있음이니,
27 너희는 여기서 깊이 깨우쳐 너희 스
스로 길을 선택할 때가 되었음을 알라.
28 하늘에서 이루어진 것같이 이 땅에서
이루어 주십사 하는 너희 기도가, 너
희가 큰 성전을 지으며 큰 교회를 지
으며 성당을 지으며 법당을 지으며 그
리고 모든 종교 집단의 그 간판을 내
세워 이 지상을 상처투성이로 만들고
있으며, 죄의 온상을 만드는 건축물이
하늘에서 이루어진 것같이 이 땅에서
이루어지는 것이란 말이더냐?
29 그것이 더 커지는 것, 더 역사하는 것
이 하늘에서 이루어진 것같이 지상에
서 이루어지는 것이라 너희는 그리
말하는가?
30 하늘에 존재하는 것은 천사만이 존재
하니, 천사 같은 마음으로 나의 백성
을 돌리며 천사가 되는 것이 하늘에서
이루어지는 것같이 이 땅에서 이루어
지는 그 역사를 이루는 것인가 너희가
여기서 깊이 깨우쳐 봐야 할 것이니라.
31 세 살 먹은 아이도 그 의미를 알 것이
니라.
32 하늘에는 너희가 말하는 교회도 없으
며 성당도 없으며 그와 같은 집회 장
소도 없음이니,
33 너희가 지금 하고 있는 짓은 하늘에서
이루어진 것같이 이 땅에서 이루는 것
이 아니요, 그를 역행하는 것이요,
34 하늘에 없는 것을 지상에 만드는 것이
너희가 지금 하는 짓이요, 나의 법전
으로써 너희가 마음을 천사처럼 다스
리는 것이 바로 하늘에서 이루어진 것
같이 지상에서 이루어지는 그 위대한
역사가 지금 내려 지고, 그를 실시하
고 있으며 행하고 있다는 것을 알아야

할 것이니라.
35 천사만이 사는 하늘나라를 이 지상에
건설하고자 하는 것이 나의 뜻이니,
36 이를 역사하기 위하여 천 년에 걸쳐
너희를 모두 천사와 같은 삶을 살아갈
수 있도록, 천사와 같이 변화되는 나
의 백성으로 만들기 위하여 내가 지
금 그 기초 작업을 시작하며, 그 기초
를 다지며 그 완벽한 설계도를 만들어
세상에 내려보내니,
37 이게 바로 '하늘에 오르는 길'이요, '하
나님! 말씀하옵소서'라는 나의 법전
이요, 새로 내리는 성경임을 알라.
38 너희 소원을 들어 내가 그리 내려보
낸 것인데, 그를 태워 버리고 찢어 버
리는 너희는 바로 무엇이던가?
39 지상에 큰 건물을 지으며 그곳에 나의
피조물 만백성을 모아 그 대가를 받아
들이는 그와 같은 행위를 하는 것이
하늘에서 이루어지는 것같이 지상에
이루는 하늘의 뜻이 아니니,
40 하늘의 뜻을 거역하며 하늘의 뜻을 역
행하는 그와 같은 지금의 종교 집단이
지금 내가 너희에게 그리 원하고 갈
구하는 새로 내리는 성경이요, 법전을
내려보내 천사와 같이 만들고자 하는
그것을 거부하며 배척하는 것이며,
41 바로 그와 같은 성전을 짓는 행위를
하여 나를 거역하며 하늘의 형태를 지
금 거역하는 그와 같은 길을 가고 있
는 것이 똑같은 행위이니,
42 너희는 그를 위해서만 그 전철을 밟기
위해서 존재하는 자가 될 것이니라.
43 그리하여 내가 너희를 단죄하며 다스
려 내가 내린 선택한 백성으로부터
이 역사를 지금부터 서서히 이루어 가
고자 함이니, 너희가 이 뜻을 알아야
할 것이며 이 무서움을 알아야 할 것
이며 이 두려움을 알아야 할 것이니
그리 알라.

6,642 번째 하나님 말씀

2003년 7월 7일 0시 59분

1 사랑하는 나의 아들아!
2 "네, 아버님! 말씀하옵소서."
3 내가 너희에게 뭐라 가르쳐 전하였더
냐?
4 너희가 쓰고 나서 그저 헌 것이 남는
다 하여 새것으로 바꾸며 헌 것을 내
놓고 그것을 남에게 주면서 그게 사랑
이요, 정이 깊은 것이라 그와 같은 마
음을 가지고 살며 그것이 또한 정이며
나눔이라 그리 생각하느니라.
5 물론 가난하고 어려운 자가 그를 받았
음이니 그 또한 너희가 안 주고 베풀
지 못하는 자보다 나음이니라.
6 그러나 그와 같은 것으로써는 베풀며
나누었다 생각해서는 아니 되며 그와
같은 행위로써는 내가 너희를 기억하
지 아니함을 알라 전하라.
7 너희가 절약하며 너희 자신을 위해 쓰
지 아니하며 너희 자신을 위하여 몸에
휘감지 아니하는 것이 아니라,
8 너희 자신을 위해서 모두를 너희만을
위하여 장식하고 갖출 것 다 갖추며
욕심의 한계가 채워져 쓰다 남은 것을
남에게 전해 주는 것,
9 이것은 네가 치우지 못했던 것을 치우
는 것이며, 네가 버릴 데가 없는 것을

몇 푼을 손해 보지 아니하고 치우는
그와 같은 심성에서 주는 자는 과연
없는가?
10 그와 같은 심성에서 쓰다 남는 것을
주는 것 또한 사랑이 아니며 그를 내
가 기억하지 아니하는 것은 당연한 것
이니라.
11 그러니 너희가 베푸는 것은 쪼개 쓰
는 것이며 절약해서 쓰는 것이며, 너
희 자신을 위해서 쓰지 아니하고 아껴
서 남에게 베푸는 것, 그것이 사랑이
요, 진정한 나눔이요, 그것이 나 여호
와의 뜻에 순종하며 가는 것이니라.
12 그와 같은 마음을 가지고 너의 제자들
은 살아가야 한다는 것을 잊지 말도
록 그리하라.
13 그것만이 사랑이니라.
14 그것만이 나 여호와의 마음을 울리며,
내가 너희를 세상에 창조한 기쁨을
얻게 하는 것이니,
15 너희가 쓰다 남는 것, 다시 바꾸면서
주는 것은 오만이요, 방자함이요,
16 그것을 치우고 버리기 싫으니 인심을
쓰는 척, 사랑을 베푸는 척하면서 던
지고 베푸는 그와 같은 것이 얼마나
짐승만도 못한 행위인 줄 아는가?
17 그것을 줄 때에도 진심으로 깨끗하게
관리하며, 옷이라면 세탁을 하며 기구
라면 깨끗이 닦아서 그들이 새것을 받
는 기쁨과 같은 마음으로 받을 수 있
게, 너희가 정성스럽게 전해 주는 것
은 사랑이요, 내가 너희의 그 아름다
움을 알 수 있을 것이나,
18 그러나 그저 헌 것 귀찮아서 버리는
그와 같은 마음으로 베푸는 것은 나의
사랑하는 백성, 나의 아들딸들을 욕되
게 하며,
19 못살고 불쌍하게 사는 나의 자식에게
좀 더 있는 자식이 오만하며 방자하게
그 아픈 행위를 하는 것이니, 내 마음
이 얼마나 아픈가를 알겠는가?
20 너희 자신이 절약하며, 너에게 휘감지
말며, 너에게 휘두르지 말며 너를 위
해 쓰지 않고 쪼개고 또 쪼개서 베푸
는 것, 나누는 것, 그것이 진정한 사랑
이요, 아름다움이라는 것을 너의 제자
들에게 그리 전하며, 그리 행하도록
가르쳐 주어야 할 것이며, 꼭 그와 같
은 마음으로 살라 그리 전하라.

6,643 번째 하나님 말씀

2003년 7월 7일 01시 04분

1 사랑하는 나의 아들아!
2 "네, 아버님! 말씀하옵소서."
3 나의 사랑하는 백성 너희가 구원이요,
하늘에 오르는 길이요, 너희가 잘못한
다 할 때 그 과실을 용서받는 것은 내
가 무엇이라 말하였느냐?
4 '너희가 남의 과실을 용서하지 못한다
면 정녕 너희도 나 여호와로부터 과실
을 용서받을 수 없는 것이라' 그리하
였음이니, 남의 과실을 용서하는 자,
너그럽게 사랑으로 감싸는 자, 너희가
감싼 것만큼 내가 사랑을 베푸는 마음
이요, 너희를 감쌈을 알라.
5 내가 너희가 살아가면서 직접 친필로
써 내린 십계명을 지키지 아니하는 것
만큼 그 대가를 나에게 와서 받는다
그리하였으며,

6 행하고 지키는 것만큼 나의 사랑이요,
나에게 은혜를 받는다 가르쳐 왔듯이,
7 너희가 남을 용서하는 것만큼 내가 너
희를 용서한다는 것을 잊어서는 아니
될 것이니라.
8 그러니 사랑을 베풀며 나누며 산다는
종교 집단이요, 지도자요, 또 나의 아
들 예수로서 구원을 받았다는 신도라
는 그 백성 너희는 과연 지금 어찌 살
아가는가?
9 너희 자신의 그 실태를 들여다봐야 할
것이니라.
10 사랑을 나누며 사랑을 베풀며 살며 한
형제요, 자매라 말하는 종교 집단 속
에 있는 너희가 서로 시기하며 질투하
며 이해관계로 언성을 높이며 고성을
지르는 그와 같은 일은 없는가?
11 너희는 남을 비방하고 또 남을 헐뜯는
것은 없는가?
12 없는 것을 만들어서 본 것같이 말하는
그와 같은 사악한 행위는 과연 하지
않는가?
13 그러니 너희가 남의 과실을 용서하는
것이 나로부터 용서를 받는 길이라 하
였음이니,
14 남을 용서하기 전에 남을 음해하며 시
기하며 질투하며 그와 같은 행위를 하
는 자들이 과연 지금의 종교 집단이
요, 믿음의 길을 가는 백성은 없는가?
15 그와 같은 행위를 하는 자는 바로 나
의 백성이 아님을 알라.
16 너희는 한 종교 집단 속에서 살아가면
서 믿음을 배우며 하늘에 오르는 이치
를 배우며 사랑을 실천하며 산다는 자
들이 서로 송사하는 일은 없으며 멱살
잡고 시시비비하는 일은 과연 없는가?
17 그와 같은 행위를 하면서 산다면, 과
연 그러면서도 너희는 구원을 받는 백
성이라 말하며 하늘에 오를 수 있는
백성이며 나에게 선택된 백성이라 말
하는가?
18 과연 너희가 그러고도 고개를 들 수
있고 이 아름다운 자연에서 살 자격이
있는가?
19 종교 집단이요, 지금 믿음의 길을 잘
못 가는 백성 너희가 코를 땅에 대고
살아야 하며, 코를 땅에 대고 걸어야
한다고 내가 일찍이 나의 법전에 기록
하여 너희에게 전한 그 뜻을 알겠는가?
20 너희는 사랑이요, 남의 과실을 용서하
는 것이 아니라, 남의 없는 과실까지
도 만들며, 서로 정적같이 생각하며
집단 속에 한 종파 속에 있는 한 형제
라 말하는 자들이 그와 같이 사악한
짓을 하고 살아가는 것이니, 내가 내
려다보는 너희는 무엇인 줄 알겠는가?
21 그저 말 못 하는 미물들이 서로 먹고
살려고 몸부림치는 그보다도 더 흉물
스런 형국이 너희 종교 집단이요, 지
금 교회라는 곳이요, 성당이라는 곳이
요, 법당이라는 곳이요, 성막이라는
곳이 그와 같이 보이며 그와 같이 역
사하느니라.
22 너희는 아니라 하나 그와 같은 형국임
을 잊어서는 아니 될 것이며, 나 여호
와가 전하는 그 말 그대로요, 사실이
라는 것을 잊지 말라.

6,644 번째 하나님 말씀

2003년 7월 7일 01시 13분

1 사랑하는 나의 아들아!
2 "네, 아버님! 말씀하옵소서."
3 너희가 인간 세속에 인심을 파악하며
너희 마음을 표현했으며 너희가 얼마
나 계산적이고 사악한 백성인가를 표
현한 하나의 흘러가는 말이 있지 않
은가?
4 '세도가요, 정승 집의 개가 죽으면 그
문상하는 자가 줄을 이으며, 막상 소
중한 인간인 그 정승이 세상을 떠났을
때는 그 죽음 앞을 찾는 자가 없다'는
그와 같은 말이 있음이니,
5 과연 인간의 목숨이 개의 죽음만도 못
하다는 말이던가?
6 너희가 짐승인 개 한 마리 죽는 것보
다는 인간의 죽어 가는 생명을 더 슬
퍼하며 그 앞에서 애도해 줄 수 있는
그와 같은 마음으로 바로잡고 바로
세우고자 하는 것이 나 여호와의 뜻이
라면,
7 나 여호와가 너희에게 기대하고 바라
는 것이 그리도 무겁고 힘든 것을 원
하는 것인가?
8 그저 너희를 그와 같은 마음으로 돌
려놓고자 하는 것이 나 여호와며, 너
희가 그와 같은 마음으로 살아가 주기
를 바라는 것이 나 여호와의 뜻이니라.
9 세도가가 기르던 강아지가 죽었을 때
사람들이 문상의 줄을 잇고, 그 세도
가가 죽었을 때 애도하는 사람이 없
다 하면 이것이 너희 마음이니,
10 그와 반대의 현상을 이루는 것이 인간
의 도리며 너희가 해야 할 길이며 인
간이 살아가는 본분이니라.
11 그러니 나 여호와는 너희를 그와 같은
마음으로 돌리며 그와 같은 마음을 가
지고 살 수 있도록 하고자 하는 것이
니라.
12 내가 너희에게 지킬 수 없는 것을 지
켜 달라 하며, 너희가 행할 수 없는 것
을 행해 달라 하며, 무리한 뜻을 나 여
호와가 너희에게 원한다 생각하는가?
13 그와 같은 순수한 인간의 마음으로 살
아갈 수 있는 자세를 바라는 것이 나
여호와의 뜻이니라.
14 또한, 너희 자신이 그와 같은 삶을 만
들었다는 그 의미를 깊이 깨우쳐야 할
것이니라.
15 세도가인 정승이 인간다움으로 살았
더라면 과연 그가 죽었을 때 그 집의
강아지가 죽은 것만큼 찾는 자가 없겠
는가?
16 너희는 죽음에도 여러 가지 그 나름의
부류가 있음을 알아야 할 것이니라.
17 세상사 너희가 살아가면서 한 사람이
죽음이니, 그는 악하게 살다 잘 죽었
다 말하는 사람이 있으며, 그가 악행
을 하더니 참 잘 죽었다 말하며, 또 평
소 살아 있을 때 알고 지내던 자가 그
빈소에 꽃 한 송이 들고 가는 사람이
없는 사람이 있으며, 차라리 그와 같
은 인간은 일찍 죽었어야 했다 그리
말하는 사람이 있느니라.
18 그런가 하면 그 죽음을 슬퍼하며 애도
하는 사람이 있는 것이니라.
19 그러니 이것은 어떠한 삶을 살았느냐
가 중요함을 너희는 알아야 할 것이

니라.
20 그와 같이 죽음을 여러 가지로 평가하
는 사람들 속에서 사람들이 그 사람의
죽음을 애도하며 슬퍼하는 것보다 너
희가 한 단계 더 높은 삶을 살아야 하
는 것이니,
21 이는 곧 나에게 와 심판을 받았을 때,
너희가 심판을 받는 저울대 앞에 섰을
때 선함이 많은 삶을 산 자, 악함이 많
은 것보다 선함이 많아 나의 천국의
문이요, 내가 기다리는 나의 빈집에
올 수 있는 그와 같은 삶을 사는 것이
더 소중하며 그 평가가 더 중요함을
너희는 알아야 할 것이니라.
22 이제 사랑하는 나의 아들딸 너희는
들어야 할 것이니라.
23 죽음을 차라리 잘 죽었다 하며, 사악
하고 악한 자가 일찍 죽지 않은 것을
통분해 하는 자, 그리고 죽음 앞에 꽃
한 송이 가지고 오는 사람이 없는 자,
친하게 지냈던 그 모든 사람이 등을
돌리며 그 죽음 앞에 몰라라 하는 자
가 아니라,
24 죽음을 애도하며 슬퍼하는 사람이 있
으며, 또 다음에 너희가 나에게 와 심
판을 받아 당당히 나에게 올 수 있는
그와 같은 삶을 살아야 하니,
25 마지막 너희가 보이지 않은 세계에
나 여호와와 너희가 이루어지는 그
삶을 위하여 축복받는 삶을 살 수 있
도록 그 죽음을 대비하고 사는 그와
같은 백성이 되도록 그리하라.

6,645 번째 하나님 말씀

2003년 7월 7일 08시 42분

1 사랑하는 나의 아들아!
2 "네, 아버님! 말씀하옵소서."
3 너희 인간이 글을 쓰는 것이 어떠하더
냐?
4 처음에 너희가 아이들에게 글을 가르
칠 때는 그것이 그림 그리는 것 같으
며 글의 형태를 갖추지 못하고 쓰지
않더냐?
5 그러나 그것을 반복 훈련으로 쓰면 아
이가 성장해 가면서 글은 다듬어지며
그 솜씨가 다듬어지니 얼마나 아름다
운 글귀가 되며, 또한 시 한 수를 쓸
수 있는 것이 아니더냐?
6 그와 같이 다듬고 다듬는 데서 모두가
다 아름답게 제 모습을 갖춤이니, 믿
음이라는 것이 그와 같은 것으로 가야
하는 것임을 알아야 할 것이니라.
7 내가 너에게 내리고 너의 제자들에게
내린 것을 너희가 어찌 받아들여서
너희 것으로 만들어 다듬고 관리하느
냐에 따라 그것이 중요한 것이요,
8 그를 관리하지 아니하고 다듬지 아니
하며 접어 두며 버려둔다면 그것이
제 모습을 나타낼 수 있으며 제 구실
을 할 수 있겠느냐?
9 아이들이 글을 배우는 것도 그러하지
않던가?
10 쓰고 또 쓰고 연습하는 데서 그가 아
름다운 글씨체를 만들 수 있듯이, 그
가 쓰지 아니하고 연구하지 아니한다
면 무엇이 되겠느냐?
11 아무것도 되지 아니할 것이니라.

12 사랑하는 나의 아들아!
13 "네, 아버님! 말씀하옵소서."
14 너희가 만나서는 아니 될 사람들이 만
나는 것을 불륜의 관계라 그리하느니
라.
15 그러나 남들이 만나서는 안 될 사람
을 만나는 것은 불륜이며 흉 거리요,
욕이 되나, 너 자신이 그와 같은 행위
를 할 때 너희는 뭐라 말하느냐?
16 그것은 인생의 가장 즐거운 로맨스요,
행복이요, 즐거움이라 그리 말하지 아
니하던가?
17 그것을 과연 너는 어찌 생각하며 너의
제자들은 어찌 생각하는가?
18 그를 받아들이며 그대로 생각하는 것
이 맞다 생각하는가?
19 아니지 않은가?
20 남들이 잘못된 것이라 말하는 것을 너
희가 또한 그리한다는 것은 잘못된
것이요,
21 그는 로맨스라는 것이 아름다운 것이
아니요, 너희 인간의 행복을 추구하는
것도 아니요, 아름다운 추억을 만드는
것도 아니니라.
22 그러니 너는 여기서 과연 내 뜻을 어
찌 아는가?
23 내가 너에게 뭐라 말하였더냐, 나의
아들아!
24 모든 종교 집단들이 쓸데없는 곳에 가
서 광고하는 것, 포장해서 선전하는
것, 그리고 남들 앞에 자랑하는 것은
종교 지도자요, 믿음의 길을 가는 자
가 그리 가서는 아니 된다 내가 너에
게 그리 가르치고 깨우치지 아니하였
더냐?
25 그러나 네가 어렵고 힘들다 하여 나의
법전을 가지고 장삿속이요, 상술이요,
그와 같은 방법으로 광고라는 것을 내
며 선전하는 것으로써 네가 역점을 둔
다 하면 이는 바로 무엇이더냐, 나의
아들아!
26 남들이 하는 것은 불륜이요, 네가 하
는 것은 로맨스라는 것이 아니더냐?
27 그를 어찌하여 네가 모르고 그를 덮어
둔다 하면 네가 가는 길에 영화와 역
사와 축복이 있을 것이라 생각하느냐?
28 너는 고통스럽고 힘들어도 그를 행하
지 아니하는 것, 나의 뜻을 거역하지
아니하는 것, 네가 해서는 아니 된다
는 것을 참고 인내하며 그를 보여 주
는 것이 네가 가야 할 길이니라.
29 네가 이러이러한 사람이요, 너희가 하
는 것이 이러이러한 것이라고 써서 붙
이며 광고하는 것은 상술이요, 장삿속
이요, 남들이 해서는 안 된다는 것을
너희가 하는 것이 아니더냐, 나의 아
들아!
30 거기에서 네가 지키고 미덕을 찾아야
할 것이니라.
31 너는 달란트의 사업을 하기 위하여 무
엇을 생각하느냐?
32 네가 하루를 정하여 부모를 모시고 오
는 자는 무료로 음식을 대접한다는
것을 광고지라는 것에 써서 선전하며,
그를 크게 현수막이라는 것에 써 붙여
남에게 보이면 네가 바로 무엇이더냐?
33 너는 광고 선전하는 주범이며 너는 이
와 같이 착한 일을 한다고 선전하고
광고하는 것이니,
34 오른손이 하는 것을 왼손이 모르게 하

는 행위를 하는 것이 아니요,
35 네가 조용히 부모를 모시고 와 아름답게 식사하는 손님에게 '손님의 자세가 아주 아름다우며 부모를 모시고 온 모습이 아주 좋아 제가 오늘은 반을 받음이니, 제가 가정에 대하여 배운 것이 있소.' 하고 그를 깎아 준다 하면 그것이 내 뜻이요, 그것이 내가 너에게 명하는 것이요, 네가 가야 할 길이거늘,
36 어찌하여 네가 그와 같은 깨달음이요, 그와 같은 세상의 이치를 모르고, 한 장의 종이에 네가 내 뜻을 전한다 하며 선전하며, 네가 하는 것이 아름다우며 너희가 하는 것이 아름다우며, 남이 할 수 없는 것을 한다고 자랑한다면 그것이 바로 무엇이더냐?
37 나의 뜻을 모두가 거역하는 것이 아니던가?
38 '부모를 모시고 와 조용히 식사하는 사람의 모습이 아주 아름다워 제가 오늘은 손님께는 돈을 받지 않고 대접해 올리고 싶다.' 그리 말하면 되지,
39 그걸 써서 붙이고 종이에 써서 뿌리고 많은 사람에게 전하는 것은 네가 광고 선전하는 것이요,
40 재물을 거둬들이기 위하여 제가 옳은 말을 하니 저에게 와 재물을 바치라고 광고하는 종교 지도자 그들과 무엇이 다르단 말인가?
41 어찌하여 나의 법전을 이리 들은 나의 아들이 그리도 어리석고 우매하며 너의 제자들이 또한 그리 어리석던가?
42 너희가 장삿속에 젖어 있으며 나의 성전에 오는 것, 나의 법전을 읽고 깨우치는 것, 기적을 이루며 역사를 이루며 무엇을 얻고자 하는 너희가 거래하는 마음의 심리가 아직도 빠지지 아니하였음이니,
43 내가 너희에게 무엇을 내리며 너희가 무슨 은혜를 받을 수 있다 하느냐?
44 내가 주고 싶어도 받을 자격이 없는 나의 아들이요, 너를 따르는 제자들을 바라보는 나 여호와의 마음이 어떠하겠는가?
45 공의의 하나님이요, 창조주인 하나님인 내 뜻을 네가 거역하지 말라, 사랑하는 나의 아들아!
46 어찌하여 네가 육이 어렵고 힘든 것은 아무것도 아니며, 영혼을 구원을 받으며 두 번째 죽음에서 구원을 받는 것, 그리고 하늘나라에 나 여호와의 뜻이 성공하는 것을 바라는 것이 네가 가야 하는 길이며 사는 길이라 하면서,
47 육의 성공을 위해 네가 그리 연연하는 나의 아들로서 존재하니, 나 여호와의 우는 마음을 네가 어찌 알겠는가?
48 이제 너는 다스려야 할 것이며 너는 깨우쳐야 할 것이니 그리 알라.
49 만 가지를 생각 속에서 정답을 찾으라.
50 많은 백성에게 네가 그리 전하면서 너는 거기서 찾지 못함이니, 네가 얼마나 어리석고 우매한 나의 아들이더냐?

6,646 번째 하나님 말씀

2003년 7월 7일 11시 52분

1 사랑하는 나의 아들아!
2 "네, 아버님! 말씀하옵소서."
3 지금은 네가 초라한 다락방에서 나의

성령이요, 나의 뜻을 받아 기록하니,
이게 곧 진리요, 하늘에 오르는 길이
라 하여도 그 누구도 바라보지 아니하
나,
4 나의 법전이 세상에 나와 덮일 때, 모
든 사람이, 권력 있는 자가 너를 유혹
할 것이며, 또한 재물 있는 자가 너를
유혹 할 것이며, 또한 권력 있는 자가
너의 제자들을 유혹할 것이며, 재물
있는 자가 너의 제자를 유혹할 것이
니,
5 너희가 그때 넘어지지 아니하며 나에
게 오는 길은 과연 무엇인 줄 알겠느
냐?
6 작은 것도 철저히 지키고 행하는 것이
너희가 가야 할 길이라는 것을 잊어서
는 아니 될 것이니라.
7 너희가 남들이 하는 것은 죄요, 남들
이 하는 것은 사악한 것이요, 남들의
흠집은 너희 눈으로 보이나,
8 네 흠집이요, 네가 잘못한 것은 그저
장난이요, 로맨스라는 말을 함부로 한
다고 내가 하지 아니하였던가?
9 그러니 너희는 지금 나의 법전에 기
록되어 있는 모든 내용을 하나하나 작
은 것까지 지키고 행하는 그와 같은
훈련을 다지기 위하여 너희가 지금 존
재함이니라.
10 내가 뭐라 말하였더냐?
11 모든 종교 집단이요, 지도자들이 장삿
속이요, 상술적으로 사업하는 자처럼
제품을 가지고 선전하는 것보다도 더
선전하며 더 요란을 떤다 하지 아니하
였더냐?
12 그러니 너희는 그와 같이 해서는 안
된다는 것을 내가 가르쳐 주었으며 내
가 또다시 너에게 강조함이니 이를 명
심해서 행하여야 할 것이니라.
13 나 여호와의 뜻을 행하는 자이기 때문
에 나의 뜻을 따라 너희가 그저 편안
하게 남을 위해서 살아가는 것, 너희
가 남이 못 하는 것을 하면서 자랑하
며 광고 선전한다는 것은 그것이 무엇
이더냐?
14 너희가 선행을 베푸는 것은 오른손이
한 것을 왼손이 모르도록 하라 함이었
으며, 너희가 세상에서 베푸는 것을
만인에게 자랑하면 하늘에 와서 받을
것이 없다고 내가 너희에게 그리하였
거늘,
15 너희는 과연 상업적이요, 상술적으로
그와 같은 것을 하지 않는가 이를 알
아야 할 것이니라.
16 아무리 어렵고 힘들다 하여도 나 여호
와의 이름을 팔아 너희가 역사하는
것을 상술적으로 장삿속으로 다른 사
람들과 똑같이 한다면,
17 이는 너희가 기초가 안 되어 있으며
기초부터 나를 거역하는 것이니,
18 많은 백성이 그를 가지고 너희에게
말할 때 무엇이라 말하겠느냐?
19 그러니 너희는 작은 것부터 지키며,
작은 것부터 거역해서는 아니 됨이니,
20 너희가 한 가지 일을 놓고 너희 제자
들과 백 가지, 천 가지로 생각하여 그
들에게 또 물으며, 과제를 주며, 스스
로 생각하여 너희가 하나의 오점이
없는 그와 같은 삶을 살아가야 할 것
이요,
21 그와 같이 훈련을 하고 거듭 훈련을

함으로 인하여 권력 있는 자가 너희를
유혹할 때 너희 제자들이 넘어지지 아
니할 것이며, 재물을 가지고 너희를
유혹할 때 너희 제자들이 넘어지지 아
니할 것이니라.
22 모두는 나의 법전이요, 계명대로 살아
가는 것이 아니면 삶이 아니요, 목숨
을 던진다 해도 죽음의 길을 선택한다
해도 너희가 그와 같이 가서는 아니
된다는 것이 마음속에 굳건히 자리 잡
아야 하며 굳어져야만 함을 알라.
23 이제 너희가 그만큼 지킬 수 있는 경
지에 올라 있으며 깨달아져 있음을 알
아야 할 것이니라.
24 너희는 목숨을 걸고 적진을 향하여 전
진하라는 명령을 받고 적을 향하여 달
려가는 병사들이 적탄을 맞아 그가 죽
어 가면서 그 순간에 바라는 것은 무
엇이던가?
25 제가 정녕 하고자 하는 그 고지의 탈
환이요, 제가 말했던 그 전쟁이 승리
로써 저희 편이 이기기를 간곡히 바
라면서 그는 숨을 거둘 것이며, 그는
모두를 다 포기하며 조용히 죽음을 맞
이하지 않겠는가?
26 과연 하늘의 역사요, 나 여호와의 뜻
을 이루는 너희가, 전쟁터요, 사람의
명을 받아 저희가 목숨을 잃어 갈 때,
조국의 통일이요, 승리를 위하여 그리
울부짖으며 그 소망을 하고 죽어 가
는 병사만큼 그 마음의 자세가 되어
있으며,
27 너희가 죽어 갈 때 나를 원망하지 아
니하며 과연 나의 뜻에 따라 최선을
다하였다며 나에게 감사하는 마음으
로써, 그러면서 너희가 나의 뜻이 승
자가 되어 세상에 나의 법전이 세상을
덮기를 바라는 그와 같은 애절한 마음
으로 과연 죽어 갈 수 있는가?
28 그 인간의 명을 받은 그 젊은 병사는
조국의 통일이요, 승리를 위해서 부르
짖을 것이며 그는 그리 장렬히 죽을
것이니,
29 그와 같은 마음을 갖지도 못하며 그와
같은 행동을 하지 못하는 너희가 나의
백성이요, 나로부터 선택된 자요, 그
러면서 너희가 천국인 나에게 올 수
있다는 생각을 하고 사는 것은 아닌지
너희 자신의 마음 하나를 다스려 보도
록 그리하라.
30 내가 오늘 나의 아들을 통하여 다시
한 번 너희에게 강조함이니,
31 내가 명한 것, 너희가 행동하는 것, 너
희가 사업하는 것, 그리고 너희가 나
의 뜻에 의해 역사하는 것, 그 모두가
내가 명한 것을 너희가 행하지 않는
가를 잘 보라.
32 남들이 해서는 아니 된다는 것을 나의
법전에 수없이 기록하여 너희에게 전
하였으니, 너희는 그것이 당연한 것처
럼, 그것이 환경이 어렵기 때문에, 오
늘에 처해 있는 삶이 힘들기 때문에
그를 거역하고 위배하면서 그것이 위
배하며 거역하는 것이라는 것을 모르
고 너희 스스로 넘어가는 일이 너무나
많음이니,
33 그를 하나하나 서로 챙겨 보며 서로
격려하며 깨우쳐 주고 그와 같은 방법
으로써 너희가 가야 함을 잊지 말라.
34 이것이 너희가 나에게 오를 수 있는

길이요, 하늘에 오를 수 있는 길이니
라.
35 너희가 인간이 사는 세상에 육의 삶에
연연하지 말며, 모두를 내가 원할 때,
내가 거둬들이고자 할 때 놓을 수 있
는 마음의 자세로 살라 하였음이니,
36 그와 같은 마음으로 사는 자라면 너희
가 작은 것도 나의 뜻을 거역하지는
아니할 것이며,
37 감히 두려워 그를 거역하면서도 거역
하는 줄을 모르며 행하는 그와 같은
일은 없을 것이니 그리 알라.
38 이제 내가 나의 아들 너를 통하여 만
백성에게 전하노라.
39 너희가 하늘에 오르고자 하거든 십계
명대로 하나의 허술함이 없이 지키며
하나도 실수함이 없이 지켜야 할 것
이며,
40 또한 나의 법전을 내가 명한 대로 그
대로 지키고 행하는 것이 나로부터 선
택된 백성 너희가 해야 할 일이고 지
킬 일이라는 것을, 너희가 너무나 많
이 그를 모르고 넘어감이니라.
41 너희가 죄인 줄을 모르며 나의 뜻을
거역하는 줄을 모르며 너희 생각으로
써 순간적으로 모두를 역사함이니,
42 더군다나 나로부터 선택된 백성이요,
내가 천 년의 역사를 이루는 기틀을
닦는 너희가 잘못했을 때, 나의 뜻을
거역할 때, 거기에서 너희가 재물을
얻으며 부귀영화를 얻으며 권좌를 얻
으며 남들보다 편안한 길을 앞에 갈
수 있다고 생각하느냐?
43 절대 아니 됨이니라.
44 너희는 내 뜻의 작은 것도 행하지 않
을 때, 내가 옹벽 같은 철벽으로 너희
앞을 막을 것이니, 너희는 거기를 통
과할 수 없음이니라.
45 그러니 너희가 어떠한 상황에서도 내
가 명한 것을 거역하는 것이 없는가를
생각하고 또 생각해서 그리 행하도록
하라.
46 말로써 이루며 자랑으로써 이루며 남
들에게 선전하면서 무엇을 이루고자
하는 생각을 버리라, 선택된 나의 아
들딸들아!

6,647 번째 하나님 말씀

2003년 7월 7일 12시

1 사랑하는 나의 아들아!
2 "네, 아버님! 말씀하옵소서."
3 나의 사랑하는 백성 너희가 마음의
심지를 갖지 못하며 너희가 나 여호
와가 존재함을 믿지 못하며 사후에 심
판이 있다는 것을 믿지 아니하기에 인
간 세상에 살아가는 너희의 마음을
뭐라 표현하였느냐?
4 아침저녁으로 수시로 변화되는 것이
너희 마음이요, 나의 백성이 살아가는
지금의 형태요, 그들의 마음 자세라는
그러한 말을 너희가 하지 아니하는가?
5 지금의 모든 종교 집단이요, 지도자들
이 나의 백성이 아침저녁으로 변하는
그 마음의 변화 때문에 그들을 유혹하
여 오늘과 같이 모든 잘못된 종교 집
단이 세상을 덮고 역사한다는 것, 이
것이 바로 그러한 현상으로써 나타나
는 것이니라.
6 그러니 너희가 마음을 굳건히 자리를

잡는 것, 그리고 나 여호와가 존재한
다는 것을 굳건히 믿는 그와 같은 마
음으로 볼 때, 성서에 기록한 비유의
뜻을 알며 내가 법전에 기록하여 인도
하고자 하는 그 뜻을 너희가 정녕 깨
달을 수 있는 것이니라.
7 너희가 아침저녁으로 변하는 그 마음
을 가지고는 나의 법전을 알 수 없으
며,
8 내가 비유의 뜻으로 기록한 성경까지
도 인간이 가감한 것, 인간의 생각으
로 기록한 것, 그리고 나 여호와요, 내
가 나의 아들 예수를 통하여 정녕 너
희를 깨우쳤던 그 의미 자체도 모르
며, 또 내가 거기에 부여했던 그 의미
자체도 너희가 보지도 못하는 것이
아니던가?
9 모든 종교 집단이요, 지도자들이 지금
그와 같이 아침저녁으로 변하는 그 얄
팍한 마음 때문에 천국의 길은 협착하
고 어렵고 고통스러운 길이요,
10 자신의 십자가를 짊어지고 가는 것이
구원의 길이요, 나에게 올 수 있는 그
와 같은 길이라는 것을 아는 그 백성
이,
11 그를 알면서도, 달콤한 말로써 넓은
길이요, 편안한 길로 가는 것이 하늘
에 오르는 길이라 그리 가르침이니,
12 너희 마음이 그 순간에 또한 아침저녁
으로 변하듯이 그와 같이 변질하고
변화되어 그들의 말에 현혹되어 지금
지옥으로 가는 것이 아니던가?
13 나는 나의 성경에 기록하여 전하였음
이니라.
14 너희가 천국에 오르는 길은 협착하고
어렵고 고통스러운 길이며,
15 너희 자신이 자기의 십자가를 짊어지
고 가는 길이요, 자기를 다 버리고 자
신을 지워 버려, 그와 같이 저를 생각
하지 아니하고 남을 먼저 생각하는 마
음의 뿌리가 내려질 때,
16 너희가 하늘에 오르는 길을 볼 수 있
으며 구원의 빛을 보게 된다는 것을
내가 너희에게 그리 가르쳐 주지 아니
하였던가?
17 그러나 지금은 너희가 마음의 심지가
없으며 수시로 변하는 그와 같은 마음
의 형태요, 안정되지 못한 삶을 사는
백성이기에,
18 너희를 현혹하여 쉽고 편안하며 간단
한 길로 구원에 오를 수 있다는 그 말
때문에 너희가 지금 다 변질하였으며
타락의 길을 가는 것이니라.
19 이를 바라다보는 나 여호와의 마음이
얼마나 아프며 가슴이 저려 오는지 아
는가?
20 천국의 길은 인간이 어떠한 노력을 해
도, 인간 세상에서 어떠한 형태로 어
떠한 공적을 새운다 해도 천국에 오르
는 길은 도움이 되지 아니한다고 그리
가르치지 않는가?
21 나 여호와의 사업을 위한다 해도 인간
의 공으로써는 천국에 갈 수 없다고
너희가 말하며,
22 다만 너희 성전이요, 교회에 와 너희
에게 재물을 바치고 너희 지도자를
통하여 역사하는 것만이 하늘에 기록
된다고 그리 말하느니라.
23 나의 사랑하는 피조물 만백성이 스스
로 나의 사업을 추구하며 내가 원하는

길을 역사하는 것, 그와 같이 공을 들이며 정성을 들여서 간다 해도 그건 하늘에 오르는 길이 아니요,

24 오로지 저희 손으로 지은 죄의 온상인 교회요, 성당이요, 법당이요, 회당에 와서 저희 종교 지도자의 명에 따라서 거기에 바쳐 그들이 명하는 대로 움직이는 것만이 하늘에 오르는 길이라 하니,

25 저희가 신도들보다도 더 많은 죄를 짓고 있으며 사악한 자들이요, 물질의 노예가 된 자들이 과연 무엇을 알며, 그들에게 바치는 것이 어찌 하늘에 오르는 공덕이라 할 수 있겠는가?

26 인간 스스로 너희 생활하는 것이 나의 뜻에 따라 사는 백성의 기도 소리요, 그 공덕을 내가 다 거둬들이며, 너희가 나에게 와 심판을 받을 때 그게 선한 쪽에 무게를 실어 준다는 것을 너희는 알아야 할 것이니라.

27 모든 종교 집단들은 너무나 편안한 길을 가고자 하느니라.

28 나의 아들 예수를 구세주로서 믿으며, 입으로써 나의 아들 예수를 부르짖으며, 소리 질러 광란의 짓으로써 예수를 찾기만 하면 너희가 구원을 받는다, 천국에 들어갈 수 있다는, 인간이 만든 그 교리를 가지고 나의 피조물 만백성을 지금 가르치고 있음이니,

29 저희가 나의 자식이 되어 천국에 갈 수 있으며 천국에 간다는 착각 속에 빠진 것이 또한 거기서 배우며 믿음의 길을 가고 있는 수많은 나의 백성이니, 그 불쌍한 자들을 너희가 구원해 줘야 할 것이니라.

30 너희가 망치라는 큰 덩어리를 가지고 충격을 주듯이, 너희가 나의 피조물 만백성에게 나의 법전을 가지고 그들에게 충격을 주어 그들이 잠에서 깨어나야 할 것이며,

31 그들이 그 충격으로 인하여 제정신이 돌아오는 그와 같은 역사를 이루는 것이 너희가 해야 할 일임을 잊지 말라.

32 너희가 충격을 줘야 할 것이니라.

33 나의 법전으로 세상을 덮어, 큰 망치로써 인간에게 충격을 주듯이 너희가 그들에게 그보다 더한 충격을 주어야 할 것이니라.

34 그와 같은 역사를 이루는 것이 너희며, 그와 같이 아니 하면 그 백성이 눈을 뜰 수가 없으며 귀를 열 수가 없음이니 그리 알라, 사랑하는 나의 아들딸들아!

6,648 번째 하나님 말씀

2003년 7월 7일 12시 09분

1 사랑하는 나의 아들아!

2 "네, 아버님! 말씀하옵소서."

3 지금 수천 년 동안 흘러오는 종교 집단이요, 그들이 다 뭐라 내가 일러 말하였더냐?

4 그들이 기복 신앙의 대표적인 자요, 가장 큰 기복 신앙의 집단으로 이루어진 것이 지금 기독교요, 하늘에 오르고자 하는 백성을 인도하는 종교 집단들이니라.

5 그들의 종파에서 너희가 믿으며 지금 가고 있는 길이 과연 어떠한 길인가 한번 돌이켜 볼 때가 되었다 말하지

아니하였는가?
6 그리하여 너희가 그를 돌이켜 볼 수
없는 자를 깨우쳐 주기 위하여 내가
나의 아들을 통하여 160권의 법전을
세상에 내려보냄이니,
7 너희가 지금 이와 같은 기복 신앙에
젖어 살아오다 나 여호와로부터 심판
을 받는 날 아무리 나를 부르며 나를
목메어 부르며 나를 부르고 애원하고
몸부림친다 해도 너희는 나의 대답을
들을 수 없을 것이며 오로지 나의 대
답은 단 한 가지이니라.
8 너희가 지상에서 '아버지를 위하여 모
두를 역사했으며 아버지의 뜻에 따라
살아가며 모두를 다 바쳤사옵나이다.
9 아버지, 어찌하여 저를 기억해 주지
아니하옵나이까?' 하고 너희가 피눈
물을 흘리고 통곡을 해도, 내 답은 '나
는 너를 모르느니라.' 그리 말할 것이
니라.
10 내가 그리 대답할 것이라 성서에 기
록하여 너희에게 전해 주었으니, 그
답밖에는 너희에게 내릴 것이 없음을
알라.
11 지금의 종교 집단이요, 지도자 너희가
욕심에 차 욕심의 뿌리를 버리지 못하
며,
12 내가 기록한 성서에 너희에게 명하여
하라 하는 것을 하나하나 너희 스스
로 찾아 그 뜻을 깨우쳐 바로 서지 아
니하며,
13 나의 법전을 가슴에 안고 정독하여,
그 풀이해서 내려보내는 간단하고 쉬
운 내용을 보고 행하지 아니하고 나에
게 와 심판을 받을 때,
14 나를 아버지라 부르며 피눈물을 흘리
며 애원하고 통곡해도 '나는 너를 모
른다.' 하고 대답할 것이니 그리 알라.
15 내가 너희를 모른다는 그 대답과 동
시에 너희는 지옥 불로 가게 되어 있
으며, 지옥 불에 가 너희가 그 죄의 대
가를 치를 것이니, 그 두려움과 무서
움에 울고불고 통곡하고 몸부림쳐도
돌이킬 수 없으며 그 길을 벗어날 수
없는 것이 너희임을 알라.
16 지금까지 너희가 믿고 믿어 온 잘못
되어 있는 그 믿음이 곧 어떠한 길을
왔는가를 너희는 그때야 알게 될 것
이니라.
17 나는 너희가 가는 그 믿음이 잘못되
었으며 너희가 바로 서지 아니하면
안 된다 하였음이니라.
18 지옥 불로 달려가는 너희가 가던 발
길 멈춰 나의 법전을 읽고 가슴에 안
아 십계명대로 살아가는 삶으로써 살
지 아니하면 너희는 구원받지 못한다
하였음이니,
19 이를 거역하며 이를 듣지 아니하고,
천국에 오는 길이라 하여 말로써 나의
아들 예수를 구세주라 부르며 소리 지
르고 광란의 짓을 하며 구원의 길이라
했던 그것이 너희가 사탄에게 속아서
사탄에게 힘을 실어 주는 것이니, 그
죄가 얼마나 무서운가를 알게 될 것이
니,
20 그 죄를 아는 순간에 너희 스스로 나
를 아버지라 부를 수 없으며 나에게
고개 들고 울고불고 너희 악을 씻어
주며 잘못된 것이라 아무리 몸부림쳐
도 돌이킬 수 없으며, 거기에서는 돌

아설 수 없는 것이 너희임을 알아야
할 것이니라.
21 너희 믿음이 얼마나 잘못되었고 오만
방자하였는가 그를 깨달을 때, 너희는
이미 지옥문에 들어오고 그 문을 닫음
이니, 너희는 그 문을 나올 수 없다는
것을 알아야 할 것이니라.
22 너희가 그 무섭고 두려운, 상상할 수
없는 그 지옥문이 닫치는 순간,
23 너희를 지도했으며 하늘에 오르는 길
을 인도했다는 그들을 원망하고 원망
해도 그들 자신이 제자리를 지키지
못하며 그 또한 벌을 받고 있음이니,
24 아무리 후회하고 애통해해도 그는 다
시 거둬들일 수 없으며 돌이킬 수 없
는 것이라는 것을 알라.
25 내가 직접 친필로 쓴 십계명이니 이것
보다 더 소중한 것이 없으며, 내가 직
접 써 내린 것이 구약과 신약 중에 어
디에 또 그 구절이 있단 말이던가?
26 그러니 너희가 지금 살아 있을 때 나
의 십계명을 지키고 나의 법전을 정독
하여 나의 법전대로 사는 것,
27 너희를 사탄이라 그리 말하든, 그리고
나의 법전을 읽는 자에게 사악한 자라
말하든 말든, 너희는 나의 법전을 접
해야 하며 그를 읽어야만 너희가 구
원의 심판을 받고 못 받는 심판대에
선다는 것을 알아야 할 것이니라.
28 누가 뭐라 말하여도 너희는 나의 법
전을 정독하라.
29 사탄이라 말하여도, 사탄이 쓴 것이라
도 그 속에 너희가 깨달을 것이 있으
며 볼 것이 있을 것이라는 그와 같은
굳은 마음으로써 나의 법전을 읽어 보
라.
30 남들이 사탄이요, 사악한 자요, 마지
막 거짓 선지자가 하는 것이라 해도,
그 속에 너희가 제대로 읽어 본다면
거기에 깨우칠 것이 있으며 양식이 있
으며 선과 악을 구분하는 것이 있을
것이라는 그와 같은 마음으로써 나의
법전을 너희가 열어 정독하도록 그리
해 보라.
31 그리고 너희가 그와 같은 생각 속에
서 살아가는 자가 나의 법전을 전할
것이니라.
32 이 세상의 모두는 다 나 여호와의 뜻
에 의해 이 세상에 존재함이니, 나의
법전도 또한 이 세상에 나온 그 이유
가 있으며 그 뜻이 있을 것이라는 그
와 같은 믿음 하나만 가지고라도 나의
법전을 읽는 용기를 가지라.
33 그러면 너희가 지금 지옥문 앞에서 통
곡하며 피눈물 흘리며 몸부림치는 그
와 같은 형국은 면할 수 있을 것이니,
34 너희가 지금까지 살아온 것이 사탄에
게 힘을 실어 준 것이요, 그 죄를 지어
너희가 죄지음을 알고 두려워, 아무리
몸부림치고 통곡하고 피눈물을 흘려
도 너희는 돌아설 수 없으며 거기서
구제받을 수 없다고 내가 말하지 아
니하였는가?
35 그와 같은 형국을 너희가 면할 수 있
는 것만으로도 얼마나 위대한 것인지
알겠느냐?
36 십계명대로 지키겠다는 굳은 각오요,
나의 법전을 읽고 정독하여 깨우치는
자는 그와 같은 것이라도 면할 수 있
음을 알라.

37 지금과 같은 너희의 믿음으로써, 지금
과 같이 편안한 방법으로써, 재물로써
너희가 구원을 받으며, 말로써 구원을
받으며, 나의 아들 예수를 구세주라
부르짖는 것으로써 구원을 받는다 생
각하는 너희가 얼마나 무서운 죄 속
에서 허덕이는 것인가를 알아야 할
것이니라.
38 그것이 너희가 얼마나 잘못되어 있는
가를 지금 깨우치지 못한다면, 너희는
영영 구원의 길에 들어설 수 없는 자
임을 알아야 할 것이니라.
39 아무리 울고불고 통곡해도, 내가 너희
에게 뭐라 말한다 하였느냐?
40 지금의 형태로 돌아오는 너희가 나에
게 아무리 몸부림쳐도 나의 대답이 뭐
라 말하였느냐?
41 '나는 너를 모른다.' 그리 대답할 것이
라 하였느니라.
42 내가 너를 모른다는 그 대답이 들리는
순간에 너희는 지옥 불로 가고 있음
을 알라.
43 피눈물 흘리며 울고불고 통곡해도 돌
이킬 수 없는 것을 면하는 것은 십계
명을 지키고 살겠다는 굳은 각오요,
다시 태어나는 마음이요,
44 나의 법전을 가슴에 안고 정독하는 자
는 그를 면한다고 내가 나의 법전에
기록하여 전했음이니,
45 너의 제자들과 이 법전을 읽은 백성은
만백성에게 이를 전하는 데 주저하지
말라.

6,649 번째 하나님 말씀

2003년 7월 7일 12시 14분

1 사랑하는 나의 아들아!
2 너희가 정녕 지금 살아가는 것이 얼마
만큼 진리를 갈구하며 참진리를 찾아
모두를 다 바치고 살아가야 하는지 아
는가?
3 너희가 사막에서 갈증과 사투 속에서
물을 마시지 못하여 죽어 가는 혼미한
상태에서 갈구하는 것은 무엇이더냐?
4 오아시스를 찾는 것일 것이니라.
5 그 사투 속에서 헤매며 죽음과 싸우면
서 오아시스를 찾는 사막의 방랑자보
다도 더 애절한 마음으로써 너희가
나의 참진리요, 하늘에 오르는 길을
보고자 하는 것이 너희가 가야 할 길
이라는 것을 어찌 너희는 모르는가?
6 지금의 모든 백성이 그러하니라.
7 갈증을 느끼고 있으며, 너희가 오아시
스를 찾는 그와 같은 형국에 살아가는
백성이 수없이 있음이니라.
8 그들에게 내가 정녕 오아시스를 찾는
길과 오아시스의 위치를 가르치고자
하여 안내자를 세상에 내려보내나,
9 지금 갈증에 곧 죽어 가는 그와 같은
형국에 있는 자들에게, 생수를 그리
찾고 원하는 자에게 내가 오아시스에
가는 길과 위치를 가르쳐 준다 해도,
10 이는 잘못된 자요, 정녕 그 길을 가면
오아시스를 만날 수 없다는 잘못된
종교 지도자의 그 가르침이요, 잘못된
세 치 혓바닥의 놀림에 의하여 너희
에게 인도자를 내려보내는 이 귀중하
고 소중한 나의 법전을 너희가 접하

려 하지도 아니하며 보려 하지도 아니
함이니,
11 너희가 사막에서 오아시스를 찾지 아
니하면 물을 구할 수 없는 것보다도
더 정확한 것이 나의 법전을 접하지
아니하고 읽지 않는 자는 절대 구원을
받을 수 없다는 것을 알아야 할 것이
니라.
12 사막에서 목말라 방황하는 백성, 생수
를 찾아 사투하는 불쌍한 나의 백성
에게 방황의 길을 끝내도록 하기 위한
것이 나의 뜻이요,
13 방황의 고통에서 구제하기 위하여 내
가 새로 만든 새로운 성경이요, 나의
법전을 세상에 내려보내거늘, 어찌하
여 너희는 이를 보지 않으려 하는가?
14 하늘에 오르는 길이요, 하늘에 오르는
길에 빛을 비추어 주는 나의 법전을
너희가 보고 택하여 나에게 오는 것이
아니요,
15 너희가 그리 갈구하는 생수요, 오아시
스를 찾을 수 있는 길이요, 그리도 소
원하는 하늘에 오르는 길의 안내자요,
나의 책자를 너희가 태워 버리고 찢
어 버림이니,
16 너희가 이정표를 찢어 버리고 어찌 길
을 찾는다고 그리 말하느냐?
17 바로 나의 법전이 무엇인 줄 알겠느냐?
18 사막에서 물을 찾아 사투하며 죽음과
싸우는 그 백성에게 내가 오아시스의
위치를 가르쳐 주며 가는 길을 가르쳐
주는 안내자를 내려보내는 것이 나의
법전이니,
19 이 소중한 것을 너희가 찢어 버리고
밟아 버리며 어찌하여 너희가 생수를
얻어 생명을 구할 수 있다고 말하느냐?
20 바로 나의 법전이 그러한 이치라는 것
을, 그와 같이 소중함을 알라.
21 그리하여 내가 나의 법전을 접하는 자
는 가슴에 안고 정독하라 하였음이니,
22 너희가 죽기 전에 오아시스를 만나 그
생수를 마시는 자의 마음보다도 천배
만배 더 아픈 마음으로 나의 법전을
가슴에 안고 정독하고 또 정독했을
때, 그 속에 있는 이치를 너희가 알게
될 것이니라.
23 나 여호와는 공의의 하나님이요, 내가
너희에게 이와 같은 역사를 해 주며
내가 너희에게 은혜를 내리는 것도 크
나큰 영광이라는 것을 알아야 할 것이
니라.
24 내가 나의 아들이요, 나의 아들을 따
르는 제자들이요, 나의 역사에 달란트
사업을 하는 자에게도 내가 모두 특혜
와 영광과 은혜를 내리지 아니하며,
25 나의 뜻을 거역하는 자, 내가 남 앞에
가서 광고하며 장사꾼처럼 물건 파는
짓을 하지 말라 하였거늘, 그와 같은
행위를 할 때 가차없이 그를 태워 버
리는 것이 나 여호와이니,
26 너희가 나의 뜻을 안다 하면 너희 스
스로 오아시스를 찾을 것이며, 그 물
을 찾는 길을 안내하는 나의 법전의
뚜껑을 열어 읽고 깨우쳐 스스로 그
안내자를 찾고 안내자를 보는 것은 너
희 몫임을 잊지 말라.

6,650 번째 하나님 말씀

2003년 7월 8일 06시 57분

1 사랑하는 나의 아들아!
2 **"네, 아버님! 말씀하옵소서."**
3 너희가 믿음이라는 것은 말로써는 아
니 되며 너희가 상상으로써 하는 그
믿음은 믿음이 아니라 내가 그리 말하
였느니라.
4 너희가 말로써 역사하는 것, 말로써
이루는 것은 못 할 것이 없으며 못 이
룰 것이 없음이니라.
5 너희가 하나의 돌을 움직이는 것, 하
나의 역사를 이루는 그 모두는 너희가
피나는 노력이요, 그 대가에 의해서
모든 것이 다 이루어지며, 노력한 그
결과에 의해서 모든 것이 얻어지지 아
니하는가?
6 너희가 하늘에 오르는 길이요, 믿음이
라는 것 또한 그러하니라.
7 너희가 몸소 실천하며 변화되며 행하
는 고통과 어렵고 힘든 속에서 너희가
진리를 알며 하늘의 뜻을 깨닫게 되어
있으며 진리의 아름다움이요, 하늘에
오르는 길의 영광을 알게 됨이니라.
8 너희가 말로써는 모든 세상 것을 다
주고받을 수 있으며 세상 것을 다 이
루고, 못 이루는 것이 없지 않은가?
9 너희가 몇십 년에 걸려서 이루는 것
도 말로써는 그저 단 몇 초 안에 모두
를 다 이룬다 함이니,
10 지금의 모든 종교 집단이요, 지도자
그들이 다 그와 같은 형국으로 가고
있음을 알아야 할 것이니라.
11 너희는 말로써만 모든 것을 이루는 것
이 아니며, 몸소 실천해야 하는 것이
얼마나 귀하고 소중한 것인가?
12 그것으로써 모든 결과를 얻게 되는 것
을, 너희는 지금 뭐라 가르치고 있는
가?
13 인간이 노력하는 것, 그리고 또 인간
으로서 행하는 그 모두는 다 너희가
하늘에 오르는 그 구원의 길과는 관계
가 없으며,
14 오로지 믿음 속에서만 나 여호와를 찾
는 그것으로써 모두는 다 이루어진다
너희가 그리 말하고 있느니라.
15 그러나 행함이 없이는 아무것도 이루
어질 수 없다는 것, 그리고 행함이 없
이는 심판을 받을 자격이 없다는 것을
너희가 깊이 새기고 명심해야 함을
잊지 말라.
16 너희가 말로써 모든 것을 다 이루며
말로써 지금 행하는 것, 그리고 너희
가 말로써 구원을 받고 말로써 모두
구원을 받은 것처럼 그 착각 속에서
깨어나지 아니하면 절대 아니 됨을 너
희는 알아야 할 것이니라.
17 아무것 하나도 움직일 수 없는 것이니
라.
18 백지장도 들어서 움직여야만 그 장소
에서 움직임이 있으니, 들어서 움직이
는 수고로움이 없이는 그 백지장도 움
직여지지 아니하며 움직일 수 없는 것
이 세상사의 이치이니, 그것이 바로
너희가 역사하는 것이며 믿음의 길 또
한 그렇다 함을 잊지 말라.
19 우주의 움직이는 그 모든 역사하는
것, 그리고 너희 마음과 몸이 움직이
는 것은 작은 것이요, 우주는 큰 것이

라 하나,
20 그 우주의 움직이는 형태와 역사하는
것은 다 같은 진리에서 같은 뜻에서
움직여진다고 내가 나의 아들을 통하
여 너희에게 명한 것을 깊이 깨우치
며 그 의미를 알아야 할 것이니라.
21 그렇다 하면 너희가 얼마나 소중한
것이며, 움직이며 행하는 것이 얼마나
소중한 것인가를 알게 될 것이며,
22 너희가 하나하나 행하는 것이 인간의
육에서 그대로 이루어지는 것이 아니
요, 나 여호와로부터 너희가 받아 나
간 그 육에 의하여 나의 뜻에 따라 모
두가 움직여지는 것이니라.
23 그러니 나의 뜻에 의해 행동하는 자
는 나로부터 상을 받으며, 나의 뜻을
거역하는 행위를 하는 자는 나로부터
버림을 받는 자요, 나의 자식이 아니
요, 나를 거역한다는 것을 알아야 할
것이니라.
24 너희가 세상에 태어난 것이요, 살아가
는 그 모두가 나의 뜻이요, 나의 주관
하에서 이루어지는 것이 아니라면, 너
희는 행동이라는 것은 별것 아니라 그
리 말할 수도 있음이니라.
25 그러나 너희가 태어난 것이요, 너희가
행하여 움직이는 그 모두가 나의 주관
이요, 나의 뜻 안에 움직이며, 내 품
안에서 움직이며, 너희가 나의 뜻을
따라서 행하는 것이기 때문에,
26 그것을 어찌 행하느냐가 중요하다는
뜻이 거기에 있음을 알아야 할 것이
니라.

6,651 번째 하나님 말씀

2003년 7월 8일 11시 46분

1 사랑하는 나의 아들아!
2 "네, 아버님! 말씀하옵소서."
3 너를 따르는 너의 제자들의 백 가지
요, 천 가지요, 그 어렵고 힘든 것을
나 여호와가 듣고 있으며, 또한 그를
들어줄 수 있음이니라.
4 네가 오늘의 고통과 시련의 길을 가는
것을, 나 여호와가 너에게 재물을 주
며 명예를 주며 네가 나의 법전을 세
상에 전하는 데 하나도 손색없이 내가
너를 도울 수도 있으며 너에게 역사할
수도 있음이니라.
5 그러나 너는 알아야 할 것이니라.
6 너희가 크나큰 건물을 지으며 집을 지
을 때 가장 중요한 것이 무엇인 줄 알
겠는가?
7 그 집을 지을 수 있는 터전을 닦는 것
이 가장 소중함을 알아야 할 것이니라.
8 터를 완벽하게 다져 놓지 아니하며 터
를 다스리지 아니하며 주춧돌을 반듯
이 놓지 않고 집을 짓는다면, 아무리
많은 재물을 바쳐 아무리 아름답고 좋
은 집을 지으며 궁궐 같은 집을 짓는
다 해도,
9 다져지지 아니한 그 터전 위에 집을
짓는 것은 집이 무너지게 되어 있음이
니라.
10 60이라는 나이를 먹어 인간 세속에서
살아온 나의 아들 네가 완벽하게 나
의 뜻이요, 내가 원하는 길로 변화되
지 아니하였을 때, 내가 너에게 은혜
와 영광을 내린다 하면, 터가 다져지

지 않은 곳에 네가 집을 짓는 그와 같
은 형국이기에,
11 완벽한 터를 닦는 그 기초를 다지기
위하여 오늘날 너희가 훈련함을 알아
야 할 것이니라.
12 내가 너의 제자들이요, 너를 훈련하는
것은 완벽한 터를 다지기 위함이요,
13 완벽한 터를 다졌을 때 내가 그 위에
집을 짓는 그 역사를 명할 것이니라.
14 그러나 너희는 여기서 알아야 할 것
이니라.
15 오늘의 너희가 가는 길이 얼마나 힘
들고 어렵던가?
16 나로부터 육의 훈련을 받았으며 사탄
으로부터 시험을 받았던 그 욥이 견디
고 인내하는 것보다 너희가 더 강하
고 심하다 그리 말할 수 있는가?
17 욥이 얼마나 어렵고 힘든 시련과 고
통을 겪었는가?
18 그보다 더한 고통과 시련을 겪는다 해
도 너희가 흔들리지 아니하며, 그보다
더한 훈련에 임하여 너희가 바로 설
수 있다면, 나 여호와는 그 길을 선택
할 것이니라.
19 너희는 알고 있지 않으냐?
20 부모가 자식에게 생선을 발라서 먹이
는 것은 그것이 부모의 즐거움이 아니
요, 자식을 가르치는 것이 아니요,
21 자식이 험한 바다에 나가 그 물고기를
잡아서 먹고사는 방법을 가르치는 것
이 현명한 부모요,
22 그 부모가 죽었을 때 자식이 살아갈
수 있는 가르침을 주는 것이라 하지
아니하였던가?
23 그와 같은 이치를 너희가 안다면, 욥
의 시련보다 더 고통스럽고 어려운 길
이라 하여도 내가 너희를 훈련시켜서
너희가 바로 설 수 있다면 나 여호와
는 그 길을 선택할 것이니라.
24 사랑하는 자식이 배고파서 울 때 밥을
주고 싶으며, 아파서 우는 자식 대신
아파 주고 싶은 것이 인간의 마음이
요, 너희 마음이라 내가 그리 말하였
음이니,
25 고통과 시련 속에서 가는 너희를 보는
나 여호와의 마음이 얼마나 저리고 아
픈가?
26 그러나 고기를 잡는 기술을 배워 너희
스스로 살아갈 수 있는 그와 같은 나
의 아들이요, 딸로서 너희를 역사하기
위해서 오늘의 고통과 시련을 나 여호
와가 손을 놓음이니라.
27 너희는 여기서 알아야 할 것이니라.
28 내가 사랑하는 만백성을 구하기 위하
여 예수가 죽어 갈 때 그 아들을 살릴
수 있는 처방을 알면서도 그 아들을
버렸듯이,
29 내가 너희를 바로 세우기 위하여 이
세상에 하나의 의인이요, 똑바른 백성
을 만들기 위하여 내 모두를 다 버리
고 내 모두를 던진다는 것을 너희는
알아야 할 것이니,
30 나 여호와의 뜻을 안다면 오늘의 어렵
고 힘듦에 너희가 흔들리는 마음을
가져서는 아니 될 것이니라.
31 내가 너희에게 어렵고 힘들어도 흔들
리지 말라 하는 것은 내가 공의의 하
나님으로서 너희에게 할 수 없는 이야
기이나,
32 너희를 흔들리지 말라고 가르침으로

인해서 너희가 그 길을 갈 수 있어 만 백성을 구하는 전사로서 역사하는 것이 너희가 큰 업적이요, 나 여호와의 뜻을 역사하기에 내가 너희에게 다시 한 번 강조의 의미를 전함을 너희는 알아야 할 것이니라.

6,652 번째 하나님 말씀

2003년 7월 8일 21시 44분

1 사랑하는 나의 아들아!
2 "네, 아버님! 말씀하옵소서."
3 너희가 한 가정이라는 것이 존재함이니라.
4 너희가 부모가 있으며 또한 그 자식이 있음이니,
5 너희는 이 세상에 한 가정을 이끌어 나가면서 부모는 부모가 할 일이요, 자식은 자식이 할 일이요, 너희는 그것이 구분되어 있다 생각하는가?
6 부모는 자식이요, 그 가정사에 열 가지서부터 백 가지의 그 모두를 다 관장하며 참여하게 되어 있으며 그를 또한 다스려 나가는 것이 가장이 하는 것이 아니던가?
7 작은 인간의 가정의 한 역사의 흐르는 삶도 그와 같은 형국으로써 너희는 이루어져 가느니라.
8 다스리는 자가 있으며 이끄는 자가 있지 않던가?
9 그러니 이 세상의 그 모든 것을 역사하는 것을 너희는 어찌 보는가?
10 이 세상의 모든 것은 나 여호와가 관장하며 나의 주관하에 이루어진다 하였음이니, 나의 계획이 아닌 것이 없다 하였음이니라.
11 그러니 하나의 생명이 태어나는 것, 또 죽어 가는 것, 그 신비한 모든 것이 다 나의 계획이요, 나의 뜻에 따라 이루어진다 내가 그리하지 아니하였던가?
12 그러니 너희가 하늘에 오르는 길이요, 역사하는 것이요, 나 여호와가 이루고자 하는 그것을 안다면,
13 너희는 하나하나 그 사건이요, 벌어지는 일마다 그를 나와 분리해서 생각해서는 아니 됨을 알아야 할 것이니라.
14 모두는 다 내가 이루고자 하는 그 역사 안에 그들이 다 존속되며 그들이 살고 죽는 그와 같은 변화까지도 이루어진다는 것을 알아야 할 것이니라.
15 이 세상에 내가 존재하도록 만든 것은 무슨 이유인지 알겠는가?
16 내가 천 년에 걸쳐 하늘에 사는 천사들처럼 지상에 사는 백성을 그와 같은 세상을 이루고자 하는 것이 나의 뜻이니,
17 구약의 시대요, 신약의 시대요, 그 모든 세월이 흘러온 것은 내가 천 년 후에 이 지상을 하늘의 낙원같이 이루는 그를 위하여 모두가 존재하였으며 존속했다는 그와 같은 의미를 너희는 알아야 할 것이니라.
18 모두는 너희가 분리하며 구분해서 이루어져서는 아니 될 것이니라.
19 너희가 살아가는 모든 집단이요, 또 언어와 풍습이요, 그 모두가 다 다르며 생활 방식이 다른 것, 그 모두 다 내가 이 지상을 하늘의 낙원처럼 이루는 그것을 위하여 너희가 다 필요하

였으며 그 자리를 지키고 존재하였다
는 것을 알아야 할 것이니,
20 그 속에서 이루어지는 것, 그 속에서
역사하는 것을 작고 큰 것을 구분하고
세분화하여 그를 가지고 시시비비하
는 그와 같은 어리석은 삶을 살아서는
아니 됨을 알아야 할 것이니라.
21 모두는 물이 흐르듯이 중단함이 없이
그저 계속 흘러서 한 줄기로서 모두가
역사함이니라.
22 그러니 피부색이 다른 백성이요, 또
언어가 다른 백성이요, 생활 습관이
다른 특성이요, 또 기후가 춥고 더운
곳이요, 또 사계절이 있는 곳이요, 이
와 같은 모든 역사는 내가 천 년에 걸
쳐 이 지상에서 하늘의 낙원을 이루기
위하여 모두가 존재하며, 모두가 다
그와 같은 역할을 분담하여 나의 주관
하에 역사하여 흘러왔다는 것을 너희
는 알아야 할 것이니라.
23 내가 마지막 시대요, 심판의 시대라는
것이 무엇인 줄 알겠는가?
24 이제 너희가 하늘에 오르는 그 진리
의 길을 각자 책으로써 글로써 읽어
깨우칠 수 있도록 내가 160권의 기초
요, 기본인 이 법전을 세상에 내려보
내니,
25 이와 같이 너희가 하늘에 오르는 길
을 각자가 깨우쳐서 역사할 수 있는
것이 세상에 어디에 내려와 있으며 어
디에 존재하는가 너희는 봐야 할 것
이니라.
26 오늘의 나의 법전이 세상에 내려와 지
금부터 천 년에 걸쳐 내가 새로운 시
대를 열어 가는 그 모두를 위하여 모
두가 존재한다는 것을 알아야 할 것이
니라.
27 풀 한 포기요, 날짐승이요, 미물까지
모두가 다 그들은 오늘을 위하여 존재
하며, 오늘을 위하여 그와 같이 역사
하며,
28 미래의 천 년 후에 너희가 지상에 낙
원을 이루는 그를 위하여 모두가 존재
한다는 것,
29 그리하여 너희는 끊어지고 단절되는
것이 아니요, 하나의 물줄기처럼 모두
가 같이 흐르고 역사한다는 그와 같은
틀에서 봐야 함을 알아야 할 것이니
라.
30 모든 동식물이 태어남이요, 너희 인간
이 태어남이요, 또한 너희가 무엇을
역사하는 그 모두를 그것으로써 끝나
고 단절되는 그와 같은 시각으로써 세
상을 보면 정녕 하늘의 이치와 하늘의
뜻을 모름이니라.
31 너희는 모두가 하나의 끈으로서 한 줄
기로서 이루어진다는 것, 모든 종교
집단이요, 지도자요, 구원을 받아 하
늘에 오른다 말하는 그 백성 너희가
다 한 줄기로서 역사하는 존재라는 것
이니,
32 너희가 미미한 하나의 그 위치를 맞추
며 그 자리를 지키며 그 자리에 역사
하며 나로부터 명해 준 그 시간이요,
그 순간까지 존재하다 죽어 감이니,
33 그리하여 너희가 죽는다 해서 너희
자리가 비는 것이 아니라, 다음 사람
이 또한 너희의 대를 이어 그 역사를
하며 너희가 하지 못한 일을 같이 해
나가며,

34 이와 같이 톱니가 물려 가듯 정확하게
그와 같은 역사를 하는 것이니,
35 너희 스스로 모두가 중단되며 끝난다
생각하지 말라.
36 너희가 어떻게 아름답게 살며 어떠한
역사를 이루고 살다가 다음 사람에게
배턴을 넘겨주느냐에 따라서 너희는
그 심판을 받는 것이니라.
37 너희가 악한 마음으로써 살다 후임자
에게 악한 것을 가르쳐 주면 그는 계
속 악한 씨를 낳게 될 것이며, 너희가
선한 자로 변화되어 배턴을 넘겨주면
그는 선한 자로서 이 세상을 살아감이
니,
38 너희가 어떠한 배턴을 어떠한 후임자
에게 넘겨주고 왔느냐 하는 것을 모르
나, 그를 받는 자가 있으며 또 넘겨주
는 자가 있다는 것을 너희는 알아야
할 것이니라.
39 그리하여 너희가 어찌 넘겨주고 나에
게 왔느냐 하는 것이 곧 심판의 기준
이라는 것을 잊지 말라.

6,653 번째 하나님 말씀

2003년 7월 8일 21시 55분

1 사랑하는 나의 아들아!
2 **"네, 아버님! 말씀하옵소서."**
3 나의 피조물 만백성 너희의 육신이
존재하는 삶에서 얼마나 선하고 아름
다운 삶을 살았느냐에 따라서 그 삶의
표준에 의하여 너희는 다시 태어나는
그와 같은 영광을 얻음이라 내가 그리
말하지 아니하였던가?
4 너희가 영혼으로서 다시 태어나는 것
이야말로 구원의 길이요, 너희가 가장
소원하는 것이요, 그리고 바라는 것이
아니던가?
5 그것이 바로 나의 나라에 올 수 있는
구원을 받음이라는 것이니라.
6 그러나 지금 모든 종교 집단이요, 모
든 종교 지도자가 너희를 잘못 가르
치고 있으며 그들이 나의 뜻을 알지
못하고 있음이니라.
7 그들이 너희를 가르치기를 뭐라 말하
는가?
8 그들이 선한 일에 대한 해석과 가르침
이 잘못되었으며 정녕 나의 뜻과는 전
혀 관계없는 것으로써 그리 설법하며
너희를 가르치고 지금 가고 있음이니
라.
9 그들은 말하지 않더냐?
10 너희가 인간 세상에서 살아가면서 사
람에게 보이는 선한 일은 아무것도 아
니라 그리 가르치며,
11 사람들에게 칭찬을 받는 선한 일이라
는 것은 아무것도 아니며, 그는 나로
부터 구원의 길에 도움이 되지 아니한
다고 그리 가르치고 해석함이니라.
12 이 세상에 살아가면서 너희가 인간에
게 보이는 선함이요, 인간 세상의 삶
이요, 이웃의 백성에게 칭찬을 받는
그것이 근본이요, 기본이라 나 여호와
는 그리 가르치건만, 어찌하여 나의
뜻을 가르친다는 나로부터 선택됐다
는 그 지도자들은 그것을 정면으로 거
역하는가, 그리고 그를 그들은 부정하
는가?
13 그들이 그를 거역하고 부정함으로써
이 세상에 지금 이와 같이 험악한 시

대가 되었음을 알아야 할 것이니라.
14 너희가 선하고 아름답게 산다는 것이
무엇이던가?
15 사람에게 칭찬을 받으며, 남들이 볼
때 선한 일로써 행하는 것을 보이는
것이 이 지상의 육이 존재하는 사회가
평화로우며 정의로우며 행복한 세상
이 되지 않겠는가?
16 그러나 이 세상이 험악해지며 지금과
같이 사악한 시대요, 마지막 시대라고
말할 수 있는 것은 어찌하여 그리되어
가는가?
17 너희가 사람이 보는 선함을 하지 못하
며 사람에게 칭찬을 받는 선한 행위를
하지 아니하였기 때문에 이와 같이
험악한 세상이 되었음이니라.
18 그것을 하나 보더라도 과연 어떠한 것
이 나 여호와의 뜻이며 하늘에 와 구
원을 받으며 나로부터 칭찬을 받는 것
인가, 이를 너희 스스로 생각해 봐야
할 것이니라.
19 이 세상에 너희가 존재하는 속에서
인간으로부터 이웃으로부터 칭찬을
받으며 인간으로부터 선한 일을 했다
는 그와 같은 선한 인식을 할 수 있는
삶이 바로 이 세상을 정화하는 것이
며, 이 세상을 하늘과 같이 아름다운
지상의 낙원으로 이루는 근본이고 기
본임이니라.
20 너희가 '하늘에서 이루어지는 것같이
이 땅에서 이루어 주옵소서.' 하고 수
없이 기도하고 경배함이니,
21 너희가 인간 세상에서 인간이 보는 선
한 일이요, 아름다운 삶을 살지 아니
하고 어찌 하늘에서 이루어진 것같이
이 지상의 낙원이 과연 이루어질 수
있다고 생각하는가?
22 그는 정녕 이루어질 수 없는 것이며,
너희가 말로써 나에게 부르짖는 자이
니라.
23 말로써 지상의 낙원을 이루어 달라며,
그 지상의 낙원을 이루어야 할 백성
너희의 그 근본이 무엇이던가?
24 너희는 남들로부터 이웃으로부터 칭
찬을 받으며, 인간이 보아서 선한 일
을 하며, 너희의 선한 것을 보고 인간
이 감명을 받으며 그를 보고 배우며,
그리하여 스스로 깨우칠 수 있는 이와
같은 너희가 변화되는 삶을 사는 것
이 하늘의 낙원이 지상에서 이루는 기
초요, 근본이니라.
25 그것을 벗어나고서 하늘에서 이루어
진 것같이 이 땅에서 이루어질 수 없
다는 것은 세 살 먹은 어린아이도 그
를 알 것이니라.
26 그러나 종교 지도자들은 나의 사랑하
는 피조물 만백성을 어찌 가르치는가?
27 너희의 해석과 가르침은 너무나도 나
의 뜻과는 반대의 길을 가고 있느니라.
28 사람이 보아서 선한 일을 하는 그것으
로써는 너희가 나에게 구원을 받지 못
하며,
29 나 여호와를 믿으며 나의 아들 예수를
구세주라 부르며 찾으며 나 여호와가
즐겨 할 수 있는 일만 하는 것이 너희
가 구원을 받는 것이요, 그것만이 선
한 일의 근본이라 너희가 가르침이니,
30 이것이 바로 너희가 오늘과 같이 험
악한 세상을 만든 근본이니라.
31 부모를 공경하는 자는 그 공경하는 마

음의 심성이 작은 것에서 역사하는
것이니, 그것이 무엇이라 말하였더냐?
32 저를 낳아 주고 길러 준 부모를 공경
하는 마음이야말로 그 마음이 기초가
되어 나 여호와를 공경하며 내가 세상
에 생명을 내려 주었으며 나 여호와로
부터 받은 은혜에 감사할 수 있는 마
음의 기초가 되어,
33 너희가 그와 같은 마음이 싹이 터 하
늘의 나 여호와를 믿으며 나 여호와에
게 감사하는 마음을 갖게 된다고 일찍
이 나의 법전에 기록하여 몇 번인가
너희에게 이리 강조하고 가르쳤건만,
34 이를 어찌하여 지금의 너를 따르는 제
자들이요, 그리고 모든 종교 집단이
요, 지도자들은 그 간단한 이치 하나
도 모른단 말이던가?
35 인간이 인간에게 보이는 것으로 선한
그 작은 행함이 나 여호와를 가장 기
쁘게 하는 너희의 삶이라는 것을 잊
어서는 아니 될 것이니라.
36 인간이 보아서 기뻐하고 인간이 칭송
할 수 있는 그 작은 선함의 행함이 모
두의 기초라는 것을 너희는 가르쳐야
할 것이며, 너희는 또한 그를 잊어서
는 아니 될 것이니라.
37 인간이 보아 선한 일을 가지고 너희가
심판을 받는다는 것을 명심하고 또 명
심해야 할 것이니라.
38 인간이 하는 선함으로써 심판을 받지
아니하며, 너희가 마음이나 말로써 나
의 아들 예수를 구세주라 찾으며 나를
부르는 것으로써 그 영광과 은혜로써
너희가 구원을 받는 것이요,
39 인간이 행하는 것으로써, 인간에게 칭
송을 받는 것으로써는 구원을 받지 못
한다 함이니,
40 그리하여 너희가 그 가르침으로 이
지상이 이와 같이 험악해졌으며 이
세상이 마지막 종말이라는 그와 같은
말을 할 수 있는 시대가 되어 있음이
니라.
41 내가 사랑하는 백성에게 인간이 인간
으로부터 칭찬을 받으며 인간으로부
터 선하게 보일 수 있는 그와 같은 삶
을 사는 것이 하늘에 오르는 길이요,
나 여호와에게 올 수 있는 길이요, 나
여호와가 바라는 기초의 너희 삶이며
그것이 구원을 받는 근본이라 그들이
그리 가르쳤다면, 오늘과 같은 삭막한
세상은 되지 아니하였으며,
42 도둑이 들끓으며, 살인자가 들끓으며,
자식이 부모를 죽이며, 자식이 부모를
능멸하며,
43 또한 자식이 부모의 은혜요, 감사함을
생각하기 전에 재물로써 저희 부모까
지 계산하는 그와 같은 사악한 시대를
만든 것이, 그 모두의 기초요, 장본인
은 지금의 종교 집단이요, 지도자요,
44 그곳에서 말로써 구원을 받았다 말하
는 자, 그들이 원흉임을 알아야 할 것
이니 그리 알라.
45 이를 만백성에게 기록하여 전하도록
그리하라.

6,654 번째 하나님 말씀

2003년 7월 8일 22시 05분

1 사랑하는 나의 아들아!
2 **"네, 아버님! 말씀하옵소서."**

3 너희가 살아가면서 선과 악의 갈림길
에서 수없는 마음의 결정을 하는 고뇌
를 맞이하면서 살아가는 것이니라.
4 그리하여 그 고뇌의 순간에 너희가 어
떤 것을 선택하느냐에 따라서 너희의
그 운명이 결정된다 내가 그리 너희에
게 가르쳐 주었음이니라.
5 너희가 그때마다 어떠한 길을 선택하
느냐 그것이야말로 너희가 나에게 오
는 길이요, 영원히 너희가 다시 나올
수 없는 지옥의 길에 가는 길이니,
6 선택을 하는 그 용기가 필요하다고 내
가 너희에게 가르쳤음이니라.
7 선을 선택하는 그 용기야말로 구원의
길이요, 너희가 선을 선택하는 용기를
저버리며 악을 선택하는 길을 가는 것
은 너희가 지옥이라는 한 번 가면 영
원히 나올 수 없는 곳을 가는 것이라
는 것을 명심하라 내가 그리 말하였
음이니, 이를 믿고 두려워하는 백성이
과연 얼마나 있는가?
8 너희는 그 모두를 잊으며 살아가는 것
이니라.
9 오늘 같이했던 친구가 내일에 죽음으
로 역할을 다하며, 너희는 그를 잊고
자 하여 너희와 관계없다는 생각을
하며, 그를 모르며 그와 같은 일을 당
한다는 것을 잊고 살아가는 것이니,
얼마나 너희가 불쌍한 백성인가?
10 너희는 뒤돌아서서 잊어버리는 지능
이 낮은 동물이요, 그 짐승들을 보고
비웃음이니라.
11 덫에 걸린 짐승이 그곳에 와 또 걸리
는 그와 같은 어리석음을 보고 너희는
그를 비웃을 것이나, 또한 내가 보는
너희는 그와 같이 불쌍한 백성이 수
없이 있음을 알아야 할 것이니라.
12 너희가 육의 삶에 있어서는 그와 같은
갈림길에서 어떠한 길을 선택하느냐
하는 것이 얼마나 중요한 것인가를 잊
어서는 아니 될 것이니라.
13 세상사 자신의 욕심을 버리지 못하고
사는 것을 내가 무엇이라 가르쳤는가?
14 욕심이라는 것은 너희가 사악한 자로
부터 받아 놓은 죄의 근본의 뿌리이니,
15 너희가 욕심을 버리지 못하고 사는 것
은 배를 채우면 만족하며, 그리고 한
때의 먹이를 채움으로써 만족해하는
그와 같은 짐승과 다름없는 삶을 사는
자라 내가 그리 말하였음이니라.
16 그러한 삶을 살다 가는 자는 무엇이
이 세상에 남아 있으며 무엇을 이루고
갔다 너희가 말하는가?
17 나로부터 소중한 생명을 받아 이 세상
에 살아가는 것은 똑같이 살아가나,
18 욕심을 버리지 못하고 살아가는 백성
은 아무것도 이루어 놓은 것이 없으며
남겨 놓은 것이 없음이니라.
19 또한, 너희가 나에게 와 심판을 받을
때 그 자격마저도 상실한 자가 된다는
것을 잊어서는 아니 될 것이니라.
20 그러니 그와 같이 짐승과 같은 마음으
로 사는 자는 영원히 나올 수 없는 지
옥으로 간다는 것을, 내가 이를 다시
한 번 나의 아들을 통하여 너희에게
간곡히 전함이니, 이 두려움과 무서움
을 너희는 알아야 할 것이니라.
21 너희도 머지않아 죽음이라는 것을 피
하지 못하며 넘지 못한다는 엄연한 사
실을 너희 눈으로 보는 것을 알라.

22 나 여호와가 너희를 언제 부름으로써 앞에 간 사람처럼, 너희와 같이 존재하던 사람이 어느 날 갑자기 나에게 부름을 받는 것처럼 너희도 그와 같은 부름을 받을 수 있다 내가 그리 말하거늘,

23 너희는 이것까지도 믿지 아니하며 너희와는 관계없는 것이며, 모두 어찌할 수 없는 그때 그와 같이 부름을 받을 것이라는 것을 너희 자신도 모르고 살아가는 것이니, 얼마나 어리석고 불쌍한 백성인 줄 알겠는가?

24 너희는 부름을 받을 때를 모름이니라.

25 너희가 세상에 나오는 때를 모르며 너희가 나오게 된 그 뜻을 모르듯이,

26 내가 너희를 부를 때 왜 부르는 것인가를 모르며 언제 부를 것인가를 모르고 사는 것이 너희이니, 얼마나 너희가 불행한 백성인지를 알겠는가?

27 그를 대비하는 삶을 사는 자가 현명한 백성이라는 것을 잊지 말라.

28 너희는 항상 나 여호와가 존재함을 믿으며, 십계명과 율법과 지금 내가 나의 아들을 통하여 내리는 법전이라는 새로 내리는 성경의 뜻대로 살아가면서 그와 같이 깨닫고 살아가고자 노력하는 그 백성은 나에게 죽어 와 그 사후의 세계에서 그 구원의 다시 태어나는 영광을 얻을 것이며,

29 그 영광이 어떠한 것과도 바꿀 수 없는 위대한 축복이라는 것을 잊어서는 아니 될 것이니라.

30 그러니 사후에 죄의 죽음에 대비하는 삶을 사는 것이 가장 값진 것이며 가장 고귀한 것이며 가장 보람된 삶이라는 것을 너의 제자들에게 일깨워 주어야 할 것이며,

31 나의 법전을 읽고 깨우친 백성 너희는 이 대목을 읽어 이를 가슴 깊이 심어두어야 함을 잊지 말라.

32 너희가 나에게 와서 심판을 받을 때, 나의 계명대로 사는 것이 얼마나 값지고 얼마나 귀중하며 얼마나 보배스러운 것인가를 심판대에 섰을 때 알게 될 것이며,

33 이를 저버리고 사는 백성은 심판을 받을 때 얼마나 너희가 잘못 살았는가를 그때 깨우치게 될 것이니라.

34 짐승과 같이 욕심에 살다가 죽으면 너희는 죽음의 고통이요, 그리고 영원히 나올 수 없는 지옥의 길로 가는 자요,

35 너희가 나의 법전대로 살며 지키기 어렵다는 그 십계명대로 사는 자는 죽음을 대비하는 것이며,

36 찬란하고 영광된 다음 세상에 다시 태어나는 그 삶의 기초를 다지는 자요, 그 영광을 반드시 누린다는 것을 잊지 말라.

37 이 무섭고 엄연한 사실 앞에 너희는 어떠한 삶을 선택하겠는가?

38 그 모두는 다 각자 너희 몫임을 알아야 할 것이니라.

39 내가 나의 아들을 통하여 너희에게 다시 전하느니라.

40 너희는 역사에 기록되어 있는 것이요, 성서에 기록되어 있는 것이요, 흘러나오는 그 조상이 겪었던 그 모두를 위대하다 생각하면서,

41 지금 나의 법전을 읽지 않는 자는 구원을 받을 수 없으며 정독하지 않는

자는 구원을 받을 수 없으며 나의 법
전을 읽어 그대로 행하는 자만이 나에
게 올 수 있다는 그 가르침을 흘러가
는 말소리같이 듣고,
42 그저 흘러가는 바람결에 지나가다 메
아리가 들리는 것처럼 그저 그리 듣고
넘어감이니, 이를 너희는 명심해야 할
것이니라.
43 이게 정답이며 이게 나 여호와의 뜻이
니라.
44 노아의 방주의 역사요, 모세의 역사
요, 나의 아들 예수의 역사 그 모두는
위대한 것이며 그는 너희의 생명을
바쳐 지켜야 한다 말하며 그리 따라가
야 한다 말하며 그대로 행하는 자만이
구원을 받는다고 그리 말하는 자들이
그는 믿으면서,
45 지금 나의 아들을 통하여 내리는 심판
의 기본이요, 근본인 나의 법전을 정
독하지 아니하는 자는 정녕 구원의 길
의 빛을 볼 수 없으며, 그대로 행하지
아니하는 자는 구원을 받을 수 없다는
이 무서운 나 여호와의 명령이요, 나
의 뜻을 어찌 너희가 그리 소홀히 생
각하는가?
46 이를 너희는 깊이 받아들여야 할 것
이니라.
47 이를 받아들이기 어려우며 너희를 사
탄이요, 이단이라 하거든, 이 책을 기
록한 자, 이 법전을 만든 그 제자들에
게 와서 물어보라.
48 십계명을 암송하지 아니한 것이 없으
며, 그들 뜻대로 기록한 것이 아니요,
49 오직 나 여호와의 뜻에 따라 내가 내
리는 것, 내가 명하는 것, 듣는 것만을
그대로 기록하여 만들었다는 것을,
50 그들의 생각을 기록하여 만든 사실이
없다는 것을,
51 그리고 그 대목에 너희가 사악하고
악하게 살라는 대목이 있다면 그때 너
희가 나의 법전을 덮으며 그를 나의
아들 앞에 던지고 침을 뱉고 간다 해
도 내가 너희를 탓하지 아니할 것이
니라.
52 그와 같은 대목이 없다면 이는 나 여
호와의 뜻이라는 것을 알아야 할 것이
니라.
53 너희에게 선하게 살고 아름답게 살라
함을, 그를 듣지 아니함이니, 이것이
얼마나 어리석은 백성이냐?
54 배만 부르면 모두가 다 만족하는 것이
요, 저희가 단시간 내에, 한 시간 후
에, 또 몇 시간 후에 죽어 가는 것도
모르는 어리석은 짐승만도 못한 것이
너희가 아니던가?
55 너희를 바로 세우고 바로 가르치는 것
이 무엇이냐?
56 어렸을 때부터 스승으로부터 배우는
도덕적인 삶의 가르침 또한 기록된 책
의 내용을 따라서 그 책의 내용을 보
고 너희가 변화되며 아름다운 삶을 살
며 인간다운 삶을 살아가는 것이 아니
더냐?
57 너희가 도덕책이라는 것을 보고 배우
는 것처럼 나의 법전은 나의 피조물
만백성 너희를 가르치기 위한 도덕책
과 같은 위대한 나의 성령이 기록되었
음을 잊지 말라.

6,655 번째 하나님 말씀

2003년 7월 8일 22시 18분

1 사랑하는 나의 아들아!
2 "네, 아버님! 말씀하옵소서."
3 내가 너에게 명하여 이르기를, '너는
나로부터 선택된 자이니라.
4 내가 지금부터 너에게 명하는 것을 모
두 기록하여 책으로 만들어 만백성에
게 전하라.' 그리 명하여 네가 나의 법
전을 만들기 시작하였음이니,
5 그때는 네가 나의 뜻을 알지 못했으며
내가 내리는 그 성령의 의미도 네가
알지 못했으며, 그를 이해도 못 하던
네가, 그저 내가 내리는 대로 백지 위
에 그 모두를 그리듯이 기록하여 이
와 같이 법전을 만들었음이니라.
6 그러니 그때는 네가 어떠한 마음이었
던가?
7 네가 쓰던 연필을 꺾어 버리고 밖으로
뛰쳐나가 모두를 다 울부짖으며, 과연
네가 무엇이기에 이 길을 가야 하는
것인가 하여 나에게 소리 지르며 나
에게 항거하며, 그와 같이 너 자신을
다스리지 못하던 네가 아니었던가?
8 그와 같이 자신을 다스리지 못하며 내
가 명하는 그 모두를 받아 기록하지
아니하며, 연필을 꺾고 도망가고자 하
는, 그와 같은 너의 불같은 성격을 다
스리지 못하던 네가 지금 나의 법전이
80권을 넘어 90권에 임박하는 지금의
너는 어떻게 변했던가?
9 이 모두는 나 여호와의 뜻이라 하여
네가 앉아 있기를 기뻐하며, 나로부터
기도요, 성령을 내리는 것을 받는 것
을 영광으로 생각하며,
10 지금 160권이라는 대법전을 만들어
만백성을 구하겠다는 그 일념으로 오
늘 네가 이 방을 지키고 있으며 너 자
신을 다스려 나감이니, 그것이 네가
그와 같이 변한 것이 아니던가?
11 이제 너는 2단계에서 3단계로 또한
넘어가야 할 것이니라.
12 네가 3단계로써 넘어가는 것은 무엇
인 줄 알겠는가?
13 내가 너에게 명해 내린 나의 법전 그
대로 행하고 실천하는 것이니라.
14 그와 같이 모두를 이제 실천할 때가
시작되었음이니, 그게 바로 네가 겪어
야 할 3단계이니라.
15 너는 나의 법전대로 살 수 없으며 지
킬 수 없다고 그리 말하나, 네가 처음
에 나의 성령을 받아 기록할 때 연필
을 꺾고 단 몇 분도 앉아 있지 못하던
너의 그 불같은 성격이,
16 이제는 하루인들 이틀인들 네가 나의
성전이요, 이방을 지켜 가면서 내가
내리는 그 성령을 받아 책으로 만드는
것을 기쁨으로 생각하며 영광으로 생
각하는 너 자신으로 변하지 아니하였
던가?
17 이제 네 변한 모습을 너의 제자들은
알 것이며 너 또한 들여다보도록 그리
하라.
18 네가 2단계를 잘 넘겨 왔음이니라.
19 그러니 이제 네가 3단계로 돌입하는
단계임을 알라.
20 너는 지금부터 내가 내린 법전에 기록
되어 있는 그 내용대로 모두를 실천하
고 사는 3단계를 시작하라.

21 그것을 너는 할 수 없다고 생각하며
또 이룰 수 없다고 생각하나, 너는 3
단계를 넘어야 할 것이며 그리 넘을
수 있음이니라.
22 처음에 연필을 꺾으며 네가 나에게
항거하며, 네가 죽음으로써 그저 이
길을 가고 싶어 하지 않던 고통스러운
그 마음을 너 스스로 달래지 아니하
였던가?
23 그리하여 네가 양순한 지금의 나의 아
들로서 만백성을 위해 네가 가고자 하
는 그 마음을 다스리는 그 변화와 2단
계를 무사히 잘 넘겼음이니라.
24 길들지 않은 그 명마를 길들이고 또
길들여, 그가 사람을 위해 쓰이며 사
람이 필요로 하는 대로 길들이는 것
보다도 더 어렵고 힘든 그 길을 너는
2단계를 잘 넘었음이니라, 사랑하는
나의 아들아!
25 이제는 3단계를 네가 넘어야 할 것이
니라.
26 이 3단계는 나의 법전에 기록된 그대
로 네가 사는 것이니, 그리고 네가 이
3단계를 무난히 넘었을 때는 무엇이
던가?
27 내가 이루고자 하는 모든 역사요, 내
가 지상에 이루는 그 뜻이요, 네가 나
를 대신하여 기적의 역사를 이룰 것이
며, 만백성을 구할 것이며, 네가 그와
같은 인도자로서 바로 설 것이니,
28 그것이 네가 마지막 4단계에 임하는
길임을 알라.
29 네가 이 4단계로써 구분되어 있는 그
모든 역사를 이루어야 함이니, 네가
지금 2단계를 잘 넘기고 있음이니라.
30 그리하여 너는 이제 3단계로 돌입한
다는 것을 잊지 말며, 이를 명심하여
살라.
31 너는 1,2단계를 잘 넘겼느니라.
32 그리하여 네가 이 3단계를 잘 넘겼을
때 4단계의 그 역사는 네가 나를 대신
하여 모두를 역사하며, 너희가 말하는
삼위일체라 그리 말할 정도로 네가 변
화될 것이며 네가 역사를 이루게 될
것이니라.
33 그러니 네가 이제부터 3단계에 돌입
하여 그 대명을 수행하며, 쓰러지지
말며, 네가 3단계를 또한 2단계를 넘
듯이 잘 넘는 나의 아들로서 바로 설
것을 나는 알고 있음이니,
34 그리 넘어야 할 것이니 이제 3단계의
훈련에 돌입하도록 그리하라.
35 3단계의 훈련은 나의 법전에 기록된
그 내용대로 하나도 네가 헛됨이 없으
며 그를 버리는 것이 없으며 지키지
아니하는 것이 없이 그대로 지키도록
하는 것이니라.
36 그대로 지키고자 하면 네가 3단계를
넘을 수 있으며 너는 넘을 수 있느니
라.
37 나는 너를 알고 있으며, 너는 나의 아
들이니라.
38 그리하여 네가 4단계의 영광을 너의
제자들과 너를 따르는 만백성이요, 그
를 내가 상으로써 내려야 하지 않겠는
가?
39 내가 너를 통하여 그 모든 자들에게
상과 은혜를 내릴 것이며, 내가 직접
내리는 일은 없을 것이니 그리 알라.
40 그리하여 그들은 삼위일체요, 너를 또

한 나를 대신하는 나의 아들이라 그리
할 것이며, 네가 내리는 모든 명령은
나의 뜻이라는 것을 알고 그때 그들은
진심으로 목숨을 다하여 따를 것이며
지킬 것이니라.
41 너는 오늘 3단계의 훈련에 돌입했음
을 잊지 말라, 사랑하는 나의 아들아!

6,656 번째 하나님 말씀

2003년 7월 8일 22시 37분

1 사랑하는 나의 아들아!
2 **"네, 아버님! 말씀하옵소서."**
3 나의 선택된 백성 너희는 무엇보다도
기초를 알고 가야 하는 것이 삶의 근
본이니라.
4 너희는 과연 어디서 누구로부터 이
세상에 태어나 존재하는 것인가?
5 그리고 너희는 또한 어디로 가는 것
인가, 누구를 위해 가는 것인가?
6 너희는 이것을 아는 삶을 살아야 할
것이니라.
7 그리하면 그다음의 단계는 너희는 무
엇을 또 깨우쳐야 하겠는가?
8 너희는 이 세상에 존재하고 살아감이
니, 너희가 해야 할 일이 무엇이며 너
희가 역사할 것이 무엇인가를, 또한
너 스스로 살아가면서 해야 할 것이
무엇인가를 정확히 알고 살아가는 그
와 같은 삶을 사는 백성이 현명한 백
성임을 너희는 알아야 할 것이며,
9 이를 확실히 아는 삶을 살아야 할 것
이니라.
10 지금 너희는 나의 뜻에 의해 세상에
왔으며, 너희가 또한 떠날 때도 나의
뜻에 의해 이루어짐을 과연 알고 있는
가?
11 이 이치부터 너희가 먼저 깨우쳐야 하
며 이를 믿고 살아가야 하는 백성이
되어야 함을 잊지 말라.
12 지금 나 여호와의 가장 가슴 아픈 삶
이요, 나 여호와의 가슴이 가장 슬픈
것이 무엇인 줄 너희는 알겠는가?
13 수천 년 동안 흘러오는 종교 집단이
요, 지도자요, 나의 사랑하는 모든 백
성을 하늘로 인도한다는 지도자라는
그들이,
14 제가 해야 할 일이 무엇이며 제가 무
엇을 해야 하며 제가 어떻게 살아야
하는지 그 자체를 모르면서 나의 사랑
하는 백성 너희를 지옥과 천국이요,
그리고 나의 뜻에 따라 하늘에 오를
수 있는 길을 인도한다는 그들이 지금
어떠한 역사를 하고 있는가?
15 그들이 나에게 오르는 백성의 길을 인
도하는 것이 아니요, 나의 사랑하는
백성을 지옥으로 인도하는 그와 같은
역사를 하고 있음이니,
16 이를 보는 나 여호와의 가슴이 가장
슬픔이니라.
17 모든 나의 백성을 하늘로 인도한다는
그들이 나에게 오르는 길을 인도하는
것이 아니요, 그들이 앞에 서서 '나를
따르라!' 외치면서 지옥으로 그 백성
을 이끌어 감이니라.
18 너희는 보지 않느냐?
19 여행지를 안내하는 자가 깃발을 든 걸
보고 따라가는 것처럼, 너희가 이것저
것 물을 것도 없이 그저 나에게 오른
다 하여, 나의 피조물 만백성은 나에

게 오르며 저희가 구원을 받으며 새
로운 생명으로 태어나는 길인 줄 알고
그 깃발을 따라감이니,
20 그 깃발이 지옥으로 인도하는 길이니
그 길을 가는 것을 보는 나 여호와의
가슴이 얼마나 찢어지게 아픈가를 너
희는 알겠는가?
21 이를 내가 너희에게 바로잡으라 함이
니, 이것이 곧 나의 뜻이며 내가 역사
하고자 한다는 것을 잊어서는 아니 될
것이니라.
22 저 자신의 문제 하나도 알지 못하며
저 자신의 문제도 해결하지 못하는 그
들이 우리 부자의 이름을 팔아먹고 살
고 있기 때문이니라.
23 그리하여 이 세상이 이와 같이 험악
해졌으며, 너희가 말하는 도둑이 들끓
으며 종말의 시대가 왔다는 것을 너희
스스로 그리 말하는 오늘의 형국이 이
루어졌음이니, 그 모두는 그들의 몫이
니라.
24 인간이 만든 각종 종파요, 각종 종파
의 교리에 따라서 너희는 그걸로 지
금 가르치고 너희가 나의 피조물 만
백성을 인도한다고 지금 그들을 끌고
감이니,
25 그러면서 너희는 나의 뜻과는 아무런
관계도 없는 그 길을 가면서 나에게
올 수 있는 천국이요, 나로부터 벌을
받아 그 대가를 치르는 지옥이라는 곳
을, 천국과 지옥을 대놓고 운운하면서
천국으로 인도하는 길이라 그리 말하
고 있음이니,
26 이를 보는 나의 마음이 과연 어떠하겠
는가?
27 천국과 지옥을 저 자신이 어찌 가는
지도 모르며 어찌 이루어지는지 그
자체도 모르며 어찌하여 천국과 지옥
의 길인가를 알지 못하면서,
28 그들이 나의 사랑하는 피조물 만백성
을 천국으로 인도한다 하며, 너희가
재물을 바치며 맹종과 맹신으로써 저
희를 따르면 무조건 하늘에 오르는 길
이라 그리 가르침을 지나쳐 강요하며
강제로 끌고 가며 정신을 차리지 못하
도록 하며 혼을 빼놓는 그와 같은 사
악한 방법으로 지금 가고 있음을 너희
는 알아야 할 것이니라.
29 너희는 그리 말하느니라.
30 모든 이단이요, 사이비 종교 집단이라
는 곳에 잘못 들어가면 사람을 병신으
로 만들어 놓으며, 억지로 그들을 나
오지 못하게 하며 바보를 만들어 그들
을 끌고 간다 너희는 그리 말하느니라.
31 그러나 과연 그들이 그와 같이 간다고
만 생각하는가?
32 그보다 더 사악한 것이요, 그 많은 백
성에게 그와 같은 짓을 하고 있는 것
이 지금의 종교 집단이요, 지도자 너
희가 하고 있는 것이라는 것을 모르는
가?
33 공공연히 너희가 하고 있는 짓이기에
그게 죄인 줄을 모르며, 그게 나의 사
랑하는 피조물 만백성을 지옥으로 이
끌어 가는 길인 줄 모르고 있느니라.
34 내가 나의 법전에 기록하고 싶지 않은
말을 여러 번 기록하였느니라.
35 너희가 이루어지는 모든 잘못된 것을
행할 때는 즐거움이요, 로맨스라 그리
말하면서 남이 하는 것은 죄악이요,

추악한 일이라 그리 말함이니, 지금 바로 너희가 그와 같은 자이니라.
36 남들이 종교 집단이요, 진리를 가지고 무엇인가를 깨우치며 가르치는 자를, 그곳에 가면 생명을 잃으며 그곳에 가면 쇠사슬로 발목을 묶어 놓고 감옥 같은 곳에 가둬 놓으며, 나올 수도 없으며 생명을 알기를 그저 파리 목숨만도 못하게 여기는 것이 사이비요, 이단의 집단들이라 그리 말하며 그와 같이 홍보를 하느니라.
37 그러니 내가 보는 것은 바로 너희가 그와 같은 집단임을 알라.
38 남들이 하는 것은 추한 일이나, 너희가 하는 것은 즐거움이요, 행복이요, 인간의 낙이라 말하며 그것은 로맨스라 말하는 자들이 바로 지금의 종교 집단이요, 지도자이니,
39 그 덩어리가 크며 그 집단이 이 세상을 지배하기에 내가 불 칼로써 그들을 다스리며 단죄하고자 하는 것이 나의 법전이 세상에 내려가는 것임을 알라.
40 적반하장의 형태를 하고 사는 것이 지금 너희니, 이를 내가 알고 있음이니라.
41 내가 보는 너희 형국이 그러하니라.
42 그러나 너희는 그렇지 아니하다 말할 것이니라.
43 아니니라.
44 너희 마음속에는 욕심이 가득 차 있으니,
45 너희 마음속에는 나의 사랑하는 마음과 하늘에 오르는 진리를 가르치는 것이 아니요,
46 벌레와 같은 사악한 욕심이 지금 너희 가슴속에 끓고 있으며 부글거리는 그 형국을 나는 알고 있음이니라.
47 또한, 나의 아들이 그와 같은 것을 보고 있음이니라.
48 그러니 너희가 그와 같은 형국이라는 내가 내리는 이 뜻의 무서움을 알라.
49 너희 가슴속에 욕심을 버리지 못함이니, 그 욕심이 한두 가지의 욕심이 아니요, 수천수만 가지의 욕심을 가슴에 안고 있으니,
50 그 하나하나의 욕심이 다 벌레로 보이니 너희 가슴에 얼마나 흉측한 벌레들이 뭉쳐서 지금 움직이고 있는가를 너희는 모르나 나는 알고 있으며 나의 아들 또한 그를 보고 있다는 것을 잊지 말라.

6,657 번째 하나님 말씀

2003년 7월 8일 22시 51분

1 사랑하는 나의 아들아!
2 "네, 아버님! 말씀하옵소서."
3 내가 사랑하는 너를 통하여 이 세상에 160권이라는 그 장서의 법전을 내려 보냄이니라.
4 밤과 낮을 가리지 않고 너를 달구어 내가 이 역사를 이루는 것이 과연 무엇이던가?
5 나 여호와가 무엇을 거둬들이기 위하여, 내가 무엇을 얻고자 하여, 수천 년 동안 흘러오는 종교 집단이요, 지도자들이 그리 악을 쓰고 부르짖는 재물을 하늘의 창고에 많이 쌓아 놓아야만 구원을 받는다는 그것 때문에 내가 무엇인가를 거둬들이기 위하여 이와 같은

역사를 이루는가?
6 160권의 법전을 세상에 팔아 내가 거
둬들이기 위하여 지금 이를 만들고 있
단 말이던가?
7 내가 이를 역사하는 것을 너희는 어
찌 생각하는가?
8 너희는 한번 돌이켜 보아야 할 것이
니라.
9 너희 인간의 머리로써 160권의 대장
서의 법전이라 하여 짧은 시간에 이
책을 만들어 낼 수 있으며, '새로운 성
경'이요, '하나님의 말씀'이라 하여 이
게 나올 수 있다고 생각하는가?
10 창조주 나의 뜻이요, 심판의 기본이
된다는 이 책이 하루 이틀 만에 이루
어지는 것이 아니요,
11 한두 권의 책을 써서 모든 나의 피조
물 만백성을 유혹하며 그들이 지옥과
천국이요, 너희가 말하는 사이비요,
이단이요, 사탄이라 말하는 그와 같은
것을 구분할 수 없도록 한두 권의 책
을 세상에 단기간에 써 낸다는 것은,
그들이 내가 방해하기 전에 그들의 연
필을 꺾기 전에, 그와 같은 역사를 만
들어 낼 수도 있다 하자.
12 한두 권을 만들어 낼 수는 있으나, 그
길고도 긴 세월 동안에 160권의 법전
을 세상에 만들어 낸 것을 나 여호와
가 그리 덮어두며 그대로 놔둔다 생각
하는가?
13 절대 내가 이를 용서할 수 없음을 너
희는 알아야 할 것이니라.
14 너희가 바람결에 지나가는 것처럼 한
두 권의 적은 글을 써서 책으로 만들
어 무엇인가를 역사한다는 것은 있을
수 있을 것이나, 너희가 기억해 보라.
15 구약 시대의 성경이 있으며 신약 시대
의 성경이 있음이니라.
16 너희가 구약의 성경이요, 신약의 성경
을 가지고 하늘에 오르는 길을 바로
왔으며 그것이 구원을 받는 길이라면,
17 너희가 거기에 너희 뜻을 가감하지
아니하며 너희 임의로 고치지 아니하
였으며, 나의 비유의 뜻을 아는 깨끗
한 백성이 있어서 그를 잘 가르쳐 선
별하여 나의 백성을 구원하는 그와
같은 역사를 이루어서 너희가 구원의
길에 오를 수 있다면, 내가 무엇하러
이 160권의 대장서의 법전을 세상에
만들겠는가?
18 내가 이 대장정의 법전을 만드는 그
세월 동안에 나 여호와가 이를 놔두며
이를 덮어 주는 것이, 구약과 신약을
다 덮는 그 역사를 이루는 것을 과연
내가 그대로 놔둘 수 있다고 생각하는
가?
19 이는 있을 수도 없는 것이니라.
20 너희가 말한 대로 이는 십계명을 암송
하면서 그가 기록하였으며, 그 속에
너희에게 악하고 간악하게 살라는 그
뜻이 없으며 아름답게 살라는 그 가르
침이 있음이니,
21 만약 160권이라는 나의 성령이요, 나
의 뜻이 아니라면, 이가 세상에 나왔
을 때,
22 너희는 이를 보고 그리 따라가게 되어
있지 아니하는가?
23 그렇다면 나 여호와가 내린 나의 구약
의 성경이요, 신약의 성경이 세상에서
덮어짐이니, 이 세상에 악의 뿌리로

다 덮어질 것이며 선한 것은 보이지
않는 그와 같은 형국이 되지 않겠는가?
24 나 여호와가 그와 같은 것을 두겠는가?
25 하늘에서 이루어진 것같이 이 지상의
낙원을 이루고자 하는 나 여호와의 뜻
이요, 그 역사를 지금 시작하였음이니,
26 내가 어찌 이 160권의 법전을 세상에
나올 수 있도록 놔둘 수 있단 말이던
가?
27 절대로 그는 내가 용서하지 아니하며
그와 같은 역사는 이루어질 수가 없음
을 너희가 알아야 할 것이니라.
28 한두 권의 책으로써 너희를 교화시키
는 것이 아니요, 너희 마음을 동요시
키는 것이 아니라,
29 160권이라는 그 길고도 긴 세월동안
써 내려가는 법전, 이는 바로 나의 구
약과 신약을 덮으며 너희가 이를 읽
고 깨우쳐 새로운 역사를 이루며,
30 나의 법전을 정독하여 하늘의 이치를
깨달은 자가 성서를 열었을 때, 거기
에 인간이 가감한 것, 인간의 생각으
로 쓴 것, 잘못 가르치는 것, 너희가
잘못 설교하는 것을 다 알게 되어 있
음이니라.
31 그러니 구약과 신약을 능가하는 나의
성령이 세상에 내려온다는 것은 나의
뜻임을 너희는 알아야 할 것이니라.
32 아무리 사탄이 역사하고 악마가 역사
한다 해도 구약과 신약을 덮을 수 있
는 대장정의 법전이요, 성경이요, 새
로운 뜻이라는 진리는 세상에 내려올
수 없음을 알라.
33 나 여호와 외에는 누구도 이를 역사할
수 없으며 이를 이룰 수 없다는 것, 그
하나의 이치를 깨닫는 현명한 삶을 사
는 백성으로서 눈을 떠야 함을 잊지
말라.
34 어찌하여 나의 백성이 그것만을 가지
고 지키면 영혼이 구원을 받으며 하늘
에 오를 수 있다는 내가 내린 구약과
신약이요, 그 모두를 내가 덮어 버리
면서 160권의 대장서가 세상에 존재
할 수 있도록 내가 놓아둔단 말이던가?
35 그리하여 내가 160권의 법전으로써
세상에 내려보내는 것은 나의 뜻임을
너희가 알아야 할 것이니 절대 잊지
말라.
36 너희는 삶에서 어떠한 일을 하든, 너
희가 이제는 어떻게 살아야 하며, 과
연 너희가 나의 법전을 봐야 할 것인
가, 보지 아니할 것인가 이를 너희 스
스로 깨우쳐야 할 것이니라.
37 내가 너희에게 말함이니, 나의 법전을
접하고 읽지 않는 백성은 구원의 빛
을 볼 수 없으며, 그 빛을 따라 너희가
하늘에 오르는 영광도 얻을 수 없다는
것을 알라.
38 이것이 사탄이요, 사악한 자가 하는
것이라면 감히 160권의 대장서의 법
전을 내가 그대로 놔둘 수 있단 말이
더냐?
39 내가 너희를 버리지 아니하였다면, 내
가 이와 같은 대장정의 진리가 세상에
내려오도록, 사탄이나 악마가 둔갑하
여 나를 흉내 내 역사하고자 나를 능
멸하고자 그들이 만들어 낸 그것을 놔
두겠는가?
40 160권이 세상에 나왔을 때 모든 백성
은 이를 읽게 될 것이며 구약과 신약

을 스스로 덮게 되어 있음이니, 과연 그와 같은 변화를 내가 놔둔단 말이던가?

41 이것이 사탄이요, 사악한 자가 하는 것이라면 160권을 읽고 깨우치는 나의 그 많은 백성은 다 지옥으로 갈 것이니, 내가 나의 아들딸들을 지옥으로 가도록 그리 놔둔단 말이던가?

42 불쌍한 나의 백성들아, 너희는 깨달아야 할 것이니라.

43 이를 너희가 접하지 아니하며 이를 읽지 않는 자는 하늘에 오를 수 없으며 심판을 받을 수도 없으니,

44 하늘에 오르고자 하는 모든 백성은 나의 법전을 접하며 그를 읽고 깨우쳐야 함을 잊지 말라.

45 이 모두를 너희에게 깨우쳐 주는 것이 여기에 있음이니라.

46 너희가 어떻게 살아야 하며 어디서 와서 어디로 가는지, 그리고 너희가 어찌 하늘에 오르는지 그것까지 상세히 기록되어 있는 것이 나의 법전이니라.

47 나의 법전을 가슴에 안고 정독하는 자는 자세히 살펴보라.

48 나 여호와의 뜻이 거기에 기록되어 있으며, 내가 너희를 사랑하는 눈물에 젖은 편지가 그 속에 있으며,

49 제 살보다도 자식을 더 사랑하는 부모의 마음보다도 더 진한, 너희를 사랑하는 내 마음이 거기에 다 들어 있음이니,

50 이를 보고 너희가 깨달을 때 너희는 눈물로써 나의 법전을 읽지 아니할 수 없는 것이거늘,

51 어찌하여 너희는 이를 보지 아니하며 듣지도 않으려 하며, 남들이 강론하는 것도 들으려 하지 아니하고, 그와 같이 귀를 막고 눈을 감고 사는 불쌍한 백성으로 그리 전락하였단 말이던가?

52 너희는 알아야 할 것이니라.

53 여기에는 나의 뜻이 기록되어 있음을 알아야 할 것이니라.

54 나의 뜻이 기록되어 있기 때문에 내가 마지막 심판의 법전이라 너희에게 전함이니라.

55 마지막 나의 법전이기에 구원의 길임을 알라.

56 그렇지 않은 자는 절대 구원을 받을 수 없다는 것을 잊지 말라.

57 지금 모든 종교 집단들이 어찌 끌고 가는가?

58 참진리를 가르치는 것이 아니요, 그리고 그들은 자신이 없기에 그저 맹신맹종하게, 배고플 때 밥을 주는 그 짐승이 주인을 보고 따라가는 것보다도 더 나의 피조물 만백성을 그리 세뇌시키고 그리 바보를 만들어 이끌어 가는 것이 그들이니라.

59 그리하여 그들이 천국과 지옥이 무엇인지도 모르는 자들이 저희 손으로 결정하는 것처럼, 그리고 저희가 결재하여 천국에 오르게 하며 지옥에 보내는 그와 같은 능력 있는 것처럼, 저희가 죽어 와 모두를 다 심판하는 것처럼 그와 같이 오만방자한 삶을 살기에,

60 그들이 육이 행하는 것, 육이 역사하는 것까지도 나에게 와 심판을 받지 않는다고 그리 가르침이니,

61 내가 너희에게 말함이니라.

62 너희가 나에게 와 심판을 받는 그 근
본은 육의 삶이니라.
63 그걸로 내가 너희에게 심판을 너희
스스로 받는다고 가르쳤거늘, 그것도
아니라 가르치는 그들이 무엇으로써
너희를 인도한다 하느냐?
64 이제 그와 같은 말에 너희 자신이 중
심을 잡을 수 없거든,
65 너희 육의 삶으로써 구원을 받을 수
없는 것이요, 영혼으로의 삶만이 구원
을 받는다 그리 말함이니, 너희가 이
길을 선택할까 저 길을 선택할까 하는
기로에 서 있는 아주 중요한 것이니라.
66 너희가 이것도 저것도 선택할 수 없
거든, 너희는 나의 십계명대로 살라.
67 그리고 나의 율법대로 그리 살라.
68 그리 살고자 하면 너희가 나의 법전
을 손에 들게 될 것이며 나의 법전을
읽게 될 것이니,
69 그와 같은 것으로써 너희가 구원의
길을 보도록 그리하라, 사랑하는 나의
아들딸들아!
70 지금의 믿음이 불안하며 나의 법전이
불안하거든, 너희는 십계명과 나의 율
법에 기록된 내용대로 그 결정에 따라
삶을 살라.
71 그러면 너희가 나에게 와 두려움이
없을 것이며, 너희가 통곡하는 일이
없을 것이며,
72 너희가 살아온 삶이 잘못되었다고 울
고불고 몸부림치는 것을 면제받을 수
있는 길이 거기에 있음을 알라, 사랑
하는 나의 아들딸들아!

6,658 번째 하나님 말씀

2003년 7월 8일 23시

1 사랑하는 나의 아들아!
2 "네, 아버님! 말씀하옵소서."
3 내가 나의 아들을 통하여 너희에게 전
하였느니라.
4 너희 마음이 아침과 저녁이 다르며 수
시로 변하는 것이라 그리 말하였느니
라.
5 과연 너희 마음의 자세는 어떠하며
너희 삶의 방향은 어떠하던가 내가 너
희에게 물어보고자 하노라.
6 너희 마음이 그와 같이 흔들리는 마음
이 아니요, 뿌리가 확실하며 너희가
살아가는 것이 하늘을 향하여 한 점의
부끄럼이 없는 삶을 살아가는가?
7 그리고 너희가 하늘을 향하여 부끄럼
이 없는 그와 같은 행동과,
8 부끄럼이 없는 행동을 할 때 너희는
많은 물질이요, 명예의 손상이 있다
해도 과연 부끄럼이 없는 길을 선택하
는가?
9 너희는 물질과 명예가 너희로부터 멀
리 달아난다 해도 하늘을 향하여 부끄
러움이 없는 길에 그와 같은 행동을
과연 하는가?
10 너희는 스스로 한번 평가해 보도록
그리하라, 사랑하는 나의 아들딸들아!
11 너희가 아무리 큰 명예요, 재물이요,
그 모두를 다 버린다 해도, 하늘을 향
하여 나에게 부끄럼이 있는 행위를 절
대 하지 않는 그와 같은 굳은 마음으
로써 나를 믿으며 나의 계명을 따라
지키고 산다 하면 나는 너희에게 두

말하지 아니할 것이며,
12 그리고 그와 같이 사는 백성이 있거든
나의 법전을 열지도 말며 읽어 보지도
말며 뚜껑을 열지도 말라.
13 내가 그와 같이 사는 백성이 있다면
내가 무엇 때문에 오늘의 이 어려운
역사를 이루겠는가?
14 그러나 너희는 여기서 깨우쳐 봐야
할 것이니라.
15 너희가 스스로 이것저것에 의하여 이
해관계에 너희 마음이 변하며, 너희가
변하는 그 마음을 너희 자신을 다스
릴 수가 없으며, 이해관계에 의해서
너희가 나를 버리며 육의 세상에 이
해관계의 길을 선택하는 것,
16 육의 향락이요, 즐거움을 위해서 어렵
고 힘든 진리의 길을 저버릴 수 있는
마음이 있다면, 수시로 넘어질 수 있
는 그와 같은 마음이 있다면, 너희는
그 마음을 누가 잡아 주며 어찌 잡겠
는가?
17 너희가 그러한 마음으로 있기에 내가
지금 160권의 법전에 모두를 다 기록
하여 전함이니라.
18 너희가 말하기를 그러하니라.
19 이 책을 높이 들고, 이것은 초등 학문
의 도덕책만도 못하며 도덕책 같은 소
리만 여기에 기록되어 있다 너희가
그리 말함이니라.
20 내가 너희에게 물어보고자 함이니라.
21 너희가 어려서부터 배운 그 도덕책이
요, 그 도덕 선생이 가르친 대로 80이
요, 90이 되어 죽음의 목전에 있는 백
성이 과연 그대로 살았는가, 그대로
살지 못했는가 그들에게 물어보라.
22 너희가 그대로 살지 못했다면 그 도덕
책은 너희에게 필요한 것이니라.
23 너희가 그와 같이 살지 못했다면 얼마
나 부끄러운 일인 줄 알겠는가?
24 너희가 정녕 그와 같이 바르게 살았다
면 그 도덕책은 너희가 두 번 다시 볼
것이 없음이니라.
25 그러나 80이요, 죽음의 목전 앞에서
그리 살지 못했다면, 너희는 그 도덕
책이 초등 학문이라 해도 그를 정독하
고 깨우쳐야 할 것이니라.
26 내가 너희에게 말함이니, 불의에 결탁
하지 않으며 정의로움에 살며 정의로
운 삶을 살아가는 백성이요,
27 나의 믿음이요, 너희가 구원을 받기
위하여 흔들리지 않으며,
28 어떠한 이해관계에 권력 있는 자의 힘
앞에서도 재물 앞에서도 너희가 나
여호와를 팔지 않으며, 너희가 내 이
름에 부끄러움이 없는 그와 같은 행위
로 살아가는 굳건한 마음으로 살아간
다면, 나의 이 법전은 정녕 필요가 없
는 것이니라.
29 그러나 너희가 그와 같은 믿음으로 가
지 못하며 정의로움으로 살지 못하며,
30 재물과 명예에 마음이 흔들려 너희 자
신을 팔아 버리며, 눈을 감고 하늘에
부끄러운 행위를 하며, 너희 마음이
수시로 그리 변한다면,
31 악과 선과 싸울 때마다 거기에서 무너
질 때가 수시로 있으며 너희가 바른
삶을 살지 못한다면,
32 결국 나의 법전이요, 새로운 성경이
요, 너희가 말하는 초등 학문의 도덕
책과 같은 이 책이 너희에게 생명줄이

요, 가장 고귀한 것이라는 것을 너희
는 알아야 할 것이니라.
33 내가 160권의 법전을 세상에 내보내
는 것을 모든 종교 집단이요, 지도자
요, 나의 아들을 따르는 제자들이요,
나의 법전을 읽고 깨우친 백성 너희는
부끄러운 줄을 알아야 할 것이니라.
34 너희가 바른 삶을 살며, 정의로운 삶
을 살며, 추한 것에 타협하지 아니하
며, 이해관계에 따라서 사람을 배신하
며 순간의 이익을 위하여 수십 년간
돈독히 맺어 왔던 인간관계요, 그 정
마저도 그저 언제 봤느냐는 듯 등을
돌릴 수 있는 마음이 아니라면, 이 법
전은 세상에 나올 이유가 없음이니라.
35 너희 마음이 그리 추하고 더럽기 때문
이니라.
36 내가 보는 너희 마음은 추스를 수 없
으며 아무리 생수로 씻으려 해도 씻을
수 없는 것이니, 거기에 그 마음을 내
가 바로잡는 길은 어찌하는가?
37 그리하여 내가 모두를 다 덮어도 가슴
아픔을 달래고 참아 가며 내 가슴의
모두를 다 태워 내가 새로운 성경이
요, 나의 법전인, 너희가 말하는 도덕
책을 내려보냄이니,
38 초등학교의 도덕책을 읽고서 깨우쳐
야 하는 너희 수준이라면 너희가 부
끄러움을 알아야 할 것이며,
39 오늘을 살아가는 백성이요, 세상의 흐
름이 도덕책을 읽지 아니하면 아니 되
는 그와 같은 너희의 삶이기에,
40 내가 너희를 위하여 내리는 위대한
도덕책, 이것만이 너희에게 가장 소중
한 것이라는 것을 잊지 말라.
41 너희가 지킬 수 없으며 행하지 못하
며, 너희의 나이요, 너희가 산 것이요,
너희가 겪은 만큼 참진리를 모르며 하
늘의 뜻을 모르느니라.
42 너희가 세상에 태어나 모든 동식물을
관리하며 먹고살 수 있도록 모든 은혜
를 내리는 나 여호와에게 감사하는 마
음이라도 갖고 영원히 그 마음을 가지
고 산다면 이 도덕책은 필요 없을 것
이니라.
43 그러나 너희 마음이 조석으로 변하며,
시도 때도 없이 그 마음이 변하는 것
이며, 재물 앞에 권력 앞에 모두를 팽
개치는 너희이기에,
44 내가 가장 기초적인 도덕책으로써 너
희를 깨우쳐 주며 다스려 나가고자
하는 것이 나의 법전이 세상에 내려가
는 의미이니, 너희가 부끄러운 줄 알
며 창피한 줄 알며, 너희 자신이 어찌
살아가야 할 것이며 어찌 깨우쳐야 할
것인가 너희 자신이 스스로 먼저 반성
부터 해야 할 것이니라.
45 이 법전이 세상에 내려오는 그 이유
요, 그 뜻을 너희가 깊이 깨우쳐 봐야
함을 절대 잊지 말라.

6,659 번째 하나님 말씀

2003년 7월 9일 0시 18분

1 사랑하는 나의 아들아!
2 "네, 아버님! 말씀하옵소서."
3 지금 나의 피조물 만백성을 구원하는
종교 집단이요, 지도자 너희가 과연
정해진 그 시간 속에서 나의 성령의
뜻을 가르치며 그들에게 하늘에 오르

는 길을 가르친다 하면, 과연 그 시간
은 누구의 시간이던가?
4 나를 위하여 경배하며 나의 뜻을 전하
는 그와 같은 시간이 되어야 할 것이
니라.
5 그러나 너희는 지금 나의 피조물 만
백성을 이끌고 오는 그 형태가 과연
어떠하던가?
6 너희는 나의 피조물 만백성이 그 시간
에 지루하지 아니하도록, 그리고 그들
이 권태로움을 느끼지 아니하도록, 그
리하여 너희는 모든 것을 너희 자신
이 인간의 집단에서 이루어지듯이 그
모두를 너희는 서로 섞고 얽히고설킨
방법으로써 나의 피조물 만백성을 이
끌어 가고 있느니라.
7 너희는 유년 반이라 해서 그 어린아
이에서부터 그들을 가르치는 방법도
오로지 각종 행사에 여러 가지를 같이
더불어 엮어 가면서 그 믿음의 시간에
어찌 가는 것인가?
8 나에게 정해진 그 시간을 그들에게 깨
우쳐 주는 것보다 너희는 그리 집단
의 행사요, 그들의 모임이요, 그들의
역사하는 시간에 많이 할애하고 있지
않은가 한번 들여다보라.
9 과연 너희가 그와 같이 가는 것이 무
엇이던가?
10 너희가 나의 피조물 만백성을 이끌어
가는 방법도 그러한 것이니라.
11 그러니 너희가 상업적으로 변화되어
있으며 장삿속으로 변화되어 있으며
모두가 너희가 장삿속으로써 계산속
에서 이루어진다 그리하였음이니라.
12 너희는 나의 아들이 교회요, 그 회당
에 가 거기서 물건을 팔고 장사하는
그들에게 모두를 다 뒤집어엎으며 그
들을 내쫓았음이니, 그러니 그들이 물
건을 사고파는 것 그 자체가 아니라,
거기에서 장사할 수 있는 그 백성의
마음 자세요, 그를 보고 넘어가며 같
이 더불어 살아 믿음의 길을 간다는
그 백성의 마음의 자세요, 그들의 정
신 자세에서 나의 아들 예수는 격노하
였으며, 그가 거기서 그 모두를 엎었
음을 너희는 알아야 할 것이니라.
13 너희가 물건을 사고파는 그와 같은 장
사요, 그 거래를 그는 탓한 것이 아니
요, 너희의 마음 자세를 탓함이니라.
14 너희 마음 한구석이 무너져 있으며,
너희가 그를 다스리고 그를 경배하는
마음 자체가 떠나가 있으며 진실한 믿
음이요, 진실한 깨달음을 역사하지 못
하고 있기 때문이니, 그리하여 그는
격노했던 것을 너희는 알아야 할 것
이니라.
15 그러니 너희가 지금 나의 피조물 만백
성을 구원한다며 보이지 않는 물건을
사고파는 그것만이 보이지 않을 뿐이
요, 너희는 나의 아들이요, 우리 부자
의 이름을 팔아서 지금 사업하며 장사
하며 너희의 생명줄인 그 재물을 거
둬들이는 데 연연하고 있음이니,
16 그게 바로 나의 아들이 격노했던 그
회당의 장사하는 것과 무엇이 다르단
말이던가?
17 차라리 물건을 사고파는 자들이 더 나
으니, 지금의 너희는 보이지 않는 것,
그리고 대가성이 없이 그저 말로써 모
두를 팔고 거둬들이는 그와 같은 행위

요, 그 장삿속이 물건을 사고파는 그
거래하는 마음의 그 백성보다도 더 험
악한 것이니,
18 나의 아들 예수가 격노한 것보다 더
두려움을 너희는 알아야 할 것이며,
그보다 엄한 채찍을 받아야 하는 것
이 지금의 각 교회요, 회당이요, 성당
이라는 곳에서 너희가 이루어지고 있
는 행위임을 알아야 할 것이니라.
19 너희는 마음의 자세가 흐트러져 있음
이니라.
20 지금 나의 시간이라 하여 나의 뜻을
가르친다며 너희가 설교로써 나의 피
조물 만백성을 하늘에 오르는 길을 인
도한다는 그와 같은 시간 속에서 너희
가 그들에게 가르치고 깨우치는 것이,
21 인간 세속의 것을 더 많이 말을 하며,
그들이 지루하지 아니하며 그들이 그
시간을 고통스러워하지 않는 방법으
로써 너희가 그러한 생각으로써 모두
를 이끌어 가는 행위이니,
22 그들이 그리 행하는 것이 아니요, 그
리 생각하고 그와 같이 계획할 수 있
는 그 마음의 자세가 종교 지도자로
서, 또 그를 보고 즐기는 자, 그를 더
불어 같이 계획하는 자, 감히 나를 능
멸하는 그것이 잘못되었다 내가 너희
에게 탓함을 과연 너희는 알겠는가?
23 감히 그와 같은 생각으로써 나의 피조
물 만백성을 이끌어 가며 그와 같은
계획을 너희가 할 수 있다는 것, 그 자
체가 지도자로서 기초가 안 되어 있으
며 그게 더 무서운 자라는 것이니라.
24 너희가 막상 그를 듣고 행하고 행동하
는 것, 그와 같은 것을 듣고 깨우치고
자 하는 것, 그리고 그 소리를 듣고 너
희가 하늘에 오르는 진리를 공부하는
시간에 지루함을 느끼지 아니하며, 인
간사의 세상 속에 이루어지는 것을 들
으며 너희가 귀를 즐겁게 하는 그것
을 내가 탓하는 것이 아니라,
25 그를 계획할 수 있는 것, 그와 같은 행
동을 할 수 있는 정신이요, 정신적인
기본이 무너져 있는 그것을 내가 격노
함이니라.
26 그러니 너희가 얼마나 잘못된 백성인
가 이를 깨우쳐야 할 것이니,
27 그와 같은 계획이요, 그와 같이 역사
하는 모든 교육의 방법이요, 이러한
것들을 세울 수 있는 것, 그 지도자요,
그 행위에 나 여호와가 격노함이니라.
28 감히 종교 지도자가 어찌 그런 계획을
할 수 있으며 그와 같은 생각을 할 수
있단 말이던가?
29 너희가 나의 성전에 오는 것은 험악하
고 힘든 길을 가는 것이라 하였음이
니라.
30 그러니 너희가 그 정해진 시간에 인간
사의 세상이요, 그들이 지루하지 아니
하도록, 그들이 또 즐거운 마음을 갖
도록 그리 생각하며 교육을 하는 것은,
31 일반 집단에서 상업에 대한 기술을 가
르치며 사업적인 기술을 가르치는 그
와 같은 장소에서 쓰는 방법이요, 행
하는 방법이 신성한 나의 성전이라는
곳, 나의 교회라 지어 놓고 천국에 오
르는 그곳에서 너희가 그와 같은 계
획이요, 그와 같은 발상을 할 수 있다
는 그 자체가 모두가 다 썩어져 있는
것이며, 뿌리까지 다 너희가 썩은 자

들이니라.
32 그러니 너희가 그와 같은 계획과 생
각과 그와 같이 계획하에 행하도록 머
리를 쓰며 그와 같은 사악한 용기를
부리는 것, 만용을 부리는 그 자체를
내가 탓함을 알아야 할 것이니라.

6,660 번째 하나님 말씀

2003년 7월 9일 0시 23분

1 사랑하는 나의 아들아!
2 "네, 아버님! 말씀하옵소서."
3 수천 년 동안 그 많은 종교 집단이요,
지도자요, 나의 백성이 하늘에 오르고
자 살아왔으나,
4 그들이 간 길이요, 그들이 온 길이 진
정한 참진리의 길이 아니요, 그 진리
의 의미를 모르며 하늘에 오르는 길조
차도 모르고 살다 그저 나에게 와 심
판을 받고 지옥으로 간 백성이요, 그
와 같이 그들이 잘못된 삶을 살았다
면 과연 너희는 그를 믿겠는가?
5 내가 나의 아들을 통하여 너희에게
일찍 깨우쳐 주었듯이, 너희는 그 수
박이라는 과일을 쪼개서 보지 아니하
며 그저 겉만을 보며 겉만 보고 수박
을 평가하는 그와 같은 삶으로 온 것
이 너희 믿음이니라.
6 지금까지 너희 믿음이라는 것이 바로
그와 같은 형국으로 왔음이니라.
7 종교 집단이요, 지도자요, 그리고 또
깨우쳐 하늘의 구원을 받았다 하는 그
와 같은 백성 너희도 수박의 겉만 보
고 만지고 보았지, 수박의 속을 구경
해 보지도 못했으며 너희는 그 수박
의 속을 보지도 못한 백성이니라.
8 그를 쪼개서 보지 못한 것이 너희이
니라.
9 더욱이 너희가 수박을 쪼갤 수도 없었
음이니, 그 수박의 맛을 생각지도 못
하며 그 맛을 음미해 보지도 못한 자
들이 수박에 대해서 지금 평가하는 그
와 같은 어리석은 믿음의 길을 가는
것이 지금의 모든 집단이니라.
10 너희는 껍질이 단단한 그 모든 과일이
요, 호두라는 과일이요, 또한 너희가
껍질을 벗기지 아니하면 먹을 수 없는
그와 같은 과일들을 그 껍데기를 벗기
지 아니하고 그 속을 먹을 수 없으며
그 맛을 알 수 없듯이,
11 지금의 너희 모든 종교 집단이요, 믿
음을 가고 있는 너희가 그 껍질을 벗
겨 그 과일의 속의 맛을 보지 못하는
그와 같은 형국으로 지금까지 왔다면,
과연 너희는 그를 믿겠는가?
12 너희는 육의 삶에서 사후의 세계에 대
한 공부도, 또한 그 진리도, 그 모든
연구한 것도 한 점도 없다 함을 믿겠
는가?
13 너희는 지금 육의 세상에 살면서 삶의
그것이 제일이요, 가시적인 눈으로 보
이는 것밖에 모름이니,
14 사후의 세계에 대한 죽음에 대한 대비
를 한 적도 없으며, 거기에 대해 공부
를 한 것도 없으며, 거기에 대해 연구
한 것도 없으며,
15 거기의 변화에 대해 아무것도 알고 있
는 것이 없는 것이 바로 너희니라.
16 그러니 너희야말로 한 발짝도 지상에
서 깨달음의 높이를 올라오지도 못했

으며 와 보지도 못했으며 한 자국도
떼 보지 못했느니라.
17 그리하여 내가 나의 법전에 뭐라 기록
하여 전했느냐?
18 장마철에 개굴개굴하며 그저 땅에서
뛰었다가 주저앉고 또 땅에서 뛰었다
주저앉는 개구리와 같은 믿음의 길을
가는 것이 너희라 내가 그리하였음이
니,
19 한 계단 한 계단 변화되어 올라오는
그와 같은 믿음이 아니요, 그저 제자
리에서 너희가 관습과 여태껏 내려왔
던 전통을 가지고 그것으로써 구원을
받는다고 몸부림치며 광란의 짓을 하
며 아우성을 치고 있는 그와 같은 형
국임을 알아야 할 것이니라.
20 이제 너희는 정녕 그 과일의 맛을 안
다면, 그 껍질을 벗기며 그 껍질을 까
속에 있는 그 참맛을 봐야 하는 것이
니, 그 참맛을 볼 수 있는 것이 바로
무엇인 줄 알겠는가?
21 믿음에서 진정 나의 뜻이요, 모든 진
리요, 과일의 속의 익은 그 맛을 음미
하며 그 맛을 볼 수 있도록 하는 그것
은 바로 나의 법전을 너희가 정독하
는 것밖에 길이 없음을 알라.
22 너희가 나의 법전을 정독하며 그를 보
고 읽을 때, 과일의 껍질을 벗기는 그
와 같은 역사가 너희에게 이루어지는
것이며, 너희가 변화가 있다는 것을
알아야 할 것이니라.
23 너희는 지금까지 과일의 겉만 가지고
모두를 평가했으니 그 참맛을 보지도
못했으며 그 맛을 알지도 못하는 백성
이니라.
24 그리하여 허덕이고 방황하는 그 불쌍
한 백성을 위하여 내가 모든 속을 들
여다볼 수 있으며 그 맛을 볼 수 있는
그와 같은 나의 법전을 지금 세상에
내려보내니, 이를 정독하고 정독하여
너희가 하늘에 오르는 길을 보도록 하
라.
25 그것이 아니면 너희는 정녕 하늘에
오르는 길을 볼 수 없으며, 그 영광의
얻어짐은 너희와는 관계없는 것으로
써 모두가 끝난다는 것을 잊지 말라.

6,661 번째 하나님 말씀

2003년 7월 9일 0시 29분

1 사랑하는 나의 아들아!
2 "네, 아버님! 말씀하옵소서."
3 지금 살아오는 나의 피조물 만백성,
또 믿음의 길을 가는 백성, 구원을 받
는다는 백성, 너희가 정녕 간직해야
하고 꼭 필요한 것을 얻기 위한 삶이
아니요, 그를 역행하는 삶을 산다면,
과연 어찌 말할 수 있겠는가?
4 너희는 정녕 무엇을 위하여 지금 믿음
의 길을 가고 있는가?
5 너희는 믿음의 길을 가면서 영원히 간
직할 수 없는 것을 얻기 위하여 지금
믿음의 길을 가는 형태라면 과연 믿겠
는가?
6 평생 살아가면서 재물을 바치며 시간
을 바치며 나를 경배한다며 나의 아들
예수를 구세주라 부르며 보혈로써 은
혜를 받았다 말하는 너희가 지금 가
고 있는 그 믿음이 바로 나에게 오르
는 길이 아니요,

7 너희가 무엇인가 영원히 간직할 수
있는 길을 위하여 가는 것이 아니니,
이를 보는 나 여호와의 마음이 어떻겠
는가?
8 너희는 영원히 꼭 필요한 것을 얻지
않으려 하며 얻을 수 없는 그 길을 가
며 꼭 간직해야 할 것을 간직하지 못
하는 그 길을 향하여 가는 형국이니라.
9 그러니 너희가 가는 믿음이요, 너희가
가는 이와 같은 형국이 어떻단 말이더
냐?
10 이제 너희는 알아야 할 것이니라.
11 나의 사랑하는 백성이요, 나의 아들을
따르는 제자 너희는 알아야 할 것이
니라.
12 너희는 선택된 백성이니, 영원히 간직
할 수 있는 것을 위한 기도요, 영원히
간직할 수 있는 믿음을 위하여 경배하
는 그와 같은 믿음의 길을 가야 할 것
이니라.
13 그와 같이 현명한 길을 선택하여 가야
한다는 것을 절대 잊어서는 아니 될
것이니라.
14 모든 종교 집단이요, 그 백성이 지금
까지 가는 것은 영원히 간직할 수 있
는 것을 버리는 믿음의 길을 가고 있
으며, 너희가 그리도 갈구하고 소원하
는 그 모두를 얻지 못하는 길을 향하
여 앞에서 이끌어 가는 그와 같은 형
국으로 가고 있는 것이니, 여기서 꼭
너희 자신을 돌이켜 봐야 할 것이며,
15 너희가 영원히 간직할 수 있는 것, 그
리고 영원히 얻기 위하여 갈구하는
것, 그를 위하여 살아가는 현명한 삶
을 살도록 그리하라, 사랑하는 나의
아들딸들아!
16 여기에서 너희가 바로 보지 못하며
깨우치지 못한다면, 너희가 다른 백성
과 무엇이 다르단 말인가?
17 선택된 백성으로서 너희가 무엇이 다
르며 선택된 백성으로서 과연 무엇을
역사했다 하여 나에게 와 심판을 받을
때 당당히 설 수 있단 말이던가?
18 너희는 그저 육의 세상에서 영원히 간
직할 필요도 없으며 영원히 간직할 수
도 없는 그와 같은 삶을 위하여 살아
가는 오늘의 삶에서 대변화를 이루지
아니하면 아니 될 것이니라.
19 너희는 지금 아무런 관계도 없으며 꼭
소유할 것도 아니며 너희가 영원히
가질 수도 없으며 간직할 필요도 없는
것들, 육의 세상의 명예요, 재물이요,
부귀영화를 위하여 모두를 다 바치고
살아가는 그와 같은 어리석은 삶을 살
지 말라.
20 영원한 믿음이요, 영원히 간직하고 필
요한 그 믿음의 길을 위하여 살아가는
현명한 삶을 살도록 그리하라, 사랑하
는 나의 아들딸들아!

6,662 번째 하나님 말씀

2003년 7월 9일 0시 37분

1 사랑하는 나의 아들아!
2 "네, 아버님! 말씀하옵소서."
3 나의 아들을 따르는 백성, 나의 법전
을 읽고 깨우친 백성, 그들이 앞으로
지키고 행하고 가야 할 길을 알아야
할 것이니라.
4 나의 법전을 읽고 깨우친 선택된 백

성, 그리고 내가 직접 내리는 강론을
듣고 변하는 너희가 변화되고 변화되
는 그와 같은 삶을 살아가면 살아갈수
록, 경지가 높으면 높을수록 사탄들이
설 자리가 없으며 악마들이 설 자리가
없게 됨이니라.
5 그러니 저희가 설 자리가 없게 되기
때문에 그들은 너희를 무너트리려고
그 모두를 다 동원할 것이며, 너희를
무너트리기 위해 모든 것을 다 행동
으로 옮길 때가 시작됨을 알아야 할
것이니라.
6 사탄들은 너희가 참진리를 깨우치며
너희 깨우침이 깊어지며 넓어져 갈
때, 그리고 너희 마음이 강해지고 흔
들리지 아니할 때, 너희를 쓰러트릴
수 없기 때문에 그들이 지금 너희를
쓰러트리고자 온갖 방법을 다 동원하
여 공략한다는 것을 절대 잊지 말라
그리 전하라.
7 너희가 한 계단 한 계단 올라올 때마
다 그들의 설 자리가 밀려나는 것이
며 그들이 쓰러져 가기 때문에, 그들
은 절대로 너희가 변하는 것을 그대
로 놔두지 않는 자이니, 여기에 현혹
되어 넘어지는 백성이 되어서는 아니
됨이니라.
8 악마는 모든 방법을 다 동원하여 너희
를 무너트리려 할 것이며, 너희를 다
치게 할 것이며,
9 너희가 가는 지금의 그 소중한 믿음을
중단하게 하며, 지금의 종교 집단과
지도자, 그리고 구원을 받았다는 신도
들처럼 저희가 마음대로 소유할 수
있는 그와 같은 사악한 백성으로 너희
까지 만들고자 온갖 방법을 다 동원한
다는 것을 알아야 할 것이니라.
10 너희는 여기서 절대 악마에 현혹되어
악마의 소유물로 전락하는 그와 같은
일이 있어서는 아니 될 것이니라.
11 너희가 그들의 소유물이 된다면 영원
히 구원할 수 없으며 구제받을 수 없
음을 알아야 할 것이니라.
12 그러니 너희가 지금 악마의 소유물이
되지 아니하며 그들에게 넘어지지 아
니하며 지금의 모든 종교 집단처럼 사
탄이요, 악마의 소유물이 되지 아니하
고 그들 앞에서 그들의 뜻을 이루는
데 너희가 그와 같은 쓰임이 되지 아
니하려거든,
13 항상 나의 법전을 가슴에 안고 정독하
며 강론의 가르침을 항상 반복하고 기
억하며 공부하며 십계명을 수시로 암
송하도록 그리해야 함을 잊지 말라.
14 강론을 들은 것을 요약하여 그를 또
읽어 보며 그리고 또 나의 법전을 정
독해서 읽으며 십계명을 항상 수시로
암송하라.
15 그리하면 너희는 구원을 받을 것이며,
그들에게 넘어지지 아니할 것이니라.
16 사막에서 물을 찾는 그 갈증을 해소하
려고 몸부림치는 사람보다도 더한 심
정으로 더 갈급한 마음으로써 나의 법
전을 정독해야 할 것이며,
17 나의 십계명대로 살아가고자 하는 노
력을 해야 할 것이며,
18 나의 아들을 통하여 내리는 그 아름다
운 강론이요, 그 소중한 진리를 하나
하나 항상 기억하여 마음속에 간직하
지 아니하면 너희는 언제든지 넘어지

게 되어 있음이니라.
19 그 사탄이요, 악마들은 너희가 변하는
사람이 늘어날수록, 나의 백성이 변하
는 숫자가 늘어날수록, 나의 법전이
세상에 내려갈수록 그들은 서서히 활
동 반경이 줄어들며 쓰러지며 설 자리
가 없다는 것을 잘 알고 있음이니라.
20 나의 법전 앞에 그들이 감히 거부하지
못하며 나의 법전에 있는 것을 그들이
훼방하지 못하며 나의 법전을 가슴에
안고 정독하여 읽는 백성을 저희 소
유물로 만들 수 없기 때문이니 너희는
이와 같은 뜻을 깊이 알아야 할 것이
며,
21 이제 너희가 한 계단 한 계단 오르면
오를수록 그들이 자리에서 밀려나기
시작하며,
22 저희가 밀려나는 것을 알 때 수단과
방법을 가리지 아니하고 너희를 무너
트리며 너희에게 피해를 주며 상처를
주며 믿음의 길에서 등을 돌리도록 그
리한다는 것을 잊지 말라, 사랑하는
나의 아들딸들아!

6,663 번째 하나님 말씀

2003년 7월 9일 0시 40분

1 사랑하는 나의 아들아!
2 **"네, 아버님! 말씀하옵소서."**
3 진짜 보석을 가진 자가 아무리 진짜
보석이라 말해도 사람이 받아들이고
믿지 아니하면 무엇하겠는가?
4 지금 내가 나의 아들 너를 통하여 내
리는 이 성령이 너희를 심판하는 것
이요, 너희에게 깨우칠 수 있는 기회
를 주는 내가 마지막 베푸는 은혜라
한들, 과연 너희가 그를 믿지 아니하
면 무엇하겠는가?
5 나의 성령이요, 나의 뜻이요, 내가 너
를 통하여 강론하며 나의 백성을 가르
치는 것은 참진리이니라.
6 나의 법전에 기록되어 있는 그 모두가
참진리임을 너희는 알아야 할 것이니
라.
7 그렇지 아니하다면 너희가 글로써 책
으로써 증거하여 세상에 내놓을 수가
없음이니, 너희가 읽고 깨우쳤을 때
그 속에서 깨달음을 얻게 될 것이니라.
8 참진리와 나의 성령은 너희에게 무엇
으로써 증거하는 줄 알겠는가?
9 너희의 장래를 위한 안내자의 역할을
하는 것이 바로 나의 참진리요, 나의
뜻으로써 역사한다는 것을 알아야 할
것이니라.
10 너희의 장래를 위한 안내자의 역할을
하지 못하는 것은 사탄이요, 사악한
자임을 알라.
11 나 여호와의 진리요, 나 여호와의 뜻
이라는 것은 바로 사랑하는 나의 아들
딸 너희의 장래를 위한 안내자의 역할
을 하며 길잡이의 역할을 하는 것임을
너희는 알아야 할 것이니라.
12 이제 너희가 나의 법전을 정독한다면
장래에 일어날 일들을 다 알 수 있음
을 알아야 할 것이니라.
13 내가 지금 나의 아들을 통하여 날짜와
시간을 기록하여 너희에게 전함이니,
14 나의 법전은 앞으로 일어날 일들에 대
해 너희에게 예언하는 것이며 예언으
로써 너희에게 깨우쳐 줌이니,

15 너희가 나의 법전을 정독할 때 그 속
에 있는 예언의 뜻을 다 알 수 있으며
너희 스스로 너희 장래가 어찌 변하며
어찌 이루어지는 것까지도 다 알 수
있는 것이 나의 법전이라는 것을 잊지
말라.
16 그리하기에 나의 법전이 참진리요, 창
조주 나 여호와의 뜻이라는 것을 굳건
히 믿도록 그리하라.

6,664 번째 하나님 말씀

2003년 7월 9일 08시 18분

1 사랑하는 나의 아들아!
2 **"네, 아버님! 말씀하옵소서."**
3 너희가 살아가면서 육의 세상에서 잘
한 일, 남들이 봐서 선하고 아름다운
일이라 하여 그 모두를 만백성에게 자
랑하며 다른 사람들이 알도록 하는 그
와 같은 행위를 한다면,
4 너희는 그 곱고 아름다운 일이 아무런
효과가 없으며 너희가 나에게 와 받
을 상이 없다고 내가 그리 말하였느니
라.
5 그와 같이 너희가 지금 오늘을 위해
살아감에 있어서 힘들고 어려운 고비
를 알고 있음이니라.
6 나의 아들 너부터 힘이 들고 어려우
며, 너를 따르는 제자들 또한 어렵고
힘듦이니라.
7 그러니 너희가 아무리 믿음의 길을
가며 나의 법전을 읽고 깨우치며 바르
게 살고자 해도 내가 너희에게 어떠
한 특혜요, 영광을 내리지 아니한다
하였음이니라.
8 너희가 받을 만큼 변화되었을 때, 너
희가 받을 만큼 역사했을 때 그 상을
내가 내린다 하였음이니라.
9 여기서 너희는 알아야 할 것이니라.
10 공의의 하나님이요, 만백성에게 질서
를 지키는 나 여호와이기에 내가 너희
만 그리할 수 없는 것이 첫 번째요, 두
번째는 무엇인 줄 알겠는가?
11 내가 너희에게 임의로 영광을 내리고
축복을 특별히 주었을 때, 그리하여
그와 같은 삶에서 아름다운 삶을 살며
남으로부터 존경받는 삶을 산다 할
때, 내가 너희를 도와주었으며 너희에
게 은혜를 내린 것으로써 그와 같이
산다면, 너희는 죽어 나에게 와 심판
을 받을 때 나에게 받았던 은혜로써
너희가 역사했음이니 너희의 영혼이
상을 받을 것이 하나도 없다는 이치를
알아야 할 것이니라.
12 나 여호와가 너희의 기도 소리를 듣
고 너희가 소원하는 것을 듣고 너희
가 원하는 것을 역사해 주어 너희가
많은 사람으로부터 선망의 대상이 되
며, 많은 사람으로부터 선한 사람이라
는 말을 들으며, 선하게 살며 칭찬을
듣는 그와 같은 삶을 산다 해도,
13 나로부터 특별히 은혜를 받아 변화되
고 역사한 선행은 나에게 왔을 때 너
희에게 하나도 도움이 되는 것이 없으
며, 너희가 죽고 다시 태어나고 사는
심판에는 그와 같이 행한 것은 선한
쪽에 갈 힘이 없으며 선한 쪽에 보탬
이 되지 않는다 함을 알아야 할 것이
니라.
14 과연 내가 너희에게 은혜를 내려 줘

너희가 나로부터 받은 은혜로 선한 삶
을 살다 나에게 와 심판을 받을 때,
15 정녕 선한 힘에 보탬이 하나도 되지
아니하며 너희가 다시 태어나는 데
어떠한 영향도 미칠 수 없다 하면,
16 그래도 나에게 기도하며 소원하는 것
을 원하겠는가, 그리고 그리하는 것을
들어주기를 너희는 바라는가?
17 너희가 나에게 소원하는 것을 공이 없
을 때 내가 들어줄 때,
18 다만 너희가 나의 법전의 강론을 들
으며 법전을 가지고 공부하며 나 여호
와가 존재함을 믿으며 나의 새로운 성
경이요, 나의 법전이 나 여호와의 뜻
이라는 것을 믿는 그것으로써만 내가
너희에게 은혜와 상을 내렸을 때,
19 너희는 나로부터 받은 은혜요, 상을
받고 만백성에게 선한 사람이요, 칭송
을 받는 착한 사람이라는 말을 듣고
산다면,
20 그와 같이 나로부터 은혜를 받아 역사
하고 행한 너희 삶은 나에게 와서 다
시 태어나는 그 심판대에 섰을 때 아
무런 도움이 되지 아니한다 하였으니,
그래도 너희는 나에게 기도하며 나에
게 소원할 수 있는가?
21 그리고 나로부터 어떤 은혜를 받아 편
히 살며 남들보다 편안한 삶을 살며
남들보다 역사하는 그와 같은 삶을 살
고자 하는가?
22 그렇다면 내가 너희에게 상을 내려
주고 은혜를 내려 줄 수 있음이니라.
23 그러나 그리했을 때 절대 그것이 너희
가 다시 태어나는 삶이 아니라는 것을
알라.
24 너희 스스로 깨달으며 어렵고 힘든 속
에서 질서를 지키며 이웃을 사랑하며,
남을 자기 몸처럼 사랑하며 그리하여
내가 기록한 성경이요, 나의 법전대로
사는 그것만이 너희가 받을 수 있는
상이라는 것을,
25 다시 태어날 때 너희에게 선한 쪽에
무게를 실어 주는 그와 같은 점수를
받을 수 있다는 것을 잊지 말라.
26 그것이 너희가 가야 할 길이며 너희
가 역사해야 할 길이기에,
27 내가 영원히 사는 세상에서 너희를
버리고자 아니할 때, 너희가 불필요한
것을 기도하는 것, 너희가 원하는 그
삶과 은혜를 내릴 수 없으며 내려 주
지 아니하는, 나 여호와가 너희를 정
녕 사랑하고 아끼는 마음을 너희는
알아야 할 것이니라.

6,665 번째 하나님 말씀

2003년 7월 9일 11시 44분

1 사랑하는 나의 아들아!
2 "네, 아버님! 말씀하옵소서."
3 육의 세상에 너희가 태어남이니, 나로
부터 특성을 하나씩 다 받아 가지고
나가며, 너희가 노력하면 살아갈 수
있는 그 모든 것을 내가 내려 준 그 상
황에서도 너희가 얼마만큼 노력하느
냐에 따라서 육의 삶의 그 환경의 차
이를 스스로 만드는 것이니라.
4 그러니 무엇인가를 하나 만들어 내고
자 연구하는 자는 그 노력이 이루 말
할 수 없는 것이며, 남들에게 부끄럽
지 않은 삶을 살기 위해서 그 사람이

얼마큼 노력하는 것인지를 너희는 알
겠는가?
5 남들이 교단에 서서 가르치는 것, 그
리고 선생이라 하여 지도자라 하여 단
상에 서서 많은 학생이요, 많은 사람
을 가르치는 자, 그와 같은 사람들이
그대로 이루어진 것이 아니니라.
6 너희가 놀고 잘 때, 그리고 너희가 즐
길 때 그들은 피나는 노력을 했으며
그 학문을 위해 연구했으며 그를 단상
에 서서 강론하며 또는 설교하며 또한
가르치기 위하여 그들은 나름대로 그
많은 노력을 하는 것이 지도자의 위치
에 서 있는 것이 아니던가?
7 그러니 너희가 인간 세상에서도 무엇
을 이루고자 역사하는 사람은 피나는
노력이라는 말을 하지 아니하면 이루
어지지 아니한다 하였음이니라.
8 그리고 너희는 인내하지 아니하면 아
무것도 이룰 수 없다는 그와 같은 말
을 수없이 하고 있으며 인간 세상에서
그와 같은 것을 보고 살지 않는가?
9 하물며 보이지 않는 나에 대한 믿음이
요, 너희가 하늘에 오르는 길을 가는
것, 그리고 이 세상 무엇과도 바꿀 수
없는 것, 그와 같은 삶을 살아가는 구
원의 길에 오르는 것을 얻음에 있어서
과연 너희가 어떠한 삶을 살아야 하겠
는가?
10 너희가 입고 싶은 것, 즐기고 싶은 것,
너희가 참지 못하는 모든 충동적인
인간의 욕정이요, 욕망에서 이루어지
는 모든 행동을 다 행하고 실천하고
살아가면서 과연 너희가 하늘에 오르
는 길을 올 수 있다고 생각하는가?
11 인간 세상에서 너희가 무엇을 하나
얻기 위하여 백 가지 천 가지를 다 참
고 인내했을 때 소기의 목적을 달성할
수 있으며,
12 그와 같이 해도 또 그 목적을 달성하
지 못하며 꿈을 이루지 못하는 백성이
수없이 많이 있음이니,
13 너희가 하늘에 오르는 길이요, 믿음이
라는 것은 육의 세상에서 이루는 것보
다 천배 만배 더 어렵고 힘든 길이니
라.
14 그를 이루고자 하는 자, 그 지도자가
되고자 하는 백성은 마음의 충동이요,
순간적으로 일어나는 자신을 다스리
지 못하며,
15 너희가 먹고 싶은 것, 즐기고 싶은 것,
입고 싶은 것, 남과 같이 즐기고 육의
향락을 위해서 살아가는 그와 같은 것
을 버리지 못하며 거기에 젖어서 연연
하는 삶을 산다면,
16 그러면서도 과연 하늘에 오르는 길을
오를 수 있다고 생각하는가?
17 이제 모든 종교 집단이요, 그 책임자
들이요, 지도자요, 그리고 구원을 받
는다는 백성이요, 그리고 이방인이라
는 백성, 너희는 알아야 할 것이니라.
18 너희가 두 번 다시 죽음이요, 두 번 다
시 태어날 수 있는 영광을 얻고 못 얻
는 그 길은 누구나 다 겪는 길이라 내
가 하였음이니라.
19 육의 세상에서 한 번의 죽음이 아니
요, 사후의 세계에 너희가 심판의 죽
음에서 받고 얻는 것이 더 위대하다
하였으니, 너희가 그와 같은 영광을
얻기 위해서 어떻게 살아가야 하는가?

20 과연 너희는 한 점의 부끄럼이 없는
삶을 살아가는가?
21 그리고 너희가 그와 같은 육에서 모
든 노력하는 것만큼 영혼의 삶을 위해
서 영혼의 구원을 위해서 절제하며
인내하며 참고 가는 것이 과연 얼마나
있는가?
22 오죽하면 내가 십계명에 상세히 기록
하여 썼던가?
23 도둑질하지 말라, 간음하지 말라, 거
짓 하지 말라, 이웃의 것을 탐내지 말
라, 너희에게 다른 신을 너에게 두지
말라, 그리고 너희를 낳아 준 부모에
게 감사하며 공경하는 마음을 갖고 살
라, 이웃을 넘보지 말라 그리 상세한
것을 내가 어찌 기록했던가?
24 너희가 그를 지키고 가야만 되며 그
를 지키고 살아야 하기 때문이니라.
25 너희가 그를 지키지 못하며 그와 같이
행하지 못하기 때문에 내가 너희에게
그 절제하는 것, 통제하는 방법을 세
상에 내렸던 것이 아니던가?
26 그러니 과연 너희가 나에게 오르는
길을 위해서 너희 자신을 얼마나 통
제하며 얼마나 인내하며 살아가는 것
인가를 봐야 할 것이니라.
27 육의 하나의 목적이요, 너희가 소원하
는 것, 그리고 청운의 꿈을 위하여 밤
낮을 안 가리고 노력하고 애쓰는 자가
수없이 있음이니라.
28 그러나 그보다 천배 만배 더 바꿀 수
없는 소중한, 너희가 다시 태어나는
삶이요, 하늘나라에 오르고 못 오르는
영혼의 삶이요, 너희가 누릴 수 있는
그 길을 위해서는 과연 얼마나 인내하
며 얼마나 참고 다스려 나가는가, 그
리고 너희 자신의 마음을 얼마나 비웠
는가 한번 비교해 봐야 할 것이니라.
29 너희는 잠깐 왔다 가는 인생이라 내가
그리 말하지 아니하였더냐?
30 잠깐 왔다 가는 그 인생의 삶에서 너
희가 소중한 영혼의 삶으로써 무엇을
이루고자 하는 것, 그리고 소원하는
것, 그리 갈구하는 그 세상을 위해서
너희가 생각하는 시간이 과연 얼마나
있는가 내가 들여다보라 하였음이니
라.
31 그러니 이제는 모든 종교 집단이요,
지도자요, 믿음의 길을 가는 자, 그리
고 구원을 받았다는 백성, 구원을 받
지 못한 백성, 너희가 사후 세계의 삶
을 위하여 얼마나 너희 자신이 인내하
며 너희가 참고 견디며 살아가는가 한
번 그것을 돌이켜 봐야 할 것이니라.
32 인간의 향락을 위해서 너희가 얼마나
모두를 다 접어 두는가?
33 너희는 과연 인간의 향락이요, 눈에
보이는 이해관계에서 마음이 흔들리
며 항상 넘어지는 삶을 살지 않는가?
34 그러기에 너희가 지탱할 수 없기에
십계명을 내렸으며, 또 너희가 십계명
을 내렸으나 그를 지킬 수 없다고 말
함이니,
35 그리하여 내가 모두를 상세히 풀어 내
리는 160권의 법전을 세상에 내려보
내 너희 손에 쥐여 주어, 너희가 가슴
에 안고 그를 읽고 정독하여 네 것으
로 만들어 하늘에 오르는 길을 보라
하였음이니, 이는 바로 무엇이던가?
36 모든 것을 다 버릴 수 있는 마음이니

라.
37 너희가 보이는 육의 세상에 살면서 놓
는 것이 아니요, 육의 세상을 떠나 다
음 세상에 너희가 올라올 수 있는 그
영광된 삶을 위하여 모두를 다 놓고
모두를 다 하나로 보며 모두를 그저
떨어지는 낙엽처럼 다 마음 편안하게
놓을 수 있는 그와 같은 마음의 훈련
을 시키고자 나의 법전이 세상에 내려
감을 알라.

6,666 번째 하나님 말씀

2003년 7월 9일 11시54분

1 사랑하는 나의 아들아!
2 "네, 아버님! 말씀하옵소서."
3 오랜 지구의 역사 속에 너희를 비추
어 말하기를 내가 너희에게 뭐라 말
하였느냐?
4 영원히 존재하는 이 지구에 비추어 너
희는 잠깐 세상에 왔다 살다 가는 그
인생을 내가 무엇에 비추어 말했더냐?
5 너희를 하루살이라 하는 그 벌레에 비
추어 너희에게 깨우쳐 주지 아니하였
던가?
6 하루를 살다 죽는 하루살이라는 그 벌
레를 너희가 바라보면서 뭐라 말한다
하였느냐?
7 너희가 그 벌레를 불쌍하게 생각하는
것처럼 나 여호와가 너희가 사는 그
모습을 그리 바라보고 있다면 너희는
과연 어찌 생각하느냐?
8 하루를 살다 죽어 가는 그 벌레를 불
쌍하다 생각하는 너희를 내가 바라보
는 너희의 그 삶이 하루를 살다 가는
그와 같은 삶과 같이 내가 보고 있다
면 알겠는가?
9 그리고 오랜 지구의 역사에 비춰 볼
때 또한 그러한 삶을 살다 가는 것이
너희라는 것을 알아야 할 것이니라.
10 그러니 너희가 사는 삶이 무엇이던가?
11 너희가 잠을 자며 꿈속에서 헤매는
것, 꿈을 꾸는 것, 그리고 꿈에서 깨어
나는 순간에 인간의 그 자세가 다시
돌아올 수 있는 것, 꿈속에서 꿈을 꾸
는 그와 같은 짧은 인생의 삶을 사는
것이 너희니라.
12 그러나 꿈속에서 꾸었던 삶의 모두는
지워지는 것처럼 너희 또한 그 꿈에서
깨어나면 지워지듯이 모두가 지워지
는 것이 너희 삶이라는 것을 어찌하여
모르는가?
13 그러니 너희가 꿈속에서 지워지는 그
와 같은 삶을 사는 것이니, 즉 너희 삶
이 어떠한 것이냐?
14 정녕 너희가 잘못 살았을 때는 허망
한 삶을 사는 것이요,
15 너희가 진정한 믿음이요, 하늘에 오르
는 길이요, 나의 진리를 연구하고 산
다면 값있는 삶을 사는 것이 너희이
니라.
16 나는 너희에게 말하여 깨우쳐 주었느
니라.
17 다만, 너희에게 은혜를 내리는 것은,
하루살이와 같은 삶을 너희가 어떻게
사느냐에 따라서 하늘에 오를 수 있으
며 오르지 못하는 그 길을 깨우쳐 주
고자 십계명이라는 것을 세상에 내려
보냈으며 나의 율법을 지키고 살라 그
리 말하였으며,

18 지금은 내가 마지막 시대에 모두를 다
태워 제3의 시대에 나의 법전이요, 새
로운 성경을 너희에게 내려보냄이니,
19 이를 지키고 사는 것만이 허무하게 살
아가는 너희 인생이요, 허망한 인생을
사는 너희에게 천하를 얻는 것보다도
더 고귀하고 존귀한 변화의 역사를 이
루도록 그리 내가 인도하고자 지금 마
지막 너희에게 법전이라는 이 책을
세상에 내려보냄이니라.
20 표지에 있는 글을 보라.
21 '하나님! 말씀하옵소서', '하늘에 오르
는 길'이라 내가 정하지 아니하였던가?
22 여기에는 종파도 없으며 그 종파 속에
서 인간이 만든 교리요, 법도도 없음
이니라.
23 오로지 듣는 것만을 기록하여 그가 책
으로 만들어 만백성을 위해 전하는 것
이니,
24 이를 읽고 접하는 백성은 너희가 허
망한 삶이요, 하루살이 벌레와 같이
살다 죽어 가는 너희의 그 삶을 더 이
상 말할 수 없는 고귀한 삶으로써 바
꾸며 세상 것을 다 얻는 영광보다도
더 위대한 그 삶을 위하여 내가 너희
에게 모두 역사한다는 것을 이제 잊
어서는 아니 될 것이며,
25 이 또한 너희를 사랑하는 증표요, 내
가 마지막 너희에게 내리는 은혜라는
것을 가슴 깊이 새겨야 함을 알아야
할 것이니라.
26 너희가 나에게 오를 수 있는 기회를
다시 한 번 주었음을 어찌 모르는가?
27 지금 모든 종파의 집단이요, 지도자,
그리고 덩달아 울고불고 구원의 길이
라 춤을 추는 백성, 그들이 진정 나의
뜻이라는 삶을 살아가는가?
28 그들은 나의 뜻에 따라 살아가는 백
성이 아님을 너희는 알아야 할 것이
니라.
29 모든 종교 집단이요, 그 백성은 뭐라
이르느냐?
30 나 여호와를 경배하며 다른 신을 저희
가 가슴에 두지 아니하며 십계명을 모
두 지키고 사는 자들처럼, 그리고 한
점의 부끄럼이 없는 삶을 사는 것처럼
하며,
31 그리고 가장 잘못되고 사악한 그 방법
은 너희가 사악한 죄들을 수없이 지으
면서 나 여호와의 뜻을 이루기 위하여
나의 뜻에 따라서 나의 뜻을 역사하
기 위해 살아가는 백성이라 그리 말하
지 아니하는가?
32 그것이 얼마나 사악한 행위인가를 너
희는 알아야 할 것이니라.
33 정녕 나로부터 생명을 받아 세상에 태
어난 너희는 의무가 무엇이며 살아가
는 사명이 무엇인지 그를 알지도 못하
는 자들이 지도자라 그리 말하는 것이
아니던가?
34 그와 같은 자들이 자기의 사명이 무엇
이며 지도자가 역사할 길이 무엇이며
만백성을 어찌 이끌어야 하늘에 오르
는 것인지 그것도 모르고 있으니, 그
러니 그들이 나의 피조물 만백성을 재
물을 바치며 예수의 보혈로써 구원을
받으며 믿기만 하면 구원을 받는다고
그리 가르치는 것이 나의 사랑하는 백
성을 지옥 불로 이끌어 가는 그 선두
에 서서 인도자의 역할을 하고 있다는

것을 너희는 알아야 할 것이니라.
35 그들이야말로 나의 뜻을 거역하는 데
선봉장이 되어 지금 나의 사랑하는 백
성을 오늘도 내일도 수없이 지옥 불
의 낭떠러지에 밀어 넣고 인도해 제가
이끌어 가는 그와 같은 형국이라는 것
을 너희는 알아야 할 것이니라.
36 하루살이처럼 잠깐 비치는 그와 같은
삶을 살다 너희가 죽어 갈 것인가?
37 인생의 삶이 어떠한 것인가를 너희가
다시 한 번 깨우쳐 세상을 얻는 것보
다도 더 위대하고 고귀한 그와 같은
삶의 변화로써 역사할 것인가?
38 이는 너희에게 달렸음이니라.
39 다만, 내가 나의 법전에 기록하여 너
희가 이와 같은 길을 갈 수 있는 것은
마음의 욕심을 뽑아 버리라는 것, 그
욕심의 뿌리를 뽑지 못하는 백성은 천
국이라는 곳에 오를 수 없으며 그를
볼 수 없다고 내가 그리 말하지 아니
하였는가?
40 그러나 인간이기 때문에 너희가 욕심
을 버리지 못하며 그 뿌리를 뽑지 못
하기에, 내가 너희가 욕심을 버리며
사랑을 베푸는 그 마음의 문을 열어
주기 위하여 나의 법전을 지금 세상에
내려보냄을 알라.
41 그러니 나의 법전을 접하는 자가 살다
천국에 오르는 자요, 그러하지 아니한
자는 지옥으로 간다는 것을 내가 너희
에게 수없이 가르쳐 주었음이니라.
42 이제 무의미한 삶을 살다 지옥으로 가
는 너희의 그 존재를 깨우쳐야 할 것
이며 너희 자신을 돌아다볼 때가 되
었음을 알라.
43 그저 맹종맹신으로써 가는 길만이 옳
다고 말하며 달려가는 자는 결국 그는
고집이요, 아집이니 좌우를 모르는 것
이 아니던가?
44 너희가 크나큰 원을 놓고 보이지 않는
그 원을 놓고 한쪽만 보는 것을 강조
하는 것처럼, 지구의 단면을 보고 강
조하는 것처럼,
45 네 눈에 보이는 것만이 세상이 다인
줄 알며, 별천지와 같이 아름답고 오
묘하게 내가 위대하게 만들어 놓은 그
세상을 너희가 무엇을 안단 말이더냐?
46 과연 너희가 이 세상의 모두를 다 들
여다보았는가?
47 그리고 이루어지는 것을 아는가?
48 너희는 날아가는 나비 한 마리가 어찌
하여 태어나며, 어찌 역사하며, 그가
가지고 있는 특성이 무엇이며, 그가
어찌하여 오묘하게 지탱하고 유지하
는지 그것 하나도 제대로 알지 못하는
것이거늘,
49 어찌하여 너희가 이 세상을 모두 다
지배하며 통제하며 감히 천국의 문을
인도하고 인도 못 하며 그 문을 열어
주고 못 열어 주는 양 그와 같이 하여
나의 피조물 만백성에게 거둬들이는
그 사악한 죄를 짓는가?
50 이는 영영 너희가 용서받을 수 없는
것이라는 것을 알 때가 머지않았음을
알아야 할 것이니라.
51 내가 그를 단죄하기 위하여 10년 안
에 이 세상 모든 종파들에게 경종을
울릴 것이며 나의 법전이 세상을 덮는
그 역사가 이루어질 것이라 말한 뜻을
너희가 살아서 알게 될 날이 머지않았

음을 알 것이니라.
52 내가 10년이라 그리 말하였음이니,
과연 10년이라는 세월 속에 죽지 않
는 자 이를 볼 것이니,
53 그때도 너희가 나의 법전을 찢어 버
리며 태우는 그와 같은 사악한 짓을
할 수 있는가?
54 너희가 한번 그때 가서 알게 될 것이
니라.

6,667 번째 하나님 말씀

2003년 7월 9일 12시 04분

1 사랑하는 나의 아들아!
2 "네, 아버님! 말씀하옵소서."
3 나의 피조물 만백성 너희가 살아가면
서 지금은 너희 이름 앞에 성씨라는
것을 갖고 그리 살아가느니라.
4 그것이 너희 조상의 뿌리라 말하며
너희는 그 성씨를 갖고 그 명예를 위
하여 또한 너희 후손에게도 그 성씨
의 명예를 지키고 사는 것에 대하여
정성을 쏟고 연연하는 그와 같은 삶을
살아가는 것이 아닌가?
5 너희는 성씨를 갖기 전에 나의 백성이
라는 것을 먼저 알아야 할 것이니라.
6 이 세상에 존재하지 않는 성씨가 이루
어져 인간이 인간을 통제하고 분류하
기 그전에 너희는 하나의 나의 사랑
하는 백성이었다는 것을 알라.
7 그러니 너희는 원초적으로 성씨를 갖
지 아니하고 세상에 살아가고 있었다
는 것을 의식하고 깨우쳐야 할 때가
되었음을 알라.
8 너희의 그 성씨라는 것은 인간이 너
희를 분류하고 통제하여 만들었기에
그것으로써 너희는 무엇이더냐?
9 명문가의 성씨가 있으며 비 명문가의
성씨가 있어 너희 인간을 그리 분류
하여 존재하도록 하였으며, 그 성씨의
명분에 따라 평가받고 또 평가를 하는
그와 같은 시대의 삶을 너희가 살고
있지 않은가?
10 너희는 성씨의 뿌리를 찾아와 너희에
게 원초적으로 존재했던 그것을 알지
못함이니라.
11 너희 성씨의 그 뿌리 이전에 원초적으
로 이루어진 세상이요, 너희가 살아가
는 세상의 근본이 있었다는 것을 너희
는 지금 알지 못하고 있지 아니하는가?
12 너희는 성씨의 뿌리보다 그 이전을 알
아야 할 것이며 그전의 세상이 있었다
는 것을 알아야 할 것이니라.
13 내가 왜 성씨를 가지고 너희에게 깨우
쳐 주느냐 하면, 이는 너희가 깊이 깨
우쳐야 할 대목이 있기 때문이니라.
14 지금 모든 종파가 이루어진 것이 무엇
이던가?
15 개신교라는 것은 무엇이며, 그 명칭은
어디서 붙었으며, 기독교의 명칭은 과
연 누가 만들었는가?
16 너희는 이를 한번 짚고 넘어가 봐야
할 것이니라.
17 구교라는 그 명칭은 과연 누가 만들었
는가?
18 나의 아들 예수가 너희에게 종파의 이
름을 갖고 분류해서 깨달음을 얻으라
그리 명해 줬는가?
19 나의 아들이 너희가 인간의 성씨를
갖듯이 종파 앞에 이름을 붙어 그 종

파의 성씨를 가지고 만백성을 깨우치
라 너희에게 그리 가르쳤는가?
20 그렇지 아니하면 나 여호와가 너희에
게 명한 적이 있는가?
21 나 여호와는 정녕 그와 같이 명한 적
이 없으며 나의 아들 또한 그에게 내
가 명하여 나의 피조물 만백성이 종파
라는 성씨를 가지고 너희를 분류시키
라는 것이 없었음이니라.
22 그러니 지금 모든 종파의 이름을 붙인
것은 과연 누가 만들었으며 어디서부
터 그것이 역사한 것인가, 그 원래의
흐름을 한번 찾아볼 때가 되지 않았
는가?
23 과연 그들이 하늘에서 내린 기독교요,
구교요, 그와 같은 명칭을 붙였는가?
24 너희가 성씨의 뿌리를 소중히 알면서
그전의 너희의 뿌리를 잊고 살듯이,
25 너희가 종파라는 것의 원초적인 그
뿌리를 알지 못하고 살고 있음이니라.
26 너희가 지금 부르고 있는 그 종파라는
것은 무엇이더냐?
27 너희를 통제하고 관리하기 위해 어떤
인간들이 만들어 놓은 이름이 아니고
무엇이던가?
28 그러니 너희는 원초적인 그 뿌리의
종파가 없이 나를 향한 믿음을 왔던
것이요, 그 세상의 삶을 이미 저버린
것이 너희니라.
29 너희에게 뿌리를 찾게 하려고 내가
지금 나의 성경을 내려보내는 것이며
나의 법전을 내려보내 너희를 다스리
고 통제한다는 것을 알아야 할 것이
니라.
30 너희가 원초적인 뿌리를 가지고 왔으
며 내가 내려 준 형제라는 그 한마음
을 가지고 지금까지 살아왔다면,
31 수천수만 개의 그 종파로 갈라지지 아
니하고 존재하였더라면 오늘과 같이
험악한 세상은 이루어지지 아니하였
을 것이니라.
32 이제는 나의 법전을 읽고 깨우친 백성
이요, 나의 아들을 따르는 제자 너희
는 목숨을 걸고 처음에 이루었던 원초
적인 그 뿌리요, 그와 같은 시대를 이
루며 그와 같은 시대를 다시 역사하고
자 하여 되돌리고자 하는 나의 뜻을
알아야 할 것이니라.
33 이제 모든 종파의 이름이요, 구교요,
기독교요, 신교요, 개신교라는 그 이
름이 어찌하여 탄생했는가를 너희는
그것부터 지금 알아봐야 할 것이니라.
34 너희가 실제로 그를 알게 되면, 그것
을 만들 때 어떤 한 인간의 발상에 의
해서 인간의 생각에 의해서 모든 종파
가 생겼으며, 구교가 생겼으며 신교가
생겼으며 기독교가 생겼는지를 알게
될 것이니라.
35 그러니 그 종파를 너희 성씨라 하여
거기에 목숨을 걸고 매달려 가는 자는
무엇이더냐?
36 한 인간이 만든 그 명칭 아래 그것이
하늘에 오르는 성씨인 줄 알고 너희
가 그를 섬기며 거기에 맹종하는 그와
같은 형국이 되어 있다는 것을 알아야
할 것이니라.
37 나 여호와가 정녕 너희에게 성씨가 없
으며 파벌이 없으며 종파가 없이 오로
지 나에게 경배하며 기도하며 성서를
읽고 깨우치며 십계명을 읽고 그대로

살면 되는 것이라 했거늘, 거기에다
수없는 성씨를 갖다 붙여 놓은 것이
바로 너희가 가지는 그 종파이니, 너
희는 십계명을 찾으며 율법을 찾으며
나의 성서에 기록되어 있는 대로 살면
되는 것을 어기고 살며, 그 앞에 종파
즉, 인간으로 말하면 성씨를 갖다 붙
여 놓고 너희가 그 성씨를 섬기고 있
으니, 그것이 무엇인 줄 알겠는가?
38 너희가 모든 성씨를 가졌듯이 그 종파
앞에 붙은 성씨는 바로 인간이 만들었
음이니라.
39 그러니 너희가 그 성씨 앞에 맹종하
며 울고불고 기도하며 하늘에 오르고
자 그를 찾고 매달리는 것은 바로 무
엇인가?
40 너희가 우상을 섬기는 자이니라.
41 그러니 지금 수억의 인구를 가지고 있
으며 물질을 가지고 있으며 재정을 가
지고 있으며 집단을 가지고 있다는 기
독교라 하는 것, 또 모든 종파를 누가
만들어서 이름을 거기에 붙였는지 너
희는 한번 들여다보라.
42 개신교는 무엇이며 기독교라는 것은
무엇인가, 신교는 무엇이고 구교는 무
엇인가?
43 누가 만들어서 그와 같이 훈련을 시켰
는가 한번 보라.
44 그게 나의 아들 예수가 그리 분류시켰
으며 너희가 그를 믿고 따르며 그를
찾고 거기에 맹종하면 두말할 것이
없으며, 나 여호와로부터 명을 받은
너희가 그리 만들었다면 그 또한 내가
말할 필요가 없느니라.
45 그러나 나는 그러한 역사를 한 것이
없으며 나의 아들 예수를 통하여 그와
같이 명한 적이 없음이니, 너희가 인
간을 통제하기 위해 모든 성씨를 붙
여 지금 그렇게 만들어 갔듯이,
46 너희가 모든 종파 앞에 인간이 만든
성씨를 갖다 붙여 놓고 거기에 맹종하
고 울고불고 그리 가니 그것이 바로
무엇이냐?
47 인간이 만들어 놓은 그 앞에 너희가
우상을 섬기는 자이니, 이 무서운 뜻
을 깨우치도록 그리 전하라, 사랑하는
나의 아들딸들아!

6,668 번째 하나님 말씀

2003년 7월 9일 12시 14분

1 사랑하는 나의 아들아!
2 **"네, 아버님! 말씀하옵소서."**
3 나의 사랑하는 백성 그들이 인간이 만
들어 분류, 통제하려 만든 제 성씨 앞
에 그를 주장하며 그를 위하여 살아가
는 백성이 있다 하였음이니,
4 오늘의 종교 집단이요, 종교 지도자
그들 또한 무엇이던가?
5 인간이 만든 그 성씨 앞에 지금 모두
를 다 바치며 지금 맹종하고 있다 하
지 아니하였던가?
6 그러니 저희의 성씨를 주장하는 종교
집단이 인간이 만든 것을 모르며 인
간이 만들어 붙여 준 성씨 앞에 저희
모두를 다 바치며 맹종하는 그 뿌리와
골이 너무나 깊고 깊이 박혀 있음이니,
7 그리하여 내가 원뿌리를 찾는 것이며
그 근본을 깨우쳐 주는 것이 이리도
험악하고 어려운 지금에 이르렀음을

너희는 알아야 할 것이니라.
8 나 여호와가 지금 나의 아들을 통하여
160권의 법전을 세상에 내려보내며
내가 선택하여 초청한 너희가 왜 필
요한지 알겠는가?
9 그들의 원뿌리를 찾아 그 형태로 돌려
놓고자 하는 것이 나의 뜻이니, 되돌
려 놓는 대명을 받은 것이 너희이며,
그 대명의 역사를 이루는 것, 되돌려
놓는 것만이 너희가 하늘에서 이루어
진 것같이 이 지상에서 이루어지는 것
이니라.
10 나의 아들 예수가 종파 없이 만백성을
깨우쳐 하늘에 오르는 길로 인도했듯
이, 지금 나의 아들이 나의 법전이요,
하늘에 오르는 새로운 성경, '하나님!
말씀하옵소서'라는 이 책으로써 너희
를 그 시대로 되돌려 놓으며 원상복귀
시키고자 하는 것이 내가 이루고자 하
는 역사의 뜻이니라.
11 그리하여 내가 너희에게 종파를 갖지
말라 그리하였음이니라.
12 그러나 지금 너희의 그 모든 성씨를
갖다 버리라 할 때 그들은 목숨을 걸
고 그를 지키려 할 것이며 그 조상의
뿌리를 찾을 것이니라.
13 몇백 년도 되지 않는 저희의 이름을
붙인 그 조상의 뿌리에 생명을 바치는
그와 같은 것이니,
14 지금의 종교 집단 앞에, 그 모든 종파
앞에 저희가 성씨를 붙여 놓고 지금
몇백 년이 흘러왔으며 그 뿌리가 이루
헤아릴 수 없음이니,
15 그를 원상복귀시키는 것이 이리도 험
난하고 어렵고 힘든 길이니라.
16 그러니 너희가 그 백성에게 그를 되
돌려 놓는 역사를 하는 것이 너희의
대명이니, 너희 앞에 가는 길은 무엇
인 줄 알겠는가?
17 너희는 평탄하며 부귀와 영화요, 안락
한 길만이 기다리는 것이 아니니라.
18 오로지 너희가 가는 길에는 박해와 죽
음의 위협 속에서 살아가야 한다는 것
을 잊어서는 아니 될 것임을 알라.
19 너희는 모든 백성으로부터, 모든 종교
집단으로부터 감당하기 어려운 그 박
해요, 죽음의 위협 속에서 너희 스스
로 자립하여 살아가는 그와 같은 능력
이 없이는 나의 법전을 전하여 만백성
을 구하는 그 역사를 할 수 없음이니
라.
20 나의 법전이요, 나의 새로운 성경은
무엇이더냐?
21 나 여호와의 성령이니라.
22 나의 성령을 만백성에게 전하여 구원
하는 수행을 하는 너희가 어떠한 핍
박과 박해가 있다 해도 거기에 굴해서
는 아니 되며,
23 너희가 굴하는 것은 나 여호와를 욕되
게 하는 것이니라.
24 너희가 목숨을 바쳐 이를 지키는 것은
나 여호와를 너희가 끝까지 믿으며
나를 위해 죽어 가는 삶을 사는 것이
요,
25 닥쳐 오는 인간의 박해와 너희를 그
죽음으로 몰고 가고자 하는 그와 같은
그들의 핍박에 의하여 너희가 견디지
못하고 굴한다는 것은 원뿌리를 되돌
려 주는 역사를 너희가 중단하는 것
이며 이를 방해하는 자가 너희임을

알아야 할 것이니라.
26 이와 같이 어렵고 힘든 길을 가야 하
는 너희이기에 내가 오늘처럼 너희에
게 어렵고 힘든 훈련을 계속 진행하고
있으며, 그 훈련을 중단하지 아니하고
있음을 너희는 알아야 할 것이니라.
27 너희가 빠른 시간 내에 변하는 역사
요, 너희가 나 여호와가 존재함을 믿
으며 박해와 핍박이요, 죽음 속에 몰
아넣은 그들의 노도와 같이 밀려오는
그 속에서 초연히 네 목숨을 짓밟고
가라고 가슴을 벌려 그들을 막을 수
있는 그 용기 있는 자가 필요함이니,
28 오로지 그와 같이 강한 용기 있는 자
를 만들기 위해서는 강한 훈련밖에는
너희에게 임할 수 없는 것이 아니던가?
29 전쟁터에 나가서 적진을 향하여 달려
가다 총탄을 맞고 죽는 병사가 무엇을
원한다 하였더냐?
30 그는 강한 훈련 속에서, 혹독한 훈련
속에서 저 자신을 다스려 왔기 때문
에, 조국의 통일이요, 그 전쟁에서 아
군이 승리하기를 바라며 죽어 가는
것이라 하였음이니,
31 너희가 과연 나의 법전을 이루어 만백
성을 구하는 그 길을 위하여 아무런
아낌없이, 아무런 잡념 없이, 아무런
두려움 없이 노도와 같이 밀려오는 그
들 앞에 네 가슴을 내놓고 네가 버텨
그들을 막을 수 있는가?
32 '나를 밟고 나를 죽이고 가라.'는 그와
같은 용기 있는 백성으로 너희가 다
시 태어날 수 있겠는가?
33 그 길을 위해서는 거듭된 훈련밖에는
없음이니라.
34 모든 역사와 기적을 이루었던 나의 아
들 예수를 따랐던 열두 제자들이 등
돌리는 형국을 보지 않았던가?
35 너희도 그렇지 아니하다 누가 장담할
수 있는가?
36 이제 마지막 시대에 나로부터 초청받
은 백성이요, 나로부터 선택된 백성이
요, 나의 법전을 읽고 깨우친 백성이
요, 나로부터 직접 내리는 강론을 들
은 너희가 얼마나 무섭게 마음이 무
장되어야 하며 얼마나 강한 마음으로
다져져야 하는지를 아는가?
37 인간 세상에 사는 것, 너희가 아프고
쓰린 것, 춥고 더운 것, 속상한 것, 마
음 상하는 것, 괴롭고 슬픈 그 모든 것
을 다 지워야 할 것이니라.
38 모든 백성이 너희를 박해하며 죽음으
로 몰고 가고자 몰려 오는 그들 앞에
너를 던질 수 있는 그 훈련을 하기도
지금 바쁘거늘, 어찌하여 너희가 추운
것, 더운 것, 그리고 인간사의 감정이
요, 살아가는 이해관계에 얽매여 그를
버리지 못하고 지금도 연연하는 삶을
산다면, 너희가 과연 그와 같은 역사
를 할 수 있겠더냐?
39 나의 아들 예수를 따르던 그 백성도
배고플 때 배고팠으며, 어렵고 힘들
때 힘든 것을 인내하지 못하고 그 불
평과 불만 속에서 살아왔었기 때문에,
40 나의 아들 예수가 죽음의 길을 갈 때
그들은 모두가 등을 돌렸으며, 눈을
맞춰 그를 격려한 자 하나도 없지 않
았던가?
41 너희도 그들보다 더할 것이니라.
42 그리하여 내가 너희에게는 강한 훈련

과 강한 훈련을 계속 진행함으로 인해
서 너희 자신이 두 주먹 쥐고 아무리
너희를 핍박하고 박해하며 죽이고자
하는 자들이 죽음으로 너희를 끌고
간다 해도,
43 너를 죽이고 이 강을 넘으라, 그리 나
를 믿고 나설 수 있는 용기 있는 백성
이요, 선택된 백성이 가야 할 길이니,
그 길을 위하여 너희는 오늘의 어렵
고 힘든 길을 가야 함을 알라.
44 그렇지 아니하면 너희가 인내할 수
없으며 견딜 수 없음이니, 이 세상이
나의 법전으로 덮어진다는 그 구절의
의미를 너희는 깊이 알라.
45 이미 내가 성경에 기록하여, 새로운
말씀이 내려오며 나의 법전이 세상을
덮어 만백성을 구하는 역사가 이루어
질 것이라는 것도 성서에 기록되었으
니, 너희가 그를 정독할 때 이 구절도
찾을 수 있을 것이니라.
46 미리 예언된 것이 역사하는 것이며 미
리 준비된 것이 역사함이니,
47 너희는 그와 같이 갈 수 있으며 그와
같이 역사할 수 있음이니, 너희가 조
금만 더 노력하라.
48 그리하면 너희가 넘을 수 없는 그 망
망대해의 강을 넘었을 때 너희는 죽
음이 두렵지 아니하며 인간 세상에 사
는 작고 큰 정이요, 작고 큰 아프고 쓰
림이요, 작고 큰 감정이 우발되며 도
발되는 그 모두는 아무것도 아님을
알게 될 것이니라.
49 너희가 망망대해를 아무것도 없이 노
력으로써 건넜을 때, 너희는 오직 그
강을 건너기 위한 사투밖에 더 있는가?
50 거기에 너희가 무슨 생각이 있으며 무
슨 잡념이 있겠느냐?
51 너희가 목숨을 바쳐 그 강을 건넜을
때 너희는 나를 대신하여 전사로서 설
수 있는 것이며,
52 한 사람의 나의 백성이 감당할 수 없
는 많은 백성을 다 이길 수 있는 전사
가 되는 것이니라.
53 그리하여 내가 너희에게 훈련함이니,
이 훈련에서 이기는 자가 되라.
54 너희가 훈련에서 이기는 자는 무엇이
더냐?
55 인간세상에 너희 주변에서 이루어지
는 모두를 다 지우는 것이니라.
56 욕심을 지우는 것보다도 인간 세상에
서 이루어지는 모든 마음의 동요를
할 수 있는 것, 마음을 자극할 수 있는
것, 마음을 움직이려 하는 것, 그리고
슬픔을 느끼게 하는 것, 기쁨을 느끼
게 하는 것, 그 모두를 다 너희가 접어
두며 그것에 흔들리지 않는 마음의 자
세,
57 그것이 노도와 같이 밀려오며 너희를
박해하며 죽음으로 몰아넣는 그와 같
은 자들에게 싸워 이길 수 있으며 네
자리를 지킬 수 있는 백성의 자세임을
알라.

6,669 번째 하나님 말씀

2003년 7월 9일 12시 19분

1 사랑하는 나의 아들아!
2 **"네, 아버님! 말씀하옵소서."**
3 너희가 진정한 나의 백성이요, 나의
아들딸이라 하면 내가 내린 그 성씨의

뿌리를 찾는 데 최선을 다해야 하는
것을 잊지 말라.
4 그것이 너희가 이루어야 할 대명이요,
너희가 역사해야 할 것이니라.
5 모든 종파 앞에 붙인 너희 인간이 만
든 그 성씨를 다 뽑아내어 나 여호와
를 향하며 계명대로 지키며 십계명대
로 지키고 살며 그저 나를 찾고 경배
하고 기도하는 것으로써 모든 역사를
하며 나 여호와만을 찾는 것이 너희
가 나의 성씨를 받음이니라.
6 너희가 모든 종파의 이름 앞에 기도하
고 경배하며 인간이 만든 그 성씨 앞
에 울고불고하는 것은 나를 등지는 것
이며 나의 아들딸이라 할 수 없다는
것을 알아야 할 것이니라.
7 그러니 나의 사랑하는 모든 백성에게
원뿌리의 성씨를 찾아 주는 데 너희는
최선을 다하도록 하라, 나의 선택된
백성들아!
8 나 여호와의 성씨를 버리고 인간이 만
든 성씨 앞에 울고불고 맹종하며 맹신
하며, 재물을 바치며, 나의 성씨를 가
졌다 말하며, 나의 성씨를 받은 것처
럼, 나의 성씨 안에서 갖고 살아가는
것처럼, 나의 성씨를 버리지 않은 백
성처럼 그 착각 속에서 살아가며 나의
백성이요, 나의 아들딸이라 울고불고
그리하나,
9 너희는 나의 성씨를 버린 자가 아니던
가?
10 지금의 삶에서 너희가 거듭나지 아니
하며 나의 성씨를 찾지 않는 자는 나
여호와의 자식이요, 나의 아들딸이라
말할 수 없음을 알아야 할 것이니라.
11 내가 일찍이 나의 아들 예수를 통하여
너희에게 나의 성씨의 뿌리를 찾아 주
기 위하여 그들을 되돌려 놓으며 그를
되찾기 위하여 그와 같은 역사를 이루
었으며 기회를 너희에게 주었으나,
12 너희가 그를 버렸으며 그를 거부하였
으며 나의 아들을 죽음으로 몰고 가
모든 막을 내리도록 그리하지 아니하
였던가?
13 너희가 그 모두를 무너뜨렸음이니라.
14 그러니 내가 그를 덮어두며 2천 년의
역사요, 암흑의 세월이 지금 흘렀다
하지 않았던가?
15 그리하여 내가 마지막 나의 성령을 태
워 너희에게 한 번의 기회를 더 줌이
니, 마지막이라 함을 너희는 잊지 말
라.
16 나의 법전이 너희를 깨우치며 하늘에
오르는 길이요, 나의 성씨요, 내 품으
로 돌아오는 단 한 번의 기회를 너희
에게 주는 것임을 알라.
17 두 번 다시 이와 같은 기회가 없다는
것을 너희는 알아야 할 것이니라.
18 너희가 나의 뿌리의 성씨를 갖고 사는
자는 성령으로써 임하여 거듭나는 백
성이 되어 내 품에 올 것이며, 너희가
지금처럼 인간이 만든 그 종파에, 그
성씨 앞에 맹종하고 그와 같이 살아가
는 자는 영혼이라는 것을 알 수 없으
며 영혼의 세계도 알 수도 없으며,
19 보지도 못하며 육에 대해 살고 육에
대한 삶 속에서 허덕이다 그저 죽는
것밖에는 더 역사할 수 없는 백성이라
는 것을 알아야 할 것이니라.
20 내가 나의 아들 예수를 통하여 나의

성씨를 너희에게 찾도록 해주려 했듯
이, 이제 내가 마지막 직접 나의 성씨
를 주며 나의 성씨를 명하여 너희가
나의 성씨를 가지고 살아가는 백성으
로 만들기 위하여 내가 직접 나의 아
들을 통하여 160권의 법전으로써 나
의 성령을 기록하여 너희에게 전함이
니, 이를 보고 너희는 나 여호와의 성
씨요, 나의 아들딸로서 거듭나 돌아오
는 그와 같은 자식이 되도록 그리하라.
21 이것이 너희에게 주는 마지막 기회임
을 잊지 말라.

6,670 번째 하나님 말씀

2003년 7월 9일 12시 24분

1 사랑하는 나의 아들아!
2 "네, 아버님! 말씀하옵소서."
3 지금의 나의 백성 너희는 내가 존재
함을 정녕 믿는다 하며 그를 안다 하
며 심판을 받는다는 백성이 많이 있
음이니라.
4 그리고 내가 존재함을 믿고 사는 것이
너희가 지금 믿음의 길을 가는 길이
라 그리 말하는 자가 수없이 있음이니
라.
5 그러나 너희는 나 여호와가 존재함을
믿지 않는 백성, 믿는 백성, 믿는다 말
하는 자도 수없이 마음이 흔들리며
진정한 믿음의 길을 가지 못하며 작은
이해관계 앞에서도 너희가 나를 버릴
수 있는 것이 지금의 믿음의 길을 가
는 백성 너희의 그 현실이라는 것을
알아야 할 것이니라.
6 그러니 너희가 나를 믿고 내가 존재
한다는 것을 믿고 살아간다는 백성도
진정 나를 의식하지 못하며 나를 믿지
못하며,
7 또한 나를 믿지 않고 산다는 백성, 너
희가 말하는 이방인이라 하는 그와 같
은 백성, 나를 찾지 아니하고 나에게
경배하지 아니하고 그저 신이 어디에
있으며 오늘의 삶을 충분히 살면 되며
아름답게 살다 죽으면 그 은혜를 받을
것이라 생각하고 사는 백성, 어떠한
방법이든 이 세상에 존재하는 백성 너
희는 알아야 할 것이니라.
8 너희는 인간도 아니며 죄 덩어리로써
뭉쳐져 아무리 너희가 천재적이요, 뛰
어난 재주를 가졌다 하여도 너희는
나의 은혜 속에서 벗어날 수 없으며
그 은혜 속에서 사는 것이며,
9 내가 창조하여 너희를 위하여 만든
이 지상에서 살며 내가 만든 모두를
취하면서 사는 것이니라.
10 그러니 너희가 아무리 뭐라 해도 그
모두는 다 내가 주관하는 내 주관 속
에서 살고 있다는 것을 알아야 할 것
이니라.
11 나를 믿는다 하며 바로 가지 못하는
자, 구원을 받았다 말하며 구원받지
못한 백성, 이방인이라 하는 백성, 그
모두가 다 똑같이 나의 손에서 나의
주관하에 나의 은혜 속에서 살아가고
있다는 것을 너희는 알아야 할 것이
니라.
12 그러나 너희가 나의 은혜 속이요, 나
의 품속에서 살아가면서 나를 알지 못
하며 나의 음성을 듣지 못하며 보지
못하는 그 죄악은 어디에 있는지 알겠

는가?
13 너희가 마음속에 욕심이라는 그 죄악
이 있기 때문이니라.
14 그 사악한 욕심의 뿌리가 너희에게
있기 때문에 너희가 눈이 멀어서 보
이지 아니하며 시력이 나빠 보지 못하
는 자와 같은 형국이 되어 있으며,
15 귀가 먹어 듣지 못하는 자처럼 귀가
점점 나빠져 들리지 않는 것처럼 그와
같은 것이 너희가 지금 살아가는 형
국이니라.
16 너희 마음속에 있는 욕심의 뿌리를 다
버리고 버렸을 때 너희는 귀가 들릴
것이며 눈을 뜨게 됨이니, 너희 욕심
을 다 버리라.
17 그리고 그와 같이 살다 보면 너희가
얻을 수 있는 것이며 모두를 볼 수 있
는 것이라는 것을 알라.
18 내가 일찍이 너희에게 말하지 아니하
였더냐?
19 하루살이와 같은 인생이니 너희가 그
와 같은 삶을 깨우쳐 살라 하였음이니,
20 그 속에서 너희가 무엇을 얻고자, 무
엇을 이루고자 발버둥치며 한 치 앞을
내다보지 못하고 사는 그와 같은 삶에
서 벗어나야 함을 알아야 할 것이니
라.
21 다시 한 번 내가 나의 아들을 통하여
너희에게 전함이니라.
22 모든 백성, 나를 욕하는 자, 나를 비방
하는 자, 너희가 이단이요, 사탄이요,
우상을 섬기는 자, 그리고 너희가 사
악한 자라고 말하는 자, 그리고 너희
만이 정통의 믿음을 간다는 백성, 그
모두는 내가 이루어 놓은 나의 지상에
서 내가 역사해 놓은 것을 음미하고
취하고 살지 않는 자가 없음이니, 똑
같이 내가 너희를 주관하고 있다는 것
을 알라.
23 그러니 내가 주관하고 사는 그 속에서
너희가 나의 지시를 따르며 나의 명을
들으며 나의 음성을 들으며 나를 볼
수 있는 것은 무엇인 줄 알겠느냐?
24 누구나 다 자신의 욕심을 버리고 이름
답게 사는 자, 선행을 하며 베풀며 사
는 자, 사랑을 베풀며 나누며 사는 자,
나누면서 제가 생색내지 아니하며 제
가 나눔을 주었음을 말하지 아니하는
그와 같은 백성은 나를 볼 수 있다는
것을 잊지 말라, 사랑하는 나의 아들
딸들아!

6,671 번째 하나님 말씀

2003년 7월 9일 12시 30분

1 사랑하는 나의 아들아!
2 **"네, 아버님! 말씀하옵소서."**
3 너를 따르는 제자들에게 너는 엄히 다
스려야 할 것이니라.
4 미덕을 갖고 살라 하라.
5 겸손한 마음, 겸허한 마음, 그리고 자
신을 낮추고 사는 마음, 그리고 이 세
상에 네 존재는 아무것도 아니며, 잠
깐 스쳐 가며 나 여호와의 뜻에 따라
한 토막, 한 공간의 역사를 하고 사라
져 가는 것이니, 너희는 겸손한 마음
으로 살아가야 한다는 것을 잊지 말라
전하라.
6 겸손과 겸양 속에서 살아가는 것이 너
희가 살아가는 길이라는 것을 알라.

7 지금 모든 종교 집단이요, 지도자 그
들이 오만하며 방자하며,
8 그리고 저희가 모두 다 구원받았다
하는 그와 같은 생각, 그리고 저희는
또 나 여호와를 찾으며 나의 아들 예
수를 찾음으로 특별한 백성이요, 선택
된 백성이라는 그와 같은 착각 속에서
살아가는 그 백성으로 하여금 이 지
상이 이리 험악해졌으며, 말세요, 종
말이요, 사악한 시대가 이루어졌음이
니,
9 그들에게 경종을 울리도록 하라.
10 그들에게 네가 물어보라.
11 너희 인간이 아무리 지혜를 가지고 아
무리 정교하게 무엇을 만들어 놓았으
며, 화려한 과학의 극치에 도달한다
해도 과연 그것이 어디까지인가를 알
아야 할 것이며,
12 너희가 이 세상에 더 말할 수 없는 정
교하게 만들어 놓은 그 발명을 한 백
성이라 하여도 미물이 살아가는 그 형
태요, 미물이 존재하는 이유, 그 미물
이 가지고 있는 특성, 그것 하나도 알
지 못하며 그것 하나 찾지 못하는 것
이 너희이니라.
13 너희가 인간의 신체를 분석하고 또 분
석하여 그를 금액으로 환산하며 그를
분리하여 그 성분을 다 안다 해도 결
국 찾아내지 못하는 것이 거기에 하나
가 있음이니,
14 그와 같은 모든 물체가 하나가 되어
인간으로 존재할 수 있도록 정교하게
화합되어 이루어지는 것을 너희는 결
코 알 수 없으며 찾지 못하는 것이 아
니던가?
15 그것뿐이던가?
16 풀잎 하나의 성분이요, 땅속에 사는
작은 미물이요, 물속에 살아가는 고기
하나까지도 너희가 그가 가진 그 모
두를 찾아내지 못하며 그를 알지 못하
는 것이 아니던가?
17 그러기에 내가 오만하지 말라 하였음
이니라.
18 자만하지 말라 하였음이니라.
19 겸양과 겸손을 가지고 살아가는 나의
아들을 따르는 제자들의 마음 자세부
터 다스리라 엄히 내가 너에게 명함이
니라.
20 너희는 아무것도 하나 제대로 아는 것
이 없으며 알 수 없음이니라.
21 이 세상 모두를 통제하는 자가 보이지
아니하면서 질서 있게 돌아가는 것,
하나의 오차도 없이 역사하는 것, 이
자연의 위대함 속에서 너희가 배워야
할 것이며, 그 움직이는 자연의 위대
함 속에 너희 자신의 고개를 낮춰야
할 것이니라.
22 그 자연의 움직임이요, 위대함이요,
정교함은 바로 나 여호와가 직접 관장
하고 통제하고 관리하기 때문이니라.
23 나 여호와가 그리하지 않을 때 여기에
는 천파만파 충돌이 생기며 모두가 존
재할 수 없는 그와 같은 형국이 될 것
이니,
24 그 모든 것을 역사하는 것은 보이지
않는 나 여호와의 능력이요, 내가 모
두를 다 관장한다는 것을 잊지 말라,
사랑하는 나의 아들딸들아!
25 너희는 모든 것을 다 붙여 대느니라.
26 이래서 이 종파가 위대하며 저래서 저

종파가 위대하며 하늘에서 또 위성에
서 어떠한 인간 세상에 있어서 그를
통제하는 것이라 말하는 자, 그저 별
의별 것을 다 갖다 붙여 대어 믿고 따
르는 그와 같은 종파들이 있음이니라.
27 그들에게 가르쳐 주라.
28 모든 것의 유일한 신은 나 여호와 하
나며, 이 세상을 통제하는 것은 나 여
호와 하나뿐이라는 것을 그들이 믿고
따르도록 그리하라.
29 나 여호와가 아니요, 두셋이 통제할
때, 이는 존재할 수 없다는 것을 알라
그리 전하라.
30 너희가 한 나라를 다스리며 집단을 다
스리는 것도 우두머리요, 지휘자가 둘
이라면 엇갈리며 언젠가는 등을 돌리
게 되어 있으며 반목하게 됨이니, 서
로 칼을 뽑는 그와 같은 형국으로 되
게 되어 있음이니라.
31 그러니 수천수만 가지를 다 통제하는
나 여호와가 존재하지 아니하며, 둘이
요, 셋이 있다 하면, 내가 아니고 다른
신이 있다 하면 과연 이것이 이루어질
수 있겠느냐?
32 지구의 모든 것이요, 이 우주는 다 파
괴될 것이며 아무것도 존재할 수 없
을 것이니라.
33 산소를 공급할 때 중단하고자 할 것이
며, 불이 필요할 때 중단하고자 할 것
이며, 물이 필요할 때 중단하고자 하
는, 의사가 번복되는 그와 같은 형국
으로써는 너희는 이 세상에 몇 초도
존재할 수 없음이니,
34 오로지 창조주는 나 여호와요, 모두를
관장하는 것은 나 여호와이니라.
35 그러니 나 여호와가 존재함을 먼저 믿
도록 깨우쳐 주도록 하라, 사랑하는
나의 아들딸들아!
36 아무리 너희가 위대한 지혜로써 무엇
을 만든다 하여도 너희는 내가 주관
하는 그 안에 존재하는 것이며,
37 내가 만든 상대성에 대한 것을 완벽하
게 분석하며 그를 완전히 아는 것이
하나도 없다 내가 너희에게 전함이니
그리 알라.

6,672 번째 하나님 말씀

2003년 7월 9일 20시 49분

1 사랑하는 나의 아들아,
2 너의 제자들에게 네가 그리 물으라.
3 '과연 네가 무엇이던가?' 그리 물어보
도록 하라.
4 모든 나의 피조물 만백성이요, 수천
년 동안 믿음을 오는 그 백성이 저 자
신이 무엇이며 제가 누구인지를 돌아
다보지 못하고 살아왔기에,
5 저희가 감히 나의 아들 예수를 구세주
라 부르며 구원을 받으며 하늘에 오르
는 백성이라 그와 같은 착각 속에서
살아가고 있는 것이 그들이니,
6 너의 제자들에게 물어보라.
7 너희는 과연 무엇이기에 나의 십계명
이요, 나의 율법을 지키고 살 수 없다
고 그리 말하며,
8 내가 나의 아들을 통하여 내리는 법전
의 내용대로 살지 못하며 인간이기 때
문에 다스려 나갈 수 없다고 말을 함
인가?
9 '과연 네가 무엇이더냐?' 그들에게 물

어보라.
10 너희가 감히 그런 말을 할 자격이 있
으며, 그와 같은 행동을 할 수 있으며,
11 내가 사랑을 베풀며 아름답게 살라 했
으며 세상의 그 모두를 너희 손에서
놓는 것을 낙엽 하나 놓는 것처럼, 종
이 한 장 놓는 것처럼 아무리 귀하고
소중한 것도 놓을 수 있는 마음으로
살라 하였거늘,
12 거기에 시시비비가 어디에 있으며 그
와 같은 행동을 하지 못하는 너희가
무엇인가 물어보라 그리하라.
13 너희는 무엇인 줄 알겠는가?
14 너희는 죄로써 얼룩져 있으며 죄로써
더덕더덕 굳어진 자들이니라.
15 죄로써 더덕더덕 굳어져 있으며 너희
몸이 죄로써 점철되어 뭉쳐져 있는 것
이지,
16 너희가 성령이요, 믿음이요, 인간의
삶으로써 된 자가 어디에 있다 말할
수 있는가?
17 나의 아들 너 또한 그러며 너를 따르
는 제자들 또한 그러하니라.
18 너도 60평생을 살아오면서 지금까지
죄를 더덕더덕 짓고 있으며 네 몸이
죄로써 성장한 네가 어찌하여 나의 계
명이요, 나의 율법을 지키는 데 하나
라도 소홀히 할 수 있다는 생각을 할
수 있는가?
19 너희가 철저하게 지켜도 나의 은혜에
보답하지 못하며 너희의 구겨진 그
마음을 씻을 수 없는 것이며 죄로써
뭉쳐진 용서받을 수 없는 자이거늘,
20 죄로써 뭉쳐진 너희가 어찌 감히 무
엇을 달라 하며 소원을 빌며 그러면서
너희가 내가 지키라는 십계명이요, 나
의 율법이요, 나의 법전대로 행하지
못하고 산다 하며 그리고 살 수 없다
고 그리 말하는가?
21 너희가 무엇인지 한번 돌이켜 보라 그
리 물어보라.
22 너의 제자들에게 감히 그런 말을 할
수 있으며 그와 같은 행동을 할 수 있
는가 물어보라.
23 너희가 생명을 받아서 세상에 나간
그 은혜 하나만으로도 나에게 모두를
다 던져 갚는다 해도 갚지 못할 것이
거늘,
24 그리고 너희가 세상에 나와서 살아갈
수 있는 모두를 다 내가 역사하여 줘
내 품에서 내 뜻에서 살아가며, 감히
창조주 나 여호와를 아버지라 부름이
니,
25 너희가 과연 나를 아버지라 부를 자격
이 있단 말이던가?
26 육으로써 너희는 죽어 감이니라.
27 육을 가지고 있는 너희는 나를 아버
지라 부를 수 없음을 알라.
28 너희가 나를 아버지라 부르려면 죽어
서 구원을 받는 자만이 나를 아버지라
부를 수 있거늘,
29 너희가 무엇이기에 감히 나의 계명을
지킬 수 없으며 나의 뜻을 지킬 수 없
으며 내가 명하는 것을 지킬 수 없다
고 오만방자한 행동을 하고 있는가?
30 너의 제자들이 다 죄 덩어리요, 너 자
신이 죄로써 뭉쳐진 덩어리요, 그러한
자들이 감히 이러고저러고 시시비비
를 할 수 있으며, 남을 평가하며 남의
얼굴 붉히는 일을 할 수 있으며,

31 지나가는 배고픈 자에게 밥 한 끼를 대접하며, 떨어져 있는 쓰레기 하나를 줍는 것이 무엇이 위대하며, 너희가 가진 재물을 좀 더 나누어 준들 그것이 무엇이 위대하며,

32 감히 너희가 은혜를 베풀며 사랑을 베푸는 자라 생각하는가?

33 너의 제자들을 앉혀 놓고, 너희가 무엇인가를 물어보라.

34 너희는 인간도 아니며 죄 덩어리로써 뭉쳐져 있으며, 죄로 뭉쳐진 것이 너희 인간의 본성보다도 더 큼을 알아야 할 것이니라.

35 지금 너희 키가 얼마나 되는가?

36 너희가 지금까지 지은 죄를 하나하나 백지장에다 기록하여 한 죄목씩 쌓아 놓는다 하면 그 종이의 높이가 너희 키보다 높을 것이니,

37 너희가 과연 인간이며 육을 가진 사람이라 할 수 있으며, 과연 나를 아버지라 부를 수 있단 말이던가?

38 너희가 무엇인가 그들에게 물어보라 이르라.

39 이제는 너희가 정신을 차려야 할 것이니라.

40 이와 같이 고통스럽고 어려운 길을 갈 수 없는 자는 떠나려면 떠나라 할 것이며, 남을 자는 남으라.

41 너희는 죄로써 뭉쳐진 자며 그 죄를 씻어 내기에도 감히 나에게 부끄러워 고개를 들 수 없는 백성이거늘,

42 나로부터 모두를 다 받아서 나간 자들이니, 내가 지키라는 계명 하나도 그대로 지키고 살지 못하는 너희가 말로써 나를 믿으며, 말로써 구세주요, 나의 아들이요, 예수라 부르며 나에게 은혜를 받고 영광을 돌려 달라, 그리고 나를 찾으면 구원을 받는다고 생각하는 착각을 버리도록 그리하라.

43 죄로써 뭉쳐진 자들이며, 부끄러워 감히 내 앞에 고개도 들 수 없는 너희이거늘, 어찌하여 너희가 나의 율법을 지킬 수 없으며 나의 계명대로 지킬 수 없으며, 내가 마지막 나의 성령을 모두 태워 내리는 나의 법전대로 살 수 없다고 말로 감히 그리하는가?

44 너희 자신을 돌아다보면 고개를 들 수 없을 것이며 입이 있다 해도 말을 할 수 없는 것이 너희이거늘, 너희가 무엇이며 너희가 누군가 물어보라, 사랑하는 나의 아들아!

45 너희는 죄로써 뭉쳐진 죄 덩어리이니라.

46 너희는 인간이 아니요, 죄로써 뭉쳐진 덩어리이고 죄로써 된 자이니라.

47 내가 너희에게 죄를 짓고 살라고 지금 이 세상에 내보냈던가?

48 너희가 나에게 심판을 받을 때 한 번의 기회를 더 얻어 나온 백성이라 그리 말하였음이니, 그리 안고 온 죄도 있거늘,

49 너희가 여기서 또 죄로 뭉쳐진 인간으로 살면서 감히 내가 내린 십계명이요, 나의 율법을 지킬 수 없다 있다,

50 인간이기 때문에 행할 수 없다 있다 너희가 시시비비하며 갑론을박하는 것이 얼마나 오만한 자들이며 방자한 자들이며, 네 분수를 모르는 백성인 줄 알겠는가?

51 이제 네 제자에게 물으라.

52 너희 가슴에 손을 얹고 생각해 보라.
53 '너는 죄 덩어리요, 인간이 아니라는
것을, 과연 그 말에 거부할 수 있는 자
있거든 대답하라' 그리 말하라.
54 만일 너희가 인간이기 전에 죄 덩어
리로 뭉쳐진 자요, 사악한 악마로서
사악한 마음으로 뭉쳐진 너희라 생각
하거든,
55 그를 씻고 나로부터 용서를 받겠다 해
도 그것도 못다 하거늘, 어찌하여 내
가 지키고 행하라는 것을 지키지 못하
며 그리 살지 않는가?
56 나의 법전대로 살라 하였거늘, 너의
제자들이 그를 시시비비하며 그를 지
키지 아니하며 그리 살 수 없다는 자
는 나를 믿는 자가 아니며 나를 따르
는 자가 아님이니라.
57 너희가 거기에 이유가 어디에 있으며
반항이 어디에 있으며 감히 갑론을박
할 것이 어디에 있단 말이던가?
58 죄로써 뭉쳐진 죄 덩어리가 인간으로
태어나기도 바쁜데,
59 인간으로서 다시 태어나 그 인간이 다
시 성령으로써 임하여 천국의 문을 들
어서는 자만 내가 나의 아들딸이요,
나의 자식이라 부를 것이며 너희가
나의 아들딸이 되는 것이거늘,
60 인간의 육을 가진 그 세상에서 너희가
나를 아버지라 부르는 것은 잠깐 부르
는 것뿐이요,
61 영원한 나의 아들딸이 되는 것은 죽음
에서 다시 태어나는 그 영광이 없이는
너희는 나의 아들딸이 아님이니,
62 울고불고 찬송하며 재물을 바치며 죄
의 온상에 가서 모든 광란의 짓을 하
면서 나를 부르는 것은 다 허황된 것
이며, 파도 소리만큼도 들리지 않는다
는 뜻을 알겠는가?
63 성령으로써 거듭나는 것, 너희가 다시
태어나는 것, 죽어서 심판을 받았을
때 나의 천국의 문에 들어서는 자만이
나의 아들딸이거늘, 감히 너희가 나의
아들딸이라 할 자격도 없다는 것을 알
라, 죄로 뭉쳐진 백성들아!
64 나 여호와가 오늘 이와 같은 이야기를
기록하는 것은,
65 너의 제자들이 깨우칠 만큼 깨우쳤으
며, 너의 제자들이 자신을 들여다봐야
할 것이며, 이 뜻을 만백성에게 전하
여 나의 아들딸이 되는 그 길이 무엇
이며, 그 길을 가고자 하면 어찌 살아
야 하며, 너희가 그러고도 그와 같은
행위를 할 수 있는가를 물어보라.
66 나를 아버지라 부르는 자격이, 너희
육이 끝나는 그 순간에 부를 수 없다
고 내가 말하였음이니,
67 그때 와서 나의 자식이 되는 것이 나
의 영원한 자식이요, 나를 아버지라
부를 수 있는 자격이 있는 것이 너희
이니,
68 이 무서운 이치를 깨닫고 살라.
69 너의 제자들에게 다시 한 번 물으라.
70 너희가 무엇이냐 물어볼 때, 그들은
죄의 덩어리로 된 자이니, 감히 율법
대로 나의 법전대로 십계명대로 살 수
없다 있다 갑론을박하지 말라 그리 전
하라.

6,673 번째 하나님 말씀

2003년 7월 9일 20시 58분

1 사랑하는 나의 아들아!
2 "네, 아버님! 말씀하옵소서."
3 너희가 육으로써 사는 이 세상에서 육
으로써는 죽음이란 것으로써 육의 삶
을 모두를 마친다 그리 말하였음이니
라.
4 그러니 너희가 육이 존재하는 동안에
나를 아버지라 부르며 나를 창조주라
부르는 것은 육으로써 존재하는 그 육
의 세상에서 너희는 나의 육의 자식
이니라.
5 육의 자식으로서 너희가 존재함을 알
아야 할 것이니라.
6 그러니 너희는 육으로써 너희가 말하
는 천국이요, 나의 나라에 오는 것이
아니라는 것을 또한 여기서 깨달아야
할 것이니라.
7 너희가 육의 세상에서 사는 모습으로
써 오는 것이 아니며, 너희 손으로 지
은 성전이요, 교회라는 곳에 가 울고
불고한다 하여 나의 아들딸이 되는 것
이 아님을 너희는 알아야 할 것이니
라.
8 너희가 정녕 나의 아들딸이 된다는 것
은 육의 삶을 벗어나 천국의 영광스런
문을 들어서는 자가 바로 나의 아들딸
이 되는 것이요, 지금의 너희는 영원
한 나의 아들딸이 아니거늘,
9 어찌하여 너희가 그를 착각하고 산단
말이던가?
10 너희는 성령으로써 다시 거듭 태어나
는 삶을 사는 백성만이 진정 나의 아
들딸이 됨을 알아야 할 것이니라.
11 나의 성령으로써 거듭나는 자, 나의
성령으로써 살아가는 자, 나의 성령으
로 거듭나는 것이 무엇이던가?
12 내가 직접 불로 써 내린 십계명을 지
키고 사는 삶이니라.
13 그리고 지금 내가 와 마지막 시대 나
의 아들을 통하여 내린 법전 그대로
사는 것이니라.
14 너희는 육의 세상에서 60점이라는 그
점수 안에서 사는 것이며, 너희가 그
세상에서 나를 아버지라 부르며 살다
죽어 그 60점을 벗어났을 때, 너희는
나를 아버지라 부를 수 있는 그 영광
된 자가 영원한 나의 자식이요, 나의
아들이라 함을 알아야 할 것이니라.
15 내가 일찍이 나의 아들을 통하여 전하
기를, 너희가 죽어 왔을 때 심판대에
섰을 때는 나를 아버지라 부를 수 없
다 내가 그리 말하였음이니,
16 거기서 정녕 나를 아버지라 부르는 자
가 나의 백성이요, 나를 아버지라 부
를 자격이 있는 것이요,
17 너희가 육의 세상에서 나를 찾는 것,
나를 아버지라 부르는 것은 너희 육이
죽을 때까지 한시적인 아버지라 함을
잊지 말라.
18 영원한 나의 아들딸이 되는 그 길을
너희가 가야 한다는 것을 알라.
19 내가 너희는 거듭나 두 번 죽는다 하
였음이니라.
20 육의 죽음이요, 영혼의 죽음이니,
21 그때 죽음이 영원한 죽음이라 내가 그
리 깨우쳤던 그 뜻을 너희는 어찌하여
그리 모르는가?

22 너희의 영혼이 죽고 사는 그 죽음에서
영원히 사는 자가 나의 아들딸이요,
내 품에 올 수 있는 것이 나의 자식이
라는 무섭고 엄연한 이 사실을 너희가
다시 한 번 깨우치지 아니한다면,
23 지금 너희 손으로 지은 죄의 온상에
가 울고불고 너희가 믿는 종교 집단
의 육의 삶으로써는 이루어질 수 없
음이니,
24 그 속에서도 너희는 천사와 같이 사
는가?
25 추하고 더러운 삶을 너희가 수없이 반
복하고 삶이니,
26 그러고도 너희가 어찌하여 나에게 거
듭나는 세상에서 나의 아들딸이 될 수
있다고 말할 수 있다던가?
27 모두를 다 버리며 욕심을 버리며 마음
을 비우라 함이 여기에 있음을 너희
는 알아야 할 것이니,
28 그리하여 하늘에 오르는 길이 아무나
올 수 없다는 것을 너희는 새삼 알아
야 할 것이며,
29 너의 제자들만이라도 깊이 깨우치라
그리 전하라, 사랑하는 나의 아들아!
30 육의 삶을 사는 너희는 누구나 다 나
의 천국에 들어올 수 있는 백성이 아
님을 이제 알라.
31 너희는 육을 가지고 있는 그 삶의 세
상에서 육을 가진 그 형태에서 일단
죽음으로써 심판대에 섰을 때 모두는
다 끝나니,
32 거기서 거듭 태어나는 삶을 살아야 한
다는 것을 절대 잊어서는 아니 될 것
이니 그리 알라.
33 너희가 육을 가진 세상에서는 육으로
써 나의 아들딸이라 함이니라.
34 그러나 너희는 성령으로써 거듭 태어
날 때만이 진정한 나의 아들딸이 된다
는 것을 이제 나의 법전을 읽는 백성
은 깊이 깨우쳐야 할 것이며,
35 너의 제자들은 이와 같은 하늘의 뜻을
알았으면 여기에 어긋나지 않는 삶을
살라 그리 가르치라.
36 천국에 들어오는 자들만이 정녕 영원
한 나의 아들딸이니, 너를 따르는 제
자요, 나의 법전을 읽는 백성 너희가
영원한 나의 아들딸이 될 것이며, 되
지 아니한다면 그 누구도 영원한 나의
아들딸이 될 수 없음이니,
37 내가 나의 집이 다 비어 있다 함이 여
기에 있음이니 그리 알라, 사랑하는
나의 아들딸들아!
38 육의 세상에서 너희를 위하여 울고불
고 찬송하며 광란의 짓을 하는 자, 그
리고 나를 아버지라 착각하며 '아버
지, 아버지!' 부르며 예수를 '주여, 주
여!' 부르며 입으로만 믿는 그것으로
써 나에게 오를 수 있다는 생각이 얼
마나 잘못된 것인가?
39 그리하여 그들이 기도하고 울고불고
소원하는 것은 내 귀에 들리지 않는다
하였으니,
40 너희가 나의 아들딸이 되고 안 되는
것은 너희가 심판을 받을 때 알 수 있
음이니,
41 내가 어찌하여 내 자식이 되지 않는
자들에게 울고불고 드리는 기도 소리
를 들어 소원을 들어주며 뜻을 들어주
며 원하는 것을 들어준다 생각하는가?
42 스스로 너희가 거듭나는 길을 왔을

때, 너희가 다시 태어나는 그 거듭나
는 삶에서 내가 너희를 거둬들이는
아버지라는 것을 잊지 말라.
43 나의 성령으로써 거듭나는 삶을 살라.
44 지금의 믿음의 길을 가는 백성 너희
는 예수를 찾으며 나를 찾는다 하여
나의 아들딸이 된 것처럼 말하며, 죄
의 온상이라는 그 교회라는 곳에 나오
기만 하고 가기만 하며 재물을 바치기
만 하면 구원을 받는다고 그리 생각
하는 것,
45 그것이 얼마나 잘못된 것이며 허황된
짓이며, 하늘의 뜻을 모르고 지금 감
히 그 행위를 하고 있는지 알고 있는
가?
46 그 모두가 다 나에게 관계없다는 것을
알라.
47 나의 율법대로, 나의 법전대로, 나의
계명대로 살아가는 것만이 진정한 나
의 아들딸이 됨을 너희는 알아야 할
것이니라.
48 지금의 삶을 가는 자들, 그 백성의 형
국으로써는 나의 아들딸로서 거듭나
는 백성이 하나도 없음이니, 너희가
아무리 울고불고한다 해도 내가 그를
듣지 아니한다 함이 여기에 있으며,
들리지 아니한다는 그 뜻이 여기에 있
음을 알라.
49 이제 사랑하는 나의 아들을 따르는 제
자 너희는 진정한 나의 아들딸로서
성령으로써 거듭나 천국의 문에 들어
설 수 있는 제자로서 또한 그 백성으
로서 거듭나며 다시 살아가는 삶을 다
스려 나가도록 그리하라.
50 모든 죄의 온상으로써 만들어진 너희
자신을 들여다보라.
51 죄로써 엉클어지고 뭉쳐진 너희가 무
엇을 어찌 살며 어찌 행동하며, 무엇
을 달라, 구원해 달라 그리 말하며, 그
와 같이 죄로 뭉쳐진 너희가 그 영혼
을 가지고 과연 나에게 올 수 있다고
말하는가?
52 나를 아버지라 부를 수 있는 자격이
아무도 없음을 너희는 알라.
53 성령으로써 나의 아들딸이 됨이니, 이
는 곧 나의 율법이요, 십계명이요, 법
전을 지키고 사는 것만이 오로지 나의
자식이 되는 길이라는 것을 만백성에
게 전하도록 그리하라.
54 너희가 지금 믿고 가는 길에서 울고불
고 찬송한다 하여 나의 아들딸이 된
것처럼, 나의 자식이 된 것처럼 착각
하지 말라 그리 이르라.
55 거듭나는 자로서 진정 영원히 사는 나
의 아들딸이 되는 길을 알라 그리 전
하라.
56 그 길이 무엇인지 알 것이니라.
57 내가 나의 법전에 수없이 그 길이 무
엇인가를 기록하여 전해 내렸음이니,
나의 법전을 읽고 깨닫는 자는 알 것
이니라.
58 육의 세상에 사는 너희는 정녕 영원
한 나의 자식이 아님을, 그 착각 속에
서 깨어나도록 그리하라.
59 너희가 나의 자식이요, 나의 아들딸이
되는 것은 육의 세상에 살며 나를 아
버지라 부르는 것이 아니요,
60 너희가 심판을 받아 영원히 사는 나의
천국의 문을 들어설 수 있는 그와 같
은 영광을 얻는 자가 바로 영원한 나

의 아들딸이라는 그 의미를 알게 될
것이며 알고 있을 것이니, 알았으면
그리 행하도록 하라, 사랑하는 나의
아들딸들아!

6,674 번째 하나님 말씀

2003년 7월 9일 21시 04분

1 사랑하는 나의 아들아!
2 "네, 아버님! 말씀하옵소서."
3 저희만이 진정한 믿음의 길을 가는 것
이요, 나머지는 다 이단이요, 사이비
요, 사탄이라 말하는 자, 그리고 그와
같은 종교 집단이 지금 수천 년 동안
흘러왔으나, 그들은 거듭나는 의미를
모르며 다시 태어나는 의미를 모름이
니라.
4 거듭나는 것은 너희가 변화되는 그
삶이요, 변화될 때 그 변화가 무엇인
줄 알겠는가?
5 너희가 성령으로써 변화되며 성령으
로써 거듭나는 자, 그리고 나의 천국
의 문을 들어설 수 있는 자가 거듭나
는 자임을 너희는 알아야 할 것이니
라.
6 그러나 수천 년 동안 흘러오는 종교
집단이요, 지도자요, 그리고 많은 신
도요, 구원을 받았다며 울고불고 찬송
하며 감사한다 하며 지옥으로 떨어져
가는 그 백성이 지금까지 온 길이 무
엇인 줄 아는가?
7 그들은 말로써 나의 아들 예수를 찾으
며 나를 찾으며, '주여, 당신을 믿습니
다.' 하며 울고불고 그와 같은 형국으
로 살아왔으니, 욕심으로 가득 찬 자
들이며,
8 그들은 행함으로써 믿음을 온 자가 아
니요, 말로써 입으로써만 믿음의 길을
온 자이니라.
9 그리하여 저희가 말로써 구원을 받으
며 재물을 갖다 바침으로써 저희 죄가
씻어진다는 그 착각 속에서 재물을 바
치고 죄를 용서받았으며 저의 추하고
더럽고 무서운 죄를 모두 용서받았다
하여 감사한다 하며 울고불고하나,
10 그와 같은 행위를 한다 해서 천국에
들어갈 수 있으며 들어올 수 있다고
생각하는 자는 그 착각에서 우선 벗어
나야 하는 것을 알아야 할 것이니라.
11 그와 같은 백성은 나의 천국의 문을
들어설 수 없으며 천국의 문을 들어서
지 못한다는 것을 너희는 알아야 할
것이며,
12 천국의 문에 들어서지 못하는 자는 나
의 자식이 아니요, 나의 아들딸이 아
니라는 것을 내가 나의 아들을 통하여
너희에게 명했음이니, 이를 너희 가슴
에 깊이 새겨 두어야 할 것이니라.
13 그렇다면 너희가 정녕 나의 아들딸로
서 거듭나는 삶은 어떠한 삶이며, 너
희가 그 길을 가려면 어찌 살아야 하
는가?
14 그것은 너희가 스스로 깨우쳐 가도록
하라.
15 그건 고통의 길이요, 시련의 길이요,
어렵고 힘든 길이니라.
16 가시밭길을 맨발로 가는 것보다 더 고
통스러운 그와 같은 삶 속에서 너희는
영원히 사는 나의 아들딸로서 거듭나
는 삶의 길을 볼 수 있을 것이니라.

17 너희가 정녕 나에게 오르는 자식으로
서 영원히 살고자 한다면, 내가 내린
율법이요, 내가 직접 써 내린 나의 계
명이요, 나의 아들을 통하여 지금 내
가 밤낮을 가리지 아니하고 '새로운
성경'이요, '하늘에 오르는 길'이요,
'하나님! 말씀하옵소서'라고 내리는
나의 법전을 읽고 깨우치는 그 백성만
이 나의 뜻에 순종하는 백성이요, 천
국에 들어올 수 있는 길을 아는 자들
이며, 그 빛을 볼 수 있음이니,
18 그는 곧 나의 아들딸로서 서서히 성장
함이니, 너희보다 위대한 영광이요,
축복을 받은 백성은 세상에 아무도 없
음이니,
19 너희가 세상 것을 다 얻은 것보다도
귀하고 소중한 것이 오늘의 깨달음이
라는 것을 잊지 말라.
20 이 세상 것을 다 얻은 것보다 더 영광
이요, 축복받은 귀중한 것을 가진 너
희가 무엇이 두려워 삶을 불안해하며
오늘의 삶에 당당하지 못한가?
21 아무것도 너희보다 더 크게 이루는
것이 없으며 너희가 얻은 것보다도
큰 영광이 없음을 알라.
22 너희는 이제 천국에 들어올 수 있는
길을 알며 그 삶을 사는 것이 아니던
가?
23 이제는 너희가 그 길을 알았으면 만
백성에게 전하라.
24 너희가 성령으로써 거듭나지 아니하
면 나의 자식이 될 수 없다는 그 뜻을
상세히 그들에게 가르쳐 주라.
25 지금의 교회라는 곳에서 지금의 믿음
의 길을 가는 백성, 그리고 그 집단 속
에서 그저 맹종하고 가는 자, 말로써
주 예수를 찾으며 나를 찾는 자는 나
의 아들딸이 아니며 성령으로써 거듭
나는 삶을 사는 백성만이 나의 자식이
요, 그 길을 가는 것은 무엇이냐?
26 나의 계명이요, 나의 십계명을 지키
며, 지금 내가 바로 내리는 나의 법전
을 지키고 사는 백성만이 나에게 올
수 있으며, 그 백성만이 나에게 관계
된 백성이라 내가 말하지 않더냐?
27 그러니 너희가 드리는 기도요, 울고불
고하는 그 모든 행동이 다 나와는 아
무 관계도 없는 쓸데없는 짓을 하고
있다는 그 의미가 여기에 있음이니,
그 무서운 사실의 의미를 깊이 깨우쳐
행하도록 하며,
28 너희는 거듭났을 때 나의 아들딸로서
나의 천국의 문에 들어올 수 있는 그
길만을 향한 삶을 살라.
29 누가 핍박하든, 너희를 욕하든 무너트
리든, 너희에게 어떠한 압력을 넣든,
너희를 죽음의 구렁에 몰아넣든, 어떠
한 형국이 오든 너희는 두려워하지
말며 겁먹지 말라.
30 이 길을 아는 자는 너희뿐임을 알라.

6,675 번째 하나님 말씀

2003년 7월 9일 22시 10분

1 사랑하는 나의 아들아!
2 "네, 아버님! 말씀하옵소서."
3 수천 년 동안 흘러오면서 오늘의 그
방대한 집단이요, 그 믿음의 단체를
이끌고 가는 백성, 그 속에 속해 있는
백성, 그리고 재물을 아낌없이 던지며

재물로써 죄 사함을 받는다는 그 집단
이 이 세상을 다 덮고 있으며, 그 단체
요, 그 조직이요, 그 물리적인 힘을 이
길 수 있는 것은 아무것도 없음이니라.
4 그러니 덩치가 큰 자가 덩치 작은 자
를 밀어붙이듯이, 그들은 이 세상에
참진리요, 아름다운 뜻이 내려온다 해
도 그는 이단이요, 사탄이라 그리 밀
어붙이며 지금 가고 있음이니,
5 그것이 너희의 만행이요, 오만한 행동
이요, 방자한 행위를 하는 것이니라.
6 나의 백성이라 말하며 구원의 길이요,
나의 뜻에 의해 하늘에 오르는 길을
인도한다는 그들이 저희 자신이 깨우
치지 못하며 제가 가는 길이 무엇인지
알지 못하며,
7 나의 율법과 십계명을 목숨을 바쳐 지
켜야 할 그 백성이 이를 행하지 아니
하고 이를 지키지 아니하며 이대로 살
수 없는 것이 인간이라 하며, 살지 못
하는 것이 당연한 인간이며,
8 그리 살지 못한다 해도 인간이기에 살
수 없기 때문에 너희 손으로 지은 죄
의 온상에 와 용서를 받으며 구원을
받을 수 있다고 그리 말하는 백성이
얼마나 불쌍하고 불행한 백성이던가?
9 이제 나의 법전을 읽고 강론을 들으며
나의 아들을 따라가는 너희는 나를
아버지라 부를 수 있는 것이 어느 때
며, 어떠한 형국에서 나를 부를 수 있
으며 나의 자식이 될 수 있다는 것을
너희는 알고 있지 않은가?
10 그러니 이제 너희가 이와 같은 백성
을 깨우쳐야 함을 잊어서는 아니 될
것이니라.
11 너희의 모두를 다 바쳐 그들에게 구원
의 빛을 보여 줘야 할 것이며, 그들이
구원을 받는 길이 무엇이며, 나 여호
와를 아버지라 부를 수 있는 자격이
언제이며, 영원히 부를 수 있는 것은
어떠한 길이라는 것을 모든 백성에게
깨우쳐 주어 그들이 바른길을 보도록
해야 하는 것이 너희 삶이라는 것을
알라.
12 그리고 선택된 나의 아들딸들이 해야
할 일이 그것이며 행해야 할 것이 그
것이니라.
13 그러니 너희부터 겸손한 마음으로써
겸양하는 마음으로 살라 그리 이르라.
14 너희 자신이 죄에 뭉쳐져 있으며 죄의
덩어리로써 형성된 것이 너희의 오늘
의 육체요, 정신이니라.
15 그러니 그 모두를 씻어 버리며 용서받
는 마음으로써, 겸손한 마음으로, 겸
양의 마음으로써 살아가는 그 속에서,
16 나의 피조물 만백성에게 나를 아버지
라 부를 수 있는 것이 어떠한 것이며,
아버지를 부를 수 있는 자격이 무엇이
며, 자격을 얻는 것이 무엇인가를 그
들에게 조용히 물이 흐르듯 미소 짓는
마음으로 깨우쳐 주도록 그리하라, 사
랑하는 나의 아들딸들아!
17 이것이 너희가 해야 할 일이며 역사할
길이라는 것을 잊지 말라.
18 너희가 정녕 나를 아버지라 부를 수
있는 그때가 언제이며, 그 자격을 어
찌 획득하는 것이며, 어떠한 자가 나
를 아버지라 부를 수 있는 것인가를,
그와 같은 모든 뜻을 너희가 물이 흐
르듯이 미소 짓는 얼굴로써 조용히 만

백성을 깨우치는 데 최선을 다해야 할
것이니라.
19 그것이 너희가 해야 할 일이며, 그것
이 나로부터 선택된 백성이라는 것을
너희는 알라.
20 정녕 너희가 지금 교회라는 곳, 죄의
온상에 가 재물을 바치며 나를 아버지
라 부르며 나로부터 구원받았다고 말
하나,
21 그 육으로써 끝나고 거듭 태어나 심판
을 받을 때만이 저희가 얼마나 잘못
왔으며 허황된 짓을 했는가를 앎이니,
22 그때 가서 나를 아버지라 부르고 못
부르는 자격이 거기에 있다는 것을 정
확히 가르쳐 주며,
23 또한 너희가 대비하는 삶을 살도록
그리하라, 사랑하는 나의 아들딸들아!
24 나 여호와가 너희를 사랑하는 그 의
미를 아는가?
25 내가 너희를 사랑함이니라.

6,676 번째 하나님 말씀

2003년 7월 9일 23시 27분

1 사랑하는 나의 아들아!
2 **"네, 아버님! 말씀하옵소서."**
3 내가 너에게 뭐라 깨우쳐 전하였더냐?
4 '다른 신을 너희에게 두지 아니하며
너희 가슴에 두지 말라' 하였으며 '우
상을 섬기지 말라' 하는 것이 제1계명
이 아니던가?
5 그는 너희가 다른 우상을 네게 있게
하며 섬기는 것이 욕심을 버리지 못한
마음에서 욕심을 가지고 있는 그 자체
가 우상을 섬김이라 그리 말하지 아니
하였더냐?
6 내가 너희가 살아가면서 지키라는 것
을 십계명으로써 내렸으며, 또 지금은
내가 160권의 법전 속에 너희가 행하
고 지켜야 할 것을 상세히 기록하여
내림이니, 너희가 그 뜻대로 살지 못
하며 그를 행하지 못하는 것이 바로
무엇인 줄 알겠느냐?
7 제1계명을 너희가 어기는 것이니라.
8 나 여호와를 향하여 한 점의 부끄럼이
없는 삶을 살지 못하는 것 그 모두가
다 너희가 어떠한 것에서 역사가 이루
어진다 생각하는가?
9 바로 너희가 욕심을 버리지 못하기 때
문이니라.
10 너희가 욕심을 버리지 못하며 그리하
여 인간의 향락을 먼저 생각함이니,
인간의 향락이요, 인간의 즐거움을 너
희가 먼저 생각하는 것은 바로 그것이
욕심이니라.
11 그러니 너희가 나의 뜻을 거역하고 사
는 것, 나로부터 한 점의 부끄럼이 있
는 행위를 하는 것, 그 모두가 다 너희
가 제1계명을 어기는, 나 외에 다른
신이 너희에게 존재하는 것이라는 것
을 알아야 할 것이니,
12 나의 성령을 받아 160권을 기록하는
선택된 나의 아들 네가 60평생을 인
간 세속에서 살았음이니라.
13 그러나 네가 지금도 인간 세속의 인연
이요, 인간 세상의 관계요, 육에서 살
던 그와 같은 것을 버리지 못하며, 네
가 지금도 그를 생각하며 그와 같은
삶 속에서 너 자신을 다스리지 못한
다면, 결국 네가 욕심을 버리지 못했

기 때문이니라.
14 육에 대한 인연을 끊지 못하며 육에
대한 것을 생각하고 산다면, 육의 편
안함이요, 육의 부귀영화를 아직도 머
릿속에 그리고 산다면 이는 무엇이더
냐?
15 바로 욕심이라는 그 뿌리를 뽑지 못한
증거이니라.
16 그러니 욕심을 버리지 못했다면 너 또
한 나의 십계명을 수천수만 번 외우고
암송한다 해도, 네가 이 세상에서 가
장 많이 십계명을 암송하며 지키고 노
력한다 해도,
17 네가 제1계명을 어기고 다른 신을 너
에게 있게 함이요, 네가 다른 신을 섬
기는 것이라는 것을 잊지 말라.
18 그러니 너는 하나라도 지키지 않는 것
이 있어서는 아니 될 것이니라.
19 내가 너에게 뭐라 말하였느냐?
20 너는 죽은 자요, 죽은 자이기 전에 너
는 모든 죄의 덩어리로써 뭉쳐진 자라
내가 그리 말하였으니, 그것을 씻어
내는 것만으로도 네가 할 일이 아직
많이 남았으며 그 씻어 내는 길로써
네가 나에게 고통이요, 시련이라 생각
하지 말라 하였거늘, 네가 그와 같은
것을 정녕 생각한다면 인간으로서 이
루는 세상 것을 잊지 못하여 네가 실
수를 하며 나에게 부끄러운 일이 있다
면 용서할 수 없으며 그는 감히 생각
해서도 아니 되는 그와 같은 삶을 살
아야 하는 것이 너라는 것을 잊지 말
며,
21 네가 그리 살아감으로 너의 제자들 또
한 그리 살아야 함을 깨우쳐 주어야
할 것이니라.
22 너의 제자들이 인간적인 삶에 의하여
실수하며 한 점의 부끄러운 행위를 하
는 그 모두가 다 너희가 욕심이라는
다른 신을 가슴에 두고 있기에 육의
욕심에 대한 그 고리를 버리지 못하고
사는 것이니, 그 벽을 넘어야 하며 그
선을 넘어야 한다는 것을 잊지 말라.
23 내가 너에게 모두를 행하는 것은 묵상
하고 하라 하지 않았던가?
24 네 마음을 다스릴 수 있는 것이요, 네
가 악과 선의 선택의 길이요, 너 자신
이 악과 선이 싸워 선이 이기는 그 근
본의 모범을 보이고 살 수 있는 것은
오로지 네가 나에게 기도하며 묵상으
로써만 이길 수 있으며 견딜 수 있음
이니, 항상 묵상을 게을리하지 말라
하였음이니,
25 항상 묵상하는 마음으로 살아가도록
그리하라, 나의 아들아!
26 내가 너에게 명하는 그 묵상을 하지
아니하고 기도하지 않는 것, 그 자체
도 네가 다른 신을 네 마음에 두고 있
는 것이요, 네 가슴에 스며들고 있다
는 그 무서운 사실을 알라.
27 이제는 너는 묵상으로써만 생활하며
묵상으로써만 모두를 얻어 너 자신을
순간순간에 다스려 나갈 수 있는 그와
같은 변하는 삶이요, 정녕 한 점의 부
끄럼이 없는 아름다운 모습으로 살아
가,
28 네 몸에서 비치는 찬란한 빛을 만백성
이 느낄 수 있도록 그리 살아가지 아
니하면 아니 됨을 너는 알아야 할 것
이니라.

29 나의 법전이 이제 반을 넘어 마지막
내리막길을 달려가는 그와 같은 나의
법전을 만들어 세상에 전하는 그 대명
을 행하는 자이니,
30 이제 네가 80권을 완성하여 80권으로
부터 내려가는 그와 같은 나의 법전을
만드는 그 시점에는 네가 완벽히 변화
된 모습으로써 모든 인간관계의 욕심
이요, 그리고 인간관계에서 이루어지
는 부귀영화요, 인간관계에 변하는 삶
이요,
31 그리하여 인간과 더불어 언성 높이며
시시비비하는 것까지도 네가 모두를
다 접어 두는 그와 같은 사람으로 변
화되지 아니하면 아니 됨이니,
32 그것이 네가 가야 할 길이니, 네 마음
을 다스리고 다스리도록 그리해야 함
을 잊지 말라.

6,677 번째 하나님 말씀

2003년 7월 9일 23시 33분

1 사랑하는 나의 아들아!
2 "네, 아버님! 말씀하옵소서."
3 너희가 육을 갖고 사는 세상, 육의 세
상에 존재하는 것, 너희가 심판을 받
기 전까지 사는 것은 너희가 육의 세
상에 삶이니라.
4 너희가 죽어 나에게 심판을 받기 전까
지 너희가 세속에 사는 것은 가장 중
요한 이치를 깨달아야 할 것이니라.
5 너희가 죽어 나에게 심판을 받기 전까
지 세상에 사는 것은 모든 백성이 다
형제라는 그와 같은 마음을 갖고 살아
야 할 것이며, 동등한 자격을 나로부
터 가지고 나온 형제라 그리 생각하고
살아야 할 것이니라.
6 그러니 너희는 한 시대에 육의 세상에
살면서 생명이 존재하는 것은 한 형제
요, 다 같은 한 핏줄이라는 그와 같은
마음을 가지고 살라.
7 그러니 너희가 육의 세상에 살면서 감
히 다른 형제를 이단이요, 사탄이요,
사악한 자요, 사이비 집단에서 지옥으
로 가는 그와 같은 삶을 사는 자라는
시시비비를 할 수 없다는 것을 너희는
알라.
8 너희가 이단이요, 사탄이요, 그와 같
이 평가할 수 있는 것은 너희가 나에
게 와서 심판을 받았을 때 그때만이
그 모두를 알게 되며, 그 모두는 내가
심판했을 때 그 결과가 나오는 것이니,
9 이제 나의 법전을 읽고 깨우친 백성이
요, 그리고 나의 법전을 읽고 나로부
터 부름을 받은 백성, 나의 아들을 따
르는 제자 너희는 이 순간 이후부터
너희 스스로 사탄이요, 이단이요, 사
악한 자요, 또는 사이비라는 그런 말
을 삼가도록 그리하라.
10 너희가 나에게 와 심판을 받아서 구원
을 받지 못하는 자가 사탄이요, 이단
이요, 사이비라는 것을 잊지 말라.
11 나에게 영혼의 구원을 받는 백성은 그
러한 것이 아니니, 그 심판은 오로지
나의 고유 권한이요, 나만이 그를 행
할 수 있음이니,
12 너희가 심판하는 그와 같은 행위를 하
지 말도록 그리 깨우쳐 주라.
13 그것은 너희의 오만한 행위이니라.
14 너희가 죽어 왔을 때 나로부터 천국의

문을 들어 올 수 있는 자, 들어오지 못
할 자, 그는 너희가 알 수 없음이니,
오로지 나만이 앎이니라.
15 그리하여 너희가 나로부터 구원을 받
지 못했을 때 내가 그들을 심판할 때
사이비요, 이단이요, 악마요, 사탄의
자식으로서 살아왔다는 그 명은 나만
이 내릴 수 있거늘, 인간 세속에 사는
같은 형제요, 똑같은 권한을 가지고
나로부터 생명을 받아 태어난 백성 너
희는 같은 인간을 평가하며 심판하지
말라.
16 그것이 얼마나 오만이며 잘못된 심판
인가?
17 그러니 지상의 육의 삶을 사는 것은
모두 형제라는 그 의식을 먼저 깨우치
며, 그와 같이 사랑하는 마음으로 세
상에 같이 살아가라.
18 그리하여 너희가 사탄이요, 이단이요,
사이비라는 시시비비를 절대 하지 말
라.
19 그것은 너희가 나 여호와의 고유 권
한에 도전하는 것이며 그 결정은 나만
이 할 수 있으니,
20 너희 스스로 어떠한 길을 가고 있는지
그 자체를 모르면서 어찌 너희가 그
와 같은 행위를 하는가?
21 우리 부자의 이름을 파는 자, 우리 부
자의 이름을 빙자하여 재물을 거둬들
이는 자는 너희가 사탄이요, 이단의
길을 가는 대표적인 자라는 것을 알라.
22 그러니 너희가 그와 같은 행위를 하
는 자, 또 내가 나의 아들을 통하여 심
판하지 아니하는 것, 내가 너희에게
명하지 아니하는 것을 너희 스스로 평
하지 말라.
23 너희는 여기서 하나 깊이 깨우치고 가
야 할 것이니라.
24 너희는 육의 세상에 살며 나에게 심판
을 받았을 때 구원을 받는 것이 진정
한 나의 아들이요, 나의 자식이라 말
하지 않았던가?
25 예수는 세상에 나왔을 때 그는 너희와
똑같은 형제요, 자식이라 했으나, 예
수는 나로부터 그 모든 것을 명받아
내려간 자이니, 그는 구원하여 올 자
리가 정해져 있던 나의 아들이니라.
26 그러니 그는 나에게 올 수 있는 그와
같은 임무를 받은 나의 아들이라 함이
니, 거기서 똑같은 나의 아들이라 하
는 것이 차이점이 있음이니라.
27 오늘의 나의 아들이 올 자리가 있다
그에게 보여 주었으며 그리 말하였으
니, 내가 나의 아들과 너희가 똑같은
형제요, 똑같은 자식이라 해도 엄연히
올 자와 오지 못할 자가 아직 정해지
지 아니한 것은 너희가 다름을 알아
야 할 것이니라.
28 너희 인간 세상에서도 하나의 높은 직
급을 받을 때 명을 받아 그 직급을 받
은 자와 그 직급을 받기 위하여 기다
리는 자와는 엄청난 차이가 있으며 그
의미를 너희는 알아야 할 것이니라.
29 명을 받아서 그 자리를 지킨 자는 그
명에 임명된 자요, 그 자리에 예비 후
보로서 있는 자는 명받은 것은 아님이
니, 명받은 자와 예비 후보자는 다름
이니라.
30 나의 아들은 명을 받아 그 자리를 지
키는 자요, 지금 나의 피조물 만백성

너희는 예비된 자요, 후보의 자리에
있는 자식이요, 아들딸이라는 것을 여
기서 잊지 말라.
31 이 엄청난 한계의 구분을 안다 하면,
오늘 내가 나의 아들을 통하여 내리는
나의 법전이요, 성령이 어찌하여 나의
아들을 통하여 내려가며 역사하는 것
인가를 알게 될 것이니 그 이치를 깨
닫도록 그리하라.

6,678 번째 하나님 말씀

2003년 7월 9일 23시 36분

1 사랑하는 나의 아들아!
2 "네, 아버님! 말씀하옵소서."
3 진정한 진리를 가르치는 선택된 지도
자요, 성령으로 임하여 나의 뜻을 역
사하는 지도자라는 것은 그가 가르치
는 길과 행하는 것이 다름을 알아야
할 것이니라.
4 진정 나로부터 명을 받은 지도자는 모
든 것을 증거하는 것으로써 모두를 깨
우쳐 주며 너희를 깨닫게 하며 인도
하는 것이니라.
5 그리고 그는 모든 성경을 증거함이요,
그 해답이 거기에 있으며 그 모든 것
을 숨기는 것이 없으며 가리는 것이
없으며 너희가 물어 대답 못 함이 없
는 것이 나로부터 명받은 지도자요,
나로부터 명받은 목자가 가는 길이며,
그것이 증거하는 것이니라.
6 그러니 그는 모두를 다 증거하는 것을
가지고 깨우친다는 것을 너희는 알아
야 할 것이며,
7 진정한 그 길로써 문을 열어 주며, 하
늘에 오르는 찬란한 빛을 볼 수 있도
록 너희를 인도하는 것, 그것이 진정
한 목자요, 나로부터 선택된 지도자임
을 알라.
8 나의 진리요, 나의 뜻은 바로 무엇인
줄 알겠는가?
9 나의 참진리요, 진정한 나의 성령으로
써 받아들이는 것이며 너희를 깨우치
는 것은 모두를 증거하여 내가 너희에
게 임하며 너희에게 가르치며 내가
예언한 것까지도 모두가 이루어지는
그 변함없는 역사에 근거함을 내가 내
리고 가르치는 것이 진리이기 때문이
니라.
10 그리고 나의 백성을 깨우쳐 바른길을
갈 수 있도록 깨닫게 하며 너희를 인
도하며 깨우쳐 주는 것이 바로 진리라
는 것을 알아야 할 것이니라.
11 그리하여 참진리요, 나 여호와의 성령
으로써 다스리는 것은 내가 너희를 책
망할 때 책망하며, 용서할 때 용서를
하며, 용서할 수 없을 때 내가 체벌로
다스리는 것, 이와 같은 것이 엄격히
이루어지는 것이 참진리요, 나의 성령
이 임하여 이 세상이 존재하는 것이며,
12 그를 받아 행하는 백성이 또한 그와
같이 역사하는 것이 바로 나로부터 명
받은 지도자요, 목자라는 것을 너희는
잊지 말라.
13 인간의 생각으로써 역사하며 인간의
생각으로써 판단하며 환경에 따라 마
음이 좌우되며 흔들리는 그와 같은 종
교 지도자요, 그와 같은 자는 나의 피
조물 만백성을 이끌 수 있는 나로부터
명받은 지도자가 아님을 알라.

14 모든 것은 증거를 남기며, 증거할 수
있으며 미래에도 하나의 손색이 없는
그와 같은 깨우침을 전하는 것, 그와
같은 지도자가 바로 나로부터 명받은
지도자라는 것을 너희는 여기서 선별
하여 그를 깨우치도록 그리하며,
15 그를 보도록 하며, 너희가 지도자를
선택하는 데 그 기준으로 역사하도록
그리하라.

부 록

【하나님께서 가르쳐 주신 운동】

천재지변이 일어날 때, 동물이나 미물들은 미리 알고 대피하지만, 인간은 알지 못하고 큰 화를 당합니다. 하나님께서 인간에게 가장 높은 지혜를 주시고 완벽하게 창조해 주셨기에 동물들보다 더 잘 알 수 있지만, 욕심으로 마음이 혼탁해져서 한 치 앞을 보지 못하는 것입니다.

마찬가지로, 인간은 누구나 스스로 필요한 운동을 해서 건강을 지킬 수 있도록 하나님께서 만들어 주셨습니다. 우리의 머리에서 우리 몸에 필요한 동작을 해 달라고 끊임없이 신호를 보내지만, 인간이 혼탁하게 살아서 그 신호를 알아채지 못합니다. 그러니 자연스럽게 자기 몸이 원하는 그 신호를 따라서 운동하는 것이 하나님께서 가르쳐 주신 운동 방법입니다. 바로, 우리의 영이 육을 이끄는 운동입니다.

▶ 하나님 운동법

1. 눈을 감고, 발을 어깨너비로 벌리고 바르게 선다.
2. 몸에 힘을 풀고, 허리를 숙이면서 손과 머리를 아래로 내린다.
3. 허리를 펴고 싶을 때, 천천히 펴면서 하고 싶은 동작을 하면 운동이 시작된다. (사람마다 다르다.)
4. 멈추지 말고, 어떤 동작이든지 자기 몸의 느낌대로 계속 이어서 한다.

▶ 참고 사항

① 눈을 감은 상태로 아무 생각 하지 않고, 자기 몸의 느낌대로 움직입니다.
② 마음을 비우고, 욕심을 버리고, 지난날의 잘못을 반성하면서 몇 차례 시도하다 보면, 자기도 모르게 하고 싶은 동작이 끊임없이 생깁니다.
③ 운동 장소는 방 안이든 운동장이든 관계없으며, 걷거나 달리고 싶을 때는 눈을 떠도 됩니다.
④ 매일 40분 이상, 주 4회 이상, 3개월 이상 하면 음식 조절에 들어갑니다.
- 음식으로 생긴 병은 음식으로 치료하게 되며, 어떤 음식을 먹어야 하는지 스스로 알게 됩니다.
(자기 몸에 필요한 음식만 먹고 싶어집니다.)
⑤ 사랑하는 사람과 함께 운동하면 서로 치료해 주기도 합니다.
⑥ 운동을 하다가 몸의 어느 한 부분을 계속 손으로 자극한다면 그쪽에 이상이 있는 것이니, 의사에게 상담을 받고 적절한 치료를 받으면 됩니다.
⑦ 다이어트 및 기타 건강관리에 효과적입니다.
⑧ 꾸준히 운동하여 영이 맑아지면, 자신의 과거와 미래를 스스로 보게 됩니다.

누구나 스스로 하실 수 있습니다.

간행사

《새로운 성경》은:

· 새로운 성경은, 하나님께서 선량하고 선한 자를 선택하여 십계명을 암송하도록 하시고, 십계명을 암송한 다음에 음성으로써 들려주시는 말씀을 듣고 그대로 카세트테이프에 녹음해서 받아쓴 책입니다.

· 90분짜리 녹음테이프 700여 개에 달하는 말씀으로, 1999년 8월부터 2004년 7월까지 총 160권(권당 288쪽)을 완성하였으며, 그 이후에도 현재까지 계속 말씀을 내려 주고 계십니다.

· 새로운 성경은 "하늘을 두루마리 삼고 바닷물을 먹물 삼아 쓰고 써도 다 못 쓴다"는, 끝없이 방대한 하나님의 말씀이 두루마리로 직접 내려오는 것입니다. 이러한 새로운 성경은 구약과 신약을 폐하려는 것이 아니라 "인봉된 성서의 비유의 뜻"을 상세히 설명하여 완성하고자 하나님께서 직접 내려 주신 말씀입니다.

《새로운 성경》의 구성:

· 제 목: 2013년, 160권 모음집을 발간하면서, 본 도서의 제목을 "하나님! 말씀하옵소서"에서 《새로운 성경》 으로 명해 주셨습니다.

· 단행본: 각 권당 288쪽(신국판) 책이 160권까지 시리즈로 출판됩니다.
(모음집은 단행본을 16권씩 묶어서, 총 10부로 구성됩니다.)

《새로운 성경》의 성경적 근거:

· 신약 성경 [요한복음] 16장 13절에 "진리의 성령이 오시면 그가 너희를 모든 진리 가운데로 인도하시리니 그가 자의로 말하지 않고, 오직 듣는 것만을 말하며" 하신 말씀처럼 하나님의 음성을 들은 것만 기록하였으며,

· "장래 일을 너희에게 알리시리라" 하신 말씀과 같이 개인, 나라, 인류의 "장래"일을 하나님께서 알려 주시는 것만 기록하여 책으로 만들었습니다.

《새로운 성경》의 기록 방법:

· 1999년 8월부터 하나님께서 저에게 들려주시는 음성을 기록하였습니다. 처음에는 제가 들은 말씀을 불러 주면 저의 아내가 기록하여, 2000년 1월 29일에 1권 초판이 세상에 나왔습니다. 2000년 4월부터는 주시는 말씀을 받아 녹음기에 기록하여 시리즈로 출간하기 시작하였습니다.

· 녹음을 시작하면서 하나님의 말씀을 받는 데 가속도가 붙었고, 2001년 5월 3일에 1부(1~16권까지)를 인쇄하여 출판하였으며, 2004년 7월까지 총160권 분량의 말씀을 받아 기록하였습니다.

하나님께서 저에게 주신 것은:

· 첫째, 만백성을 상대로 내려 주시는 "기도", 둘째, 수시로 내려 주시는 "묵상", 셋째, 개인의 과거, 현재, 미래를 알려 주시는 "개인 기도", 넷째, 개인의 건강을 위해서 내려 주시는 "음식 처방", 다섯째, 하나님께서 가르쳐 주신 "운동"등이 있습니다. 이 중에 첫 번째, "기도"를 책으로 편찬하였습니다. 사람의 생사, 개인의 미래에 관한 천기는 수록하지 말라 하셨습니다.

강론 안내:

· 하나님께서는 지금도 매일 저에게 새로운 하늘의 비밀의 말씀을 내려 주고 계십니다. 수시로 내려 주시는 말씀을 정리해서 제자를 육성하라는 말씀에 따라 매주 강론을 하고 있습니다. 누구나 무료로 들으실 수 있습니다. (**book160.com**)

《새로운 성경》을 읽는 분들에게 드리는 선물:

· 개인 기도: 개인의 과거, 현재, 미래에 관하여 말씀을 내려 주십니다.

· 음식 처방: 사람은 음식을 먹고살다가 건강을 잃으니, 음식과 운동으로 건강을 되찾는 방법을 알려 드립니다. 단, 하나님이 계심을 믿고, 십계명을 지키겠다고 진실로 서약하는 분들께 알려드립니다.

《새로운 성경》의 은혜와 기적:

· 새로운 성경 전160권은 16권씩 묶어서 총 10부의 모음집으로 구성됩니다. 모음집 한 부를 읽고 깨우치는 자에게 하나님께서 다음과 같은 기적이 있다고 하셨습니다.

· "첫째, 그가 죽어 하늘에 갔을 때 그의 죄를 묻지 아니하며, 구원을 받는 위대한 은혜가 있으며, 둘째, 그의 소원과 소망이 이루어지고, 셋째, 죽은 자(부모, 형제, 자식, 사랑하고 은혜 입은 분)의 이름으로 구입한 책을 읽고 누군가 한 사람이 깨우칠 때, 그 죽은 자가 지옥에서 천국으로 구원을 받게 되며, 넷째, 유산, 중절 수술 등으로 태어나지 못한 아이를 위하여 구입한 책을 보고 한 명이 깨우쳤을 때, 그 아이가 사람으로 다시 한 번 태어나는 은혜를 받는다."

· "새로운 성경"을 3회 이상 정성을 다해 정독하는 자, 성서의 비밀을 알게 되고, 세상의 이치를 알게 되며, 세상을 지배하고 통제할 수 있는 지혜를 다 얻게 된다고 하셨습니다. 이 책은 만백성이 정독하고 이웃에게 전하여, 평생 가슴에 묻은 슬픔과 고통의 짐을 벗고 미래를 위한 힘찬 삶을 살아가도록 하는 책입니다.

끝으로

· 하나님께서는 흰 눈이 세상을 덮듯이 새로운 성경을 온 세상에 전하라고 하셨습니다. 《새로운 성경》을 각국어로 번역해서 온 인류에게 구원의 길을 깨우쳐 주고, 그 수익으로 가난하고 어려운 백성을 구제하여, 만백성의 영과 육을 함께 구원하는 선지자의 임무를 수행하라고 저에게 명하셨습니다.

· 하늘에서 내려 주신 말씀의 보화를 만백성에게 나누어 주는 것이 선지자의 임무라고 하셨습니다. 새로운 성경을 통해서 얻는 재물을 사용할 곳도 하나님께서 일일이 명해 주십니다. 모든 재물은 저의 자의로 쓸 수 없고, 하나님께서 명하시는 대로만 쓰여집니다.

· 어떤 명분으로든 십일조나 각종 헌금을 거두어들이지 말라 하셨으며, 국내뿐 아니라 각국에 성전과 단독 서점을 운영하며, 한국의 많은 젊은이들을 전 세계에 지도자로 내보내라고 하셨습니다.

· 우리는 세계적으로 새로운 성경을 보급하며 어려운 이들을 돕는 역사를 해 나갈 것입니다. 지금까지 비록 몇 명 안 되는 제자들과 함께 이러한 일을 역사했지만, 앞으로도 계속 하나님께서 기뻐하시는 일들을 해 나갈 것입니다. 부족한 저희에게 여러분들의 지혜와 성원을 보내 주시기를 바랍니다. 많은 분들의 참여와 도움을 간절히 기다립니다. 감사합니다.

한국어로 내려온 《새로운 성경》 단행본을 출간하며
2016년 4월 10일

발행인 **김 용 철**

한국어로 내려온

새로운 **성 경** · 6부 · 제91권

지은이 하나님 말씀
대역자 김용철

초판인쇄 1쇄 2017년 4월 3일

펴낸 곳 도서출판 하얀마음
등록번호 제 10-2107호 (2001년 2월 14일)
주소 서울시 노원구 덕릉로86길5, 2층
전화번호 02) 313-1114
팩스 02) 393-5554
전자우편 book160@hanmail.net
편집위원 조나영 김미향 이석교
제작지원 김홍숙 이미숙 이미란

도서상담 1600-7527
ISBN 978-89-5875-191-5 (04230)
978-89-5875-100-7 (세 트)

값 10,000원
잘못된 책은 구입하신 곳에서 바꾸어 드립니다.

※이 책은 10부로 제작되며, 각 부 16권씩 총160권으로 구성됩니다.※

1부	2부	3부	4부	5부	**6부**	7부	8부	9부	10부
1권	17권	33권	49권	65권	81권	97권	113권	129권	145권
2권	18권	34권	50권	66권	82권	98권	114권	130권	146권
3권	19권	35권	51권	67권	83권	99권	115권	131권	147권
4권	20권	36권	52권	68권	84권	100권	116권	132권	148권
5권	21권	37권	53권	69권	85권	101권	117권	133권	149권
6권	22권	38권	54권	70권	86권	102권	118권	134권	150권
7권	23권	39권	55권	71권	87권	103권	119권	135권	151권
8권	24권	40권	56권	72권	88권	104권	120권	136권	152권
9권	25권	41권	57권	73권	89권	105권	121권	137권	153권
10권	26권	42권	58권	74권	90권	106권	122권	138권	154권
11권	27권	43권	59권	75권	91권	107권	123권	139권	155권
12권	28권	44권	60권	76권	92권	108권	124권	140권	156권
13권	29권	45권	61권	77권	93권	109권	125권	141권	157권
14권	30권	46권	62권	78권	94권	110권	126권	142권	158권
15권	31권	47권	63권	79권	95권	111권	127권	143권	159권
16권	32권	48권	64권	80권	96권	112권	128권	144권	160권